AF559601

# आलोचक के नोट्स

(आलोचना)

# आलोचक के नोट्स

गणेश पाण्डेय

लोकभारती प्रकाशन

**लोकभारती प्रकाशन**
पहली मंजिल, दरबारी बिल्डिंग, महात्मा गाँधी मार्ग
इलाहाबाद-211 001
वेबसाइट : www.lokbhartiprakashan.com
ईमेल : info@lokbhartiprakashan.com
**शाखाएँ :** 1-बी, नेताजी सुभाष मार्ग, दरियागंज
नयी दिल्ली-110 002
अशोक राजपथ, साइंस कॉलेज के सामने
पटना-800 006
36-ए, शेक्सपियर सरणी
कोलकाता-700 017

**प्रथम संस्करण** : 2018

**मूल्य : ₹** 400

**जे.के. आर्ट प्रेस**
इलाहाबाद द्वारा मुद्रित



Alochak Ke Notes
by Ganesh Pandey

ISBN : 978-93-88211-22-2

# विषय-सूची


बिगाड़ के डर से पुरस्कार का सच न कहें 7-13
खूब मिले गुरुभाई 14-18
अच्छी कविता में आत्मरक्षा का गुण होता हैं 19-24
साहित्यिक मुक्ति का प्रश्न उर्फ इस पापागार में स्वागत है सन्तों 25-35
बाबू बोलता प्रसाद का निजी काव्यशास्त्र 36-44
लेखक इन्सेफेलाइटिस फैला रहे हैं... 45-51
लेखक होने का अर्थ 52-55
बच्चे को बतायें कि सिर्फ एक फूल क्यों नहीं 56-59
यह न पूछें क्यों लिखता हूँ 60-65
कविता के रिश्ते की एक बहन से कुछ बातें 66-70
एक खत आधा खुला आधा बन्द 71-74
कविता की लाज रखने के लिए धन्यवाद 75-80
कसौटी पर पक्ष और प्रतिपक्ष 81-86
फुलझड़ी जैसी हँसी का एक पवित्र फूल 87-92
कहना जरूरी है.. 93-95
हमलोग नाटक बहुत करते हैं... 96-99
जब तक लेखक नैतिक रूप से बहुत दुर्बल रहेंगे 100--101
मोढ़े की परिक्रमा 102-104
पुरस्कार का जो खेल आपके बुजुर्गों ने खेला है 105-107
असमय प्रशंसा के विष से बचना जरूरी है 108-109
सिपाही की कविता मेरी कविता से अच्छी है 110-112

| | |
|---|---|
| स्वतन्त्रता क्या मनुष्य और पशु में भेद नहीं करती है? | 113-114 |
| हिन्दी मेरी माँ है | 115-117 |
| बुखार में अखबार | 118-120 |
| माँ नाम की किताब कभी पीछा नहीं छोड़ती | 121-123 |
| आपकी सदिच्छा का सम्मान करता हूँ | 124-127 |
| कविता को अच्छी कविता बनाने की कोशिश | 128-133 |
| आलोचक के नोट्स | 134-206 |

# बिगाड़ के डर से पुरस्कार का सच न कहें

मुझे ऐसा लगता है कि अपने समय में कवि, कविता और पुरस्कार का पूरा सच न तो पत्रिकाएँ छाप पाती हैं और न इस आभासी माध्यम पर आ पाता है। एक तीसरा माध्यम भी है मित्रो, जिसे समय कहते हैं। मूल्यांकन के मामले में तो साहित्य का यह तीसरा माध्यम अपने समय में बिल्कुल ही नहीं काम करता। यह काम तब करता है, जब काफी पानी सिर से गुजर चुका होता है। काफी कुछ बीत चुका होता है। काफी लोग किसी और लोक में कविता लिखने या आलोचना का धन्धा करने जा चुके होते है। आशय यह कि जब उम्रदराज कवि और उनके चेले-चापड़ और उपकृत जन इस पृथ्वी से कूच कर चुके होते हैं। कवियों की मालाएँ, रुपये और शाल इत्यादि मिट्टी में मिल चुके होते हैं या खर्च हो चुके होते हैं या उनके उत्तराधिकारी उसे फेंक-फाँक या फूँक-फाँक चुके होते हैं। तब साहित्य का सच्चा और निर्मम आलोचक समय प्रकट होता हैं और अपना काम शुरू करता है।

साहित्य का यह सबसे बड़ा और विश्वसनीय आलोचक 'समय' नहीं आता रहता तो बहुत से लेखकों ने अपने समय में धारा के विरुद्ध लिखना ही छोड़ दिया होता। बहुत से लेखक अच्छा लिखने के साथ खुशामद न करने की जिद छोड़ चुके होते। वे सब अपने वक्त की कविता के देवताओं की बैठक और आलोचना के दारोगाओं के थाने में उठक-बैठक करते हुए पूरी उम्र बिता चुके होते और उन्हें खुश करने के लिए न सिर्फ उनका अँगरखा धुलते रहते, बल्कि उनके सेवकों और दलालों की खुशामद की कला में अपने समय के तमाम कवियों की तरह पारंगत होते। बचाया किसने? बस वही साहित्य के 'समय' जी ने!

मित्रो, आप सोच रहे होंगे कि मैं काफी समय बाद फिर कवि, कविता, पुरस्कार पर क्यों कुछ कह रहा हूँ। असल में हुआ यह कि अभी बिल्कुल अभी हमारे समय के हिन्दी के एक अच्छे कवि को ज्ञानपीठ मिला है। यहाँ जो कुछ भी कहूँगा, पुरस्कृत कवि के प्रति असम्मान व्यक्त करने के लिए नहीं। यह बात स्पष्ट कर देना जरूरी है। केदार जी हमारे समय के तीन-चार अति महत्त्वपूर्ण कवियों में से एक हैं। जिस पुरस्कार के बहाने बात कर रहा हूँ उसे आज की तारीख में हिन्दी कवियों को देना हो तो जाहिर है कि यही नाम होंगे। इन नामों से तनिक भी विरोध नहीं है। विरोध पुरस्कार की संस्कृति

से है। आज की तारीख में पुरस्कार इन कवियों को नहीं, यदि भगवान् को भी मिलता तब भी इस तरह की बातें होती। असल में हिन्दी कविता में पुरस्कार की संस्कृति के साथ ही अनुयायीपन भी खूब फला है। कबीर, निराला, मुक्तिबोध के समय उनके इतने अनुयायी न रहे होंगे। ये अनुयायी इतना शोर करने लगते हैं कि लगता है कि आसमान सिर पर उठा लेंगे। इतना ही नहीं, ये अपने प्रिय कवि को महान् ही नहीं मानते हैं, बल्कि बाकायदा उनकी कविता की नकल शुरू कर देते हैं। जाहिर है कि यह प्रवृत्ति हिन्दी कविता के सहज विकास की बाधक बनती है। अपने समय को प्रभावित करती है। अपने समय के साहित्यिक मूल्य को नुकसान पहुँचाती है। ऐसे में साहित्य का जो अँधेरा ये निर्मित करते हैं, उसके मूल में हजार-पाँच सौ के पुरस्कार से लेकर बड़े-बड़े पुरस्कार शामिल हैं। पहले कविता के इतने बच्चे पुरस्कार न थे कि हर युवा कवि एक पुरस्कार का बैट-बाल लेकर घूमे। इधर पुरस्कारों की दुकानें खुल गयी हैं। बहुत बड़ी दुकान भी खुल गयी हैं। ज्ञानपीठ हो, व्यास हो, साहित्य अकादमी हो, पुरस्कारों की एक लम्बी पंक्ति है। ज्ञानपीठ ग्यारह शायद ग्यारह लाख रुपये का पुरस्कार है। किसी पत्रकार ने कहा कि यह पुरस्कार पाँच रुपये का होता तो क्या होता! असल में पत्रकार का दिमाग केवल कविता और आलोचना लिखनेवालों से कुछ अधिक चलता है। ठीक चलता है।

आखिर ज्ञानपीठ पुरस्कार को क्या भगवान् ने खुद गढ़ा है? उसकी निर्णायक समितियों में अपने समय के लेखक-अलेखक ही होते हैं या सीधे ईश्वर खुद आकर बैठते हैं? दूसरी समितियों में भी तो ऐसे ही लोग बैठते हैं या अन्य पुरस्कारों की दूसरी समितियों में मिट्टी की मूर्तियाँ बैठती हैं? फर्क केवल पैसे का है या और कुछ? तो अब पुरस्कार के पैसे से तय होगा कि कौन अपने समय का बड़ा लेखक है? रचनाओं से तय नहीं होगा? केदार जी हों या कोई और, किसी भी हिन्दी कवि को यह पुरस्कार मिला होता तो वह कवि अपनी रचनाओं से बड़ा या छोटा नहीं होता? फिर यह पुरस्कार क्यों? कवि की कविता का सम्मान पाठक के हाथ में जाने से है या पुरस्कार की जूरी के सामने जाने से? पुरस्कार को लेकर यह तो पृथ्वी की सबसे बड़ी नासमझी है भाई। सन्तोष की बात यह कि इस तरह की नासमझी हिन्दी के सभी लेखकों में नहीं है। उन लेखकों में ही है जो औसत लेखक हैं या पुरस्कारवादी लेखक हैं या जिन्होंने पुरस्कार को साहित्य का सबसे बड़ा सच और मूल्य मान लिया है या जो खुद हजार-पाँच सौ के पुरस्कार से लेकर कुछ हजार या लाख के पुरस्कारों की कतार में हैं, न सिर्फ एक कतार में हैं बल्कि कई कतार में हैं। किसी कतार में सिर फँसाया है तो किसी में हाथ, किसी में पैर, किसी में कुछ! ये पुरस्कारकामी लेखक हिन्दी के मर्द कवि नहीं हैं। जानता हूँ कि ऐसा कहते ही कई मित्र नाराज हो सकते हैं पर क्या बिगाड़ के डर से पुरस्कार का सच नहीं कहूँगा? स्पष्ट करना चाहता हूँ कि पुरस्कारकामी सिर्फ उन्हें नहीं समझता हूँ जो अपने घर में बैठे रहते है और कुछ लिखने के आधार पर पुरस्कार की कामना करते हैं। पुरस्कारकामी उन्हें कह रहा हूँ जो बाकायदा पुरस्कारों के लिए जहाँ-तहाँ नाक रगड़ते हैं। हद दर्जे की तिकड़म करते हैं। जाने दीजिये क्या-क्या नहीं करते हैं। किसी ने एक दिन कवि के जीवन की

बात की थी, कुछ ने कवि के जीवन को अदेख करने की बात की थी। शायद ऐसा ही कुछ था। न भी रहा हो, बस इतना कि हिन्दी में बड़ी कविताएँ कवि के बड़े जीवन के बिना सम्भव नहीं हुई हैं। कवि का जीवन ही नहीं, बड़ी कविता के लिए साहित्य का बड़ा मूल्य भी जरूरी होता है। भक्तिकाल की महान् कविता में पुरस्कार या अशर्फियों के लिए कहीं जगह है? बाद की कविता में भी बड़ी कविता के सामने कहाँ ठहरती है पुरस्कारकामना? इससे पहले कि कुछ और कहूँ, मर्द कवि के बारे में साफ कर दूँ कि शमशेर ने चाँद का मुँह टेढ़ा है' की भूमिका लिखते हुए मुक्तिबोध को मर्द कवि कहा है। शमशेर न भी कहते मुक्तिबोध को मर्द कवि तो कबीर, निराला, मुक्तिबोध जैसे तमाम कवियों को बड़े मजबूत कवि के रूप में ही हम देखते। यह मजबूती दरअसल कहीं-न-कहीं कवि के जीवन से आती हैं। कबीर जब यह कह सके कि आन बाट है काहे न आया, तो इसमें उनके खरे जीवन की शक्ति शामिल थी। बहरहाल, कहना यह है कि मजबूत कवि होना और अच्छा कवि होना दोनों दो तरह की बातें हैं। अच्छे कवि तो बिहारी भी हैं, पर मजबूत कवि नहीं हैं। बात पुरस्कार की कर रहा था। ज्ञानपीठ की बात कर रहा था। अभी बिल्कुल अभी, हिन्दी के एक अच्छे कवि को मिला है। केदार जी हमारे समय में दिये जानेवाले इस पुरस्कार से खराब कवि नहीं हैं। यहाँ जो कुछ कह रहा हूँ सिर्फ पुरस्कार संस्कृति के विरोध में कह रहा हूँ। केदार जी के विरोध में नहीं।

इस पुरस्कार को लेकर कई तरह की बातें इस माध्यम पर की गयी हैं। तमाम लोगों ने बल्लियों उछलकर स्वागत किया है, यह अच्छी बात है। कोई अपना या निकट का है या जिससे कुछ सम्बन्ध है, उसे मिले पुरस्कार पर बिल्कुल सकारात्मक प्रतिक्रिया देना सही है। खुश होने का पूरा हक है ऐसे लोगों को जिन्हें पुरस्कृत कवि ने खुद कभी पुरस्कृत किया हो। यह साहित्य के शिष्टाचार का तकाजा है। जिस कवि को मिला है, निश्चित रूप से भले कवि हैं। भला केदार जी को भला आदमी कौन नहीं कहेगा? कभी कहीं कोई लड़ाई-सड़ाई नहीं, सबसे मधुर सम्बन्ध। ऐसे कवि का अनिष्ट भला कौन चाहेगा? पृथ्वी के सारे पुरस्कार केदार जी को मिल जायें तो भी किसी को तनिक भी दुःख नहीं होना चाहिए। चिन्ता और प्रश्न यह कि पुरस्कार सबके लिए होते कहाँ हैं भाई? मुक्तिबोध को मिला? क्या मिला? कई महत्त्वपूर्ण कवि हैं जिन्हें पुरस्कार नहीं मिला। इसका अर्थ यह नहीं कि साहित्य के समाज में इन पर चर्चा नहीं होगी। कुछ तो लोग कहेंगे ही कहेंगे। कोई डरेगा नहीं तो इन बकवास पुरस्कारों का पूरा सच ही कहने लगेगा। जो डरेगा या जिसका स्वार्थ कभी सधा होगा या सधनेवाला होगा या सधने की उम्मीद होगी या जिसे साहित्य में अपनी जाति सबको बताने की जल्दी होगी कि भाई लोग देख लो मैं भी पुरस्कारवादी हूँ, इसलिए बहुत खुश हूँ, ऐसे लोग ऐसे मौके पर पुरस्कारों की सच्चाई पर बात नहीं करेंगे।

बात केदार जी के प्रसंग के बहाने ही पुरस्कारों पर चल रही है। मैं केदार जी का मान कम करने की हिमाकत नहीं कर रहा हूँ। कुछ प्रश्न और चिन्ताएँ है और विश्लेषण

प्रश्नों और चिन्ताओं की धरा पर ही सम्भव है। मैं एक छोटा-सा उदाहरण यहाँ रखना चाहता हूँ। केदार जी पूर्वांचल के कवि हैं। यह शहर पूर्वांचल का ही हिस्सा है। यहाँ से केदार जी का निकट रिश्ता रहा है। रिश्ता तो उनका यहाँ के कवि देवेन्द्र कुमार बंगाली से भी रहा है। उन्होंने अपने प्रयास से बंगाली जी पर साहित्य अकादमी पर एक कार्यक्रम भी कराया। कुछ-कुछ बंगाली जी का प्रिय था मैं। बंगाली जी केदार जी को प्रिय थे। फिर मेरे और केदार जी के बीच कुछ तो प्रेम का रिश्ता होना चाहिए था? पर केदार जी एक बहुत अच्छे कवि होकर अकवियों या कुकवियों या सिर्फ प्राध्यापकों या दूसरे तरह के लोगों से क्यों घिरे रहे? इस अवसर पर क्या कहना चाहिए या क्या नहीं, यह पीछे छूट चुका है। जो सामने है कह देना है। जिसने बंगाली जी को हीर कविता से प्रेम करते अनुभव किया वह कवि उस कार्यक्रम से दूर था। इसलिए कि कुछ लोग या कोई गिरोह मेरे विराध में था। यह अपने मान-अपमान की कथा नहीं कह रहा हूँ, सिर्फ केदार जी के कविता प्रेम और साहस की कथा कह रहा हूँ। बातें तमाम हैं, पर मैं कुछ और नहीं कह रहा हूँ। केदार जी में वह कम हैं, जो किसी कवि को बड़ा कवि बनाता है। सिर्फ यह कहने के लिए यहाँ एक प्रसंग उद्धत किया। इस उदाहरण के पीछे मेरी कोई अन्य मंशा नहीं। इसलिए बात आगे बढ़ाता हूँ। किसी बड़े-से-बड़े कविव्यक्तित्त्व के लिए गुण न्यूनतम यह है कि वह किसी छोटे से छोटे कवि के साथ अनादर और अन्याय न होने दे। कोई स्वाभिमानी कवि ऐसा होने नहीं देगा। स्वाभिमान के नाटक भी बहुत होते हैं। वह भी पता है। आप किस तरह के लोगों के सामने झुक जाते हैं, किस तरह के लोगों के साथ रहते हैं, यह सब आपके कविव्यक्तित्त्व को बनाता है। केदार जी में बहुत मुलायमियत दिखी। कोमलता इतनी की पूछिये मत। यह हर समय दुर्गुण नहीं होता है। कभी-कभी हो जाता है। एक बात यहाँ साफ कर देना बहुत जरूरी है कि कुछ तो कमी मुझमें भी रही होगी। वह क्यों न बताऊँ? मेरी कमी यह कि केदार जी जब भी यहाँ आते मैं उनसे मिलने नहीं जाता था। शायद एक या दो बार उनसे मिलने जाना हुआ होगा, पर वह बाहर जब भी और जहाँ भी मिलते अपनी कविता की सबसे लम्बी मुस्कान लिए मिलते। बहुत प्यार से। यह जो सामने दिखता था, उनका गुण था। कुछेक शामें भी कई मित्रों और नामी-गिरामी लेखकों के बीच गुजरीं। यह सब उनका गुण था। एक कवि के रूप में भी उनमें कम गुण नहीं हैं। रेशम के धागे से बुनी उनकी कविताएँ भला किसे अच्छी नहीं लगेंगी?

मुझे कहना ही हो केदार जी के कविरूप पर तो कहूँगा कि केदार जी हमारे समय सबसे सुन्दर, सबसे कोमल और सबसे ज्यादा उजले-धुले इकलौते खरगोश कवि हैं। हमारे समय की हिन्दी कविता के अरण्य में अपने कोमल पग में नूपुर डाल कर सबसे तेज दौड़ने वाले कवि। सबसे चतुर कवि। सबसे चौकन्ने कवि। यह केदार जी हैं और जो नहीं हैं, पूरा कहने का अधिकारी तो नहीं हूँ, पर कुछ अनुभव करता हूँ। केदार जी में जीवन का वह खुरदरापन नहीं देख पाया जो पहले के दूसरे कवियों के यहाँ है। वह संघर्ष नहीं देख पाया। यह मेरी सीमा रही होगी कि पहले के कवियों कबीर, फिर निराला, फिर मुक्तिबोध

को पसन्द करता रहा। मैं केदार जी को उन कवियों की पंक्ति में रखकर नहीं देख सकता। केदार जी मुझे इसके लिए क्षमा करेंगे। हालाँकि केदार जी खुद भी इतने अज्ञानी नहीं हैं कि अपने को उन कवियों की पंक्ति में रखकर देखेंगे। यह सब इसलिए कह रहा हूँ कि पीछे चलनेवाले नये कवियों की फौज सिर्फ इस माध्यम पर ही नहीं, बाहर भी कुछ इस अन्दाज में जयकार करती है कि जैसे केदार जी ने कोई पुरस्कार पाकर कविता का कोई किला जीत लिया। अरे भाई पुरस्कार कविता का किला नहीं है। धन्धा है। शुद्धरूप से धन्धा। आखिर ज्ञानपीठ हो या अज्ञानपीठ या कोई भी पीठ, यदि वह सचमुच साहित्य को सम्मानित करने के लिए पुरस्कार देती है तो अपने समय के कवियों को क्यों? क्यों नहीं जो पहले के महान् कवि हैं उनके वंशजों और उत्तराधिकारियों में जो हों उन्हें बुलाकर सबसे पहले सम्मानित करती? उसे भी छोड़िये। पहले के कवियों को पुरस्कार नहीं तो अब क्यों? यह उम्र के आखिरी पड़ाव पर या शुरू में ही कवियों को पुरस्कृत करने की जरूरत क्यों? उनकी रचनाओं के प्रकाशन और संरक्षण और जनसुलभ बनाने की कोशिशों की जगह ये पुरस्कार क्यों? आज हिन्दी प्रकाशन जगत् लूटमार का अड्डा बना हुआ है। किताबों के चयन में हजार बेइमानियाँ हैं। एक लेखक के महत्त्व को सीधे प्रकाशक नहीं समझता है, उसे कोई माध्यम चाहिए। कोई हो जो बताये कि यह अच्छा या खराब है। वह चाहे तो किसी अच्छे को खराब बताये और खराब को अच्छा। यह हिन्दी का सबसे भयानक है कि एक लेखक अच्छा लिखे और उसके बाद प्रकाशक और आलोचक के चरणों में सिर नवाये। लानत है ऐसे हिन्दी लेखक समाज पर। पुरस्कारों को लेकर भी क्या कम गन्दगी है? ऐसे में इस अँधेरे को दूर करने की जगह पुरस्कारों के प्रति यह आकर्षण क्यों? या इसलिए कि आज के कवि पहले से बेहतर हैं? या इसलिए कि आपके पास कुछ पैसों की व्यवस्था है तो आप साहित्य के पुरस्कारों का धन्धा कर सकते हैं? सच तो यह हमारे समय के पुरस्कारों ने साहित्य में इन्सेफेलाइटिस फैलाया है, जिससे साहित्य के बच्चे विकलांग होते जा रहे हैं। इन्सेफेलाइटिस पर मेरी कविता है, केदार जी की बनारस पर है। क्षमा करेंगे मुझे अपनी कविता का नाम नहीं लेना चाहिए था। पर कहना यह था कि केदार जी हमारे समय के तमाम कवियों से अच्छे कवि हैं, बल्कि बहुत अच्छे कवि हैं, बल्कि सबसे अच्छे कवि हैं, पर यह जरूरी तो नहीं कि पहाड़ की मिट्टी में वह तत्त्व हो ही जो तराई के किसी ढेले में हो। हाँ, कहना जरूरी है कि मुझे भी केदार जी की कविता मुग्ध करती है, पर नशा हर समय अच्छा हो जरूरी नहीं। केदार जी की कविता मुग्ध करती है, पर मुक्तिबोध की कविता उठाकर कन्धे पर बैठा लेती है। केदार जी को किसी और तरह से कहना हो तो यथार्थ का नर्स कहना जरूरी समझूँगा और मुक्तिबोध ा को सर्जन। एक बड़ी चीर-फाड़ बहुत सारा खून और फिर एक जीवन को सम्भव बनाता दृश्य। समाज को बेहतर बनाने का उपक्रम करता कवि। अपने समय के सच को फटकार कर कहता कवि। जोखिम उठाता कवि। मैं यह सब कह क्या रहा हूँ? यह सब कहने की कोई जरूरत थी? भला मुक्तिबोध का नाम लेने की क्या जरूरत थी? केदार जी तो उस पंक्ति में हैं ही नहीं। क्या इसलिए कह रहा हूँ कि उनके अनुयायी बल्लियों उछल

रहे हैं? उछलें न क्या फर्क पड़ता है? केदार जी से भला मुझे क्या ईर्ष्या? वे अस्सी के मैं साठ के करीब? बंगाली जी उनकी बड़ी इज्जत करते थे, भला उनके प्रति मेरे मन में असम्मान कहाँ से आ सकता है? बंगाली जी की आत्मा मुझे डाँटेगी। मैं ऐसा हरगिज नहीं कर सकता। हाँ, यह जो कुछ कह रहा हूँ सिर्फ पुरस्कार को लेकर फैली महामारी के बारे में कह रहा हूँ। केदार जी का बहाना है, बस। 'साहित्यिक मुक्ति का प्रश्न उर्फ इस पापागार में स्वागत है सन्तो' में पुरस्कार से मुक्ति की बात कर चुका हूँ, पर वह बात केदार जी जैसे लोगों के लिए नहीं के बराबर और नये लोगों के लिए ज्यादा है। अखबार के लोग गँवरई करें तो बात समझ में आती हैं कि उन्हें कविता समझ में नहीं आती है, वे छोटे-बड़े पुरस्कारों के आधार पर ही किसी कवि का मूल्य तय करते हैं, लेकिन जब कविता करनेवाले लोग ऐसी गँवरई करते हैं तो तकलीफ होती है। कहना सिर्फ इतना है कि ज्ञानपीठ पाने से या कोई भी पुरस्कार पाने से केदार जी हो या कोई भी कवि वह बदल नहीं जाता है। उसकी कविता जितनी अच्छी या खराब रहती है, पुरस्कार के बाद भी उतनी ही अच्छी या खराब रहती है। किसी कवि की कसौटी पुरस्कार नहीं उसकी रचनाएँ होती हैं। केदार जी को अच्छा कहें या बड़ा कहें, उनकी रचनाओं के आधार पर कहें। पुरस्कारों के आधार पर कवियों की पूजा साहित्य की सबसे बड़ी नासमझी है।

कर्णसिंह चौहान की दो पुरानी पोस्ट से बात खत्म करना चाहता हूँ—

**पहली पोस्टः**

पुरस्कार प्रकरण— साहित्यिक भ्रष्टाचार के स्रोतः

1. पुरस्कार लेना गलत है।
2. पुरस्कार देना गलत है।
3. पुरस्कार समितियों में होना गलत है।
4. पुरस्कारों पर बधाई देना और लेना गलत है।
5. पुरस्कारों पर चर्चा करना गलत है। अतः ये सब साहित्य में भ्रष्टाचार के स्रोत हैं।

**दूसरी पोस्टः**

पुरस्कार राशि का सदुपयोगः

1. जितने सरकारी, अर्द्ध सरकारी, स्वायत्त और निजी पुरस्कार हैं—केन्द्रीय, राज्य स्तरीय, स्थानीय, व्यक्तिगत—उनकी राशि को केन्द्रीय, राज्य स्तरीय, स्थानीय साहित्य कोषों में जमा कराना चाहिए।
2. इस राशि को साहित्य और संस्कृति के विकास की योजनाओं पर खर्च किया जाना चाहिए।
3. इस राशि में से आर्थिक रूप से विपन्न मसिजीवी लेखकों और कलाकारों को नियमित सहायता दी जानी चाहिए। इसी में से बीमार पड़ने पर बिना सरकार के आगे हाथ फैलाये उनके इलाज का बन्दोबस्त होना चाहिए।
4. इस राशि में से लेखकों-कलाकारों के लिए भारत-भर में ऐसे भवनों, स्थलों, रिजार्टों का निर्माण होना चाहिए जहाँ वे जाकर रचना-कर्म कर सकें या अवकाश ले सकें।

5. इससे पुस्तकालयों, पत्र-पत्रिका संग्रहालयों, गोष्ठी कक्षों का जगह-जगह पर निर्माण होना चाहिए।

अगर साहित्यिक भ्रष्टाचार का स्रोत बनी यह राशि पिछले 65 साल में इन कोषों में जमा होती और इन बुनियादी कामों पर खर्च होती तो अब तक एक व्यापक, सुन्दर, साहित्यिक परिवेश का निर्माण हो गया होता। व्यक्तिगत पुरस्कारों के रूप में बाँटकर उनका कितना सदुपयोग हुआ यह निश्चित करना मुश्किल हैं।'

मैं तो साहित्य का यहाँ का सबसे बुरा आदमी हूँ, मेरी बात खराब हो सकती है, पर कर्णसिंह जैसे तमाम मित्र जो कह रहे हैं, क्या वह भी खराब बात है? पुरस्कारवादी या कामी जो कर रहे हैं करते रहें, मेरी शुभकामनाएँ उनके साथ हैं, ईश्वर करें कि पुरस्कारवादी मित्रों को साहित्य में बहुत यश और सुदीर्घ जीवन मिले।

# खूब मिले गुरुभाई

प्रिय शिष्य होना सबके भाग्य में नहीं होता है। प्रिय शिष्य बहुत अच्छा भी हो सकता है और बहुत खराब भी। जाहिर है कि यहाँ अच्छा योग्य के अर्थ में है। अच्छा शिष्य अपने गुरु का मान बढ़ाता है तो खराब शिष्य घटाता है। मान बढ़ाने से आशय गुरु के काम को आगे ले जाने से है, न कि फूल-माला पहनाने और हर-वक्त जयकार करने से है। खराब शिष्य तो ऐसे-ऐसे मौकों पर गुरु का नाम ले लेते हैं, जहाँ नहीं लेना चाहिए। गुरु का मान कहीं कम हुआ हो तो भी उसे सार्वजनिक उस दशा में नहीं करना चाहिए कि अपमान का प्रतिकार होने की जगह और बढ़ जाये। दुर्भाग्यवश मैं यहाँ प्रिय शिष्य नहीं बन पाया तो इसमें दोष किसी गुरु का नहीं था, मुझमें ही रही होगी कोई कमी। कुछ गुण कम रहे होंगे, उनसे जो प्रिय थे। भले मैं कुछ अच्छा नहीं कर पाया, पर कुछ गुरुओं का कुछ प्रेम तो मुझे भी मिला। गुरु कभी मुक्तमन या स्वेच्छा से किसी खराब-से-खराब शिष्य को अप्रेम नहीं देता है। मनुष्य जीवन में ऐसे क्षण कभी भी और कहीं भी आ सकते हैं, जब कोई बड़ा-से-बड़ा ज्ञानी भी एक क्षण के विवेक से शिथिल हो जाये। चूक कहाँ नहीं होती है। चूक मेरे शोध-गुरु से भी हुई होगी। चूक को मैं पाप नहीं मानता। हाँ, जान-बूझकर हो तो बुरा मानता हूँ, पर मेरे जीवन में ऐसी कोई बात किसी गुरु की ओर से रही हो, मुझे स्मरण नहीं। यह मेरा सौभाग्य है कि मुझे शोध में गुरु के रूप में रामदेव शुक्ल जी मिले। आज स्मरण कर रहा हूँ तो इस प्रयोजन के साथ कि इधर कुछ लोगों ने जानबूझकर उन्हें दुःख पहुँचाने के लिए सिर्फ उनके नाम का उल्लेख मेरी गुरु सीरीज की कविताओं के साथ किया है। विभाग में जब भी ऐसी कोई बात आयी तो मैंने तुरन्त प्रतिवाद किया कि नहीं ऐसी बात नहीं, मेरे तो दस गुरु हैं। आशय यह कि किसे कविताओं में ढूँढियेगा? किसे छोड़िएगा? यह भी स्पष्ट करता हूँ कि यह कविता तो सत्ता के प्रतिरोध में है। सत्ता चाहे अकादमिक दुनिया की हो या समाज, धर्म या राजनीति, किसी भी दुनिया की। मैं मजाक में भी किसी को अपने गुरु के बारे में ऐसा कुछ कहते पसन्द नहीं करता था। मेरी आँखों से अपने गुरु रामदेव जी का वह पोस्टकार्ड कभी ओझल नहीं होता, जब उन्होंने मेरे जीवन में आयी एक दुःख की घड़ी में लिखा था कि तुम पैसे की चिन्ता मत करो, शोधप्रबन्ध जमा हो जाएगा, आ जाओ। भला ऐसे गुरु के प्रति कभी असम्मान का भाव मन में आ सकता है? अलबत्ता, नौकरी में आने के बाद गुरु भाइयों की वजह से गुरु ने जो दुःख दिया, भूल नहीं पाया।

साहित्य में कुछ करने की वजह से सभी गुरुओं के साथ एक लोकतान्त्रिक या कह लें कि आलोचनात्मक रिश्ता भी बना। यह आलोचनात्मक दृष्टिकोण केवल साहित्य सम्बन्धी सहमति या असहमति को लेकर होता है। यहाँ भटकने का खतरा है, इसलिए उस बेहद जरूरी हस्तक्षेप के लिए ध्यान खींचना चाहूँगा कि गुरु सीरीज के बारे में आचार्यगण ऐसी किसी नासमझी की बात न करें कि यह अमुक पर है या अमुक पर। उस सीरीज में एक कविता है–

गुरु से बड़ा था गुरु का नाम
गुरु से बड़ा था गुरु का नाम
सोचा मैं भी रख लूँ गुरु से बड़ा नाम
कबीर तो बहुत छोटा रहेगा
कैसा रहेगा सूर्यकान्त त्रिपाठी निराला
अच्छा हो कि गुरु से पूछूँ
गजानन माधव मुक्तिबोध के बारे में।
पागल हो, कहते हुए हँसे गुरु
एक टुकड़ा मोदक थमाया
और बोले–
फिसड्डी हैं ये सारे नाम
तुम्हारा तो गणेश पाण्डेय ही ठीक है।
(अटा पड़ा था दुख का हाट)

इस कविता में जिस गुरु के बड़े नाम का उल्लेख है, उसके लिए ऐसे नाम की ओर देखने की जरूरत क्यों नहीं हुई, जिसके नाम में सबसे ज्यादा अक्षर हो या शब्द हों। विश्वनाथ जी का नाम बड़ा है ही, फिर उन्हें लक्ष्य क्यों नहीं किया गया? क्या इसलिए कि ऐसी असहज स्थिति में उनकी टीम के छुटभैये उन्हें खड़ा करेंगे तो उनका मान घट जायेगा? मेरे कहने का आशय यह नहीं कि है कि उन्हें देखें। यह इस कविता के साथ अन्याय है कि आप उसे किसी व्यक्ति के साथ जोड़कर देखें। अन्याय ही नहीं, बल्कि कमअक्ली भी। विश्वनाथ जी में कुछ अच्छा है तो कुछ खराब भी। सबके साथ ऐसा होता है। कई बार मैं ऐसे खराब को आन्तरिक विवशता के रूप में देखता हूँ। जीवन में ऐसा बहुत-कुछ होता है कि हम अपने प्रिय या अत्यन्त उपयोगी के लिए बहुत योग्य को भी दूर रखते हैं। ऐसी दुर्बलता कहाँ नहीं है? आन्तरिक विवशताओं के विस्तार में नहीं जाना है। हाँ, वहाँ जरूर विरोध होता जब आप ऐसे अपात्र को अपने साहित्यिक उत्तराधिकारी की जगह देने लगते हैं। इस शहर में कोई कविसीढ़ी बनी, कोई कविक्रम बना तो किसे कहाँ रखेंगे? जाहिर है कि कोई इसमें कोई बड़ा उलट-फेर नहीं कर सकता है। कोई लाख उछल-कूद करे, लेकिन जब बाहर से आनेवाले पचास से कम उम्र के साधारण कवियों को कवि के रूप में बहुत आदर देगा तो किस मुँह से और किस ताकत से मुझे या किसी को फूँककर उड़ा देगा? मैं अधिक महत्त्व का अधिकारी नहीं हूँ। कोई किसी को न तो

बड़ा बना सकता है, न छोटा। काम खुद बोलता है। काम का बोलना बेवकूफी का बोलना या मुँह इत्यादि का बोलना नहीं होता है। यह सब इसलिए कह रहा हूँ कि गणेश पाण्डेय तो शुरू से ही विरोध का अभ्यस्त है, उसे कोई फर्क नहीं पड़ता कि कोई उसे क्या कहता है, उसे फर्क तब पड़ता, जब उसका काम बोलता नहीं। मेरे बारे में जो बोलना है, सब बोल सकते हैं। जहाँ जरूरी होगा कुछ कहूँगा, जहाँ नहीं जरूरी होगा, बताकर अलग हो सकता हूँ। हाँ यह जरूर चाहता हूँ कि मुझे छोटा बनाने में अपनी सारी शक्ति खर्च करनेवाले आचार्य या लेखक-अलेखक किसी एक गुरु को पीड़ा पहुँचाने का काम और किसी की महानूता के गुण गाने का काम न करें। बन्द करें यह सब। इसलिए गुरु सीरीज की कविताओं से भयभीत रहनेवाले लोग उस कविता को जितना चाहें बदनाम करें, बस उस कविता के नाम पर किसी गुरु को पीड़ा न पहुँचाएँ। ऐसा इसलिए नहीं कह रहा हूँ कि महानू बनने की कोशिश कर रहा हूँ। अपनी कविता के बारे में मैं बेहतर नहीं बता सकता तो और कौन बतायेगा? सच तो यह कि गुरु सीरीज की कविताओं में सतह के नीचे की सारी हलचल के केन्द्र में तो गुरुभाई हैं, हिन्दी के असली कापुरुष तो यही हैं, पर इतनी हिम्मत उन लोगों में कहाँ हैं कि वे लोग बताये कि कौन-कौन हैं और हिन्दी की दुनिया में उनका असली चरित्र क्या है? वे बता नहीं सकते हैं, क्यों कि वे खुद उसी टीम का हिस्सा हैं—

निकटता का पाठ मेरे कोर्स में था ही नहीं
कैसे हो सकता था
कि जो गुरु के गण थे, नागफनी थे
जड़ थे कितने कार्यकुशल थे।
आगे रहते थे, निकट थे इतने
जैसे स्वर्ण कुंडल, त्योरियाँ, हाथ।
क्या खतरा था उन्हें मुझसे
तनिक भी दक्ष नहीं था मैं
निकटता का पाठ मेरे कोर्स में था ही नहीं।
क्यों रोकते थे वे मुझे कुछ कहने से ,
जरूर हुई होगी कोई असुविधा
इसी तरह वैशम्पायन के गुरुकुल में
याज्ञवल्क्य से।
(अटा पड़ा था था दुःख का हाट)
खूब मिले गुरुभाई
सन्नद्ध रहते थे प्रतिपल
कुछ भी हो जाने के लिए
मेरे विरुद्ध।
बात सिर्फ इतनी-सी थी

कि मैं कवि था भरा हुआ
कि टूट रहा था मुझसे
कोई नियम
कि लिखना चाहता था मैं
नियम के लिए नियम।
(अटा पड़ा था था दुःख का हाट)

बहरहाल मैं अपनी कविताओं की व्याख्या नहीं करना चाहता। जान-बूझकर किसी एक गुरु को दुःखी करने की कोशिश के विरुद्ध बस हस्तक्षेप करना था, सो कर रहा हूँ। क्योंकि कुछ लोग काव्यानुभव और जीवनानुभव की बात तो करते हैं, लेकिन यह भूल जाते है कि काव्यानुभव कोई आकाश से नहीं झरते हैं, जीवनानुभव की गीली मिट्‌टी ही पककर काव्यानुभव बनती है। असल में ये आचार्य ऐसे कवियों की पूजा अधिक करते हैं, जिनके पास अपना जीवनानुभव कम होता है, बाहर के काव्यानुभव को ही अपने परिवेश में ढाल लेते हैं। आज हिन्दी के बड़े समझे जानेवाले कितने कवियों के पास ऐसी कविताएँ हैं, जिन्हें लिखने में कोई जोखिम रहा हो। जीवनसंघर्ष में जिन्होंने साहित्य की स्थानीय सत्ताओं और केन्द्रों का विरोध किया हो। प्रमोटी कविसंघ के सदस्य या अध्यक्ष न रहे हों? यह सब इसलिए नहीं कह रहा हूँ कि ऐसा करने से कोई बड़ा कवि बन जाता है, इसलिए कह रहा हूँ कि बड़ों के पीछे-पीछे चलनेवाले छुटभैये उनकी उन कमजोरियों को भी जान सकें जो छिपाकर रखी जाती हैं। ये आचार्य न तो कविता की आन्तरिक संगति या तर्क को समझ पाते हैं और न कविता की शक्ति को। इन्हें यह भी नहीं पता होता है कि किसी छोटे दुःख से भी बड़ी या अच्छी कविता सम्भव हो सकती है और किसी बड़े दुःख की कविता भी खराब बन सकती है। जिनके पास खुद की कोई भाषा नहीं होती, वह भला किसी लेखक की भाषा को कैसे जान सकता है।

मित्रो अघाये हुए लोगों की भाषा और रोटी के लिए संघर्ष करनेवालों की भाषा का फर्क समझना चाहिए। मैंने भले खराब कविताएँ लिखी हों, पर किसी की गोद में या चरणों में बैठकर यह सब निश्चिंत भाव से नहीं किया है। कहीं कहा है कि एक हाथ में हिन्दी के राक्षसों से लड़ने के लिए तलवार और दूसरे हाथ में कलम लेकर कविताई की है। कई साल संघर्ष किया है। विश्वविद्यालय में दूसरा शिक्षक संगठन खड़ा किया, एक नहीं तीनबार स्कूटर दुर्घटना में मरने से बचा। मैं भी अमुक जी या ढमुक जी का पिछलग्गू या लठैत बन जाता तो साहित्य में भी कुछ हलवा-पूड़ी पाता रहता। कहना जरूरी है कि हिन्दी के आचार्य लठैत बनना अधिक पसन्द करते हैं, वीर बनना कम। लठैत बनकर दाना-पानी और आफत से छुटकारे की पक्की व्यवस्था रहती है। जिसका चाहो सर फोड़ दो। कोई स्वाधीन लेखक हो या चोर-उचक्का, क्या फर्क पड़ता है। बस मालिक के सामने दुम दबी रहनी चाहिए। मालिक का नाम लेते रहना चाहिए। वीर मूल्यजीवी होता है। किसी अर्थपूर्ण मकसद के लिए संघर्ष करता है। साहित्य के अँधेरे को दूर करने के लिए। गन्दगी साफ करने के लिए, न कि गन्दगी करने के लिए। मुझे एक वीर का क्षणिक जीवन भी

प्रिय है, किसी का लठैत बनने से अच्छा है, चुल्लूभर पानी की खोज करना। साहित्य में कभी किसी के साथ सम्बन्ध निभाने के लिए समझौता नहीं किया। अरविन्द त्रिपाठी मेरे मित्र हैं, उनकी कमियों पर भी खुलकर कहा और उन्होंने कभी भी अवयस्क या अलोकतान्त्रिक व्यवहार नहीं किया। इसलिए कि अरविन्द लेखक हैं, हिन्दी के अहंकारी आचार्य नहीं। किताबों के रटने का अहंकार नहीं, रचने का अभिमान है, बल्कि आश्वस्ति है। एक लेखक कभी जीवन की आपाधापी में आन्तरिक विवशता की वजह से निकृष्ट पर बहुत उपयोगी लोगों के साथ जुड़ा रह सकता है, लेकिन अगर वह सच्चा लेखक है तो उस निकृष्ट व्यक्ति की नाराजगी के बावजूद किसी सच्चे लेखक से रिश्ते की एक छोटी खिड़की जरूर अपने पास रखता है। गुरुओं में भी ऐसे लेखक हों तो आश्चर्य नहीं। उदाहरण के लिए बाहर जाने की जरूरत नहीं। अलबत्ता यहाँ सब लेखक ऐसे नहीं हैं। ज्यादातर लेखक साहसी नहीं हैं। विश्वविद्यालय के आचार्यों से बहुत डरते रहे हैं। शायद यह देश का पहला शहर होगा जहाँ के लेखक अपने शहर के अलेखकों से डरते होंगे। लेखक बनना उतना ही अच्छा है जितना अच्छा एक शिक्षक बनना है या एक अच्छा पाठक बनना है, लेकिन अलेखक बनकर साहित्य के परिसर में लठैती करना सबसे खराब काम है। ये अलेखक कई बार आयोजक, प्रशंसक इत्यादि की भूमिका में शहर के लेखकों को प्रभावित करने लगते हैं। शहर के वे लेखक जो भीतर से कमजोर होते हैं, साहित्य की स्थानीय सत्ता और उसके लठैतों के डर में जीने लगते हैं। हजार डर होते हैं, ऐसे लेखकों के पास, हाय ये मेरा नाम नहीं लेंगे, हाय ये मुझे कविता पढ़ने के लिए नहीं बुलायेंगे, इत्यादि। हद तो यह कि ऐसे भयभीत लेखक शहर की साहित्यिक वरिष्ठता साहित्य में काम से तय नहीं कर पाते, बल्कि विश्वविद्यालय की नौकरी की वरिष्ठता को ही प्रमाण मानने लगते हैं। हद है या नहीं? जाहिर है, ऐसे लेखक भला किसी निडर लेखक को क्यों पसन्द करेंगे? बहरहाल उनसे कोई शिकायत नहीं कि उन्होंने साहस का पथ क्यों नहीं चुना, लेकिन सन्तोष की बात यह है कि इसी शहर में कुछ ऐसे लेखक भी हैं जो एक सीमा में ही सही अपने हिस्से का सच कहने की कोशिश करते हैं। उनसे मिलकर अच्छा लगता है, उनसे बात करके अच्छा लगता है। अब ऐसे लोगों के विरोध से कोई फर्क नहीं पड़ता, जो खुद विरोध के काबिल नहीं हैं। कभी-कभी अपने जीवन को लेकर यह अनुभव जरूर होता है कि आखिर मुझे यहाँ कैसा जीवन मिला जो पाता ही आया विरोध। ऐसी पंक्ति की रचना करनेवाले महान् लेखकों के चरणों की धूल भी नहीं हूँ मैं, लेकिन जीवन तो यहाँ कुछ-कुछ वैसा ही जिया। वीरता को एक कण भी कहीं पा सका तो बहुत है। उसी कण के सहारे कट जायेगी जिन्दगी। मुझे अपनी कविता से कोई पुरस्कार नहीं चाहिए।

कविताएँ हमेशा पुरस्कार ही नहीं दिलातीं। कभी-कभी दण्ड भी दिलाती हैं। जब्त कर ली जाती हैं या जेल होती है। मैं जानता हूँ कि अपने पहले संग्रह में गुरुसीरीज की कविताओं की वजह से साहित्य की दुनिया में मुझे वनवास का दण्ड मिला है तो सिर माथे पर। कौन कहता है कि कविताएँ कुछ नहीं करती हैं? कमजोर कवियों की कविताएँ अलबत्ता कुछ नहीं करती हैं। बहुत हुआ तो पुरस्कार की सूली पर लटक जाती हैं, बस।

# अच्छी कविता में आत्मरक्षा का गुण होता हैं

बात कहीं से भी शुरू की जा सकती है। छायावाद से भी कि छायावाद आधुनिक हिन्दी कविता की सबसे ऊँची मंजिल हैं। लेकिन जरूरी नहीं कि इस बात से या किसी बात से सब सहमत हो। क्योंकि यह एक ऐसा समय हैं जब हिन्दी के अनेक स्वनामधन्य आचार्य अपने काव्य विवेक से अधिक अपने समय के नामी-गिरामी आलोचकों के काव्यविवेक या किसी अन्य आग्रह पर अधिक भरोसा करते हैं। भरोसा ही नहीं बाकायदा उनकी पूजा करते हैं। हो सकता है कि ऐसे काव्यालोचक कहें कि प्रगतिवाद सबसे ऊँची मंजिल हैं। पर मेरे देखने में अच्छाइयों के बावजूद प्रगतिवाद आधुनिक कविता की सबसे ऊँची मंजिल नहीं हैं। मैं ही नहीं और भी कई लोग ऐसा ही अनुभव करते हैं। पर हो सकता है कि ग्लोकोमा की वजह से मैं इससे अधिक देख न पा रहा होऊँ। असल में हिन्दी साहित्य में यह भ्रम जोरों पर है कि सूरदास तो सिर्फ कविता में होते हैं और वह भी आज के जमाने में सिर्फ लच्छीपुर खास में होते हैं, आलोचना में हरगिज-हरगिज नहीं होते हैं। जबकि मैं अच्छी तरह जानता हूँ कि हिन्दी साहित्य के मौजूदा परिदृश्य पर आलोचना में सूरदासों की भरमार है। सूरदास ही नहीं बल्कि इनमें गजब-गजब के दास होते हैं। कोई परम आनन्द में डूबा दास होता है तो कोई विश्वभ्रमण पर निकला संसारी दास। कोई नया-नया दासानुदास। ये कब कहाँ कैसे क्या करते हैं, यह सब बताने की बात नहीं है। बस इतना समझ लीजिये कि ये किसी नयी बात से या किसी बात को नयी तरह से देखने से डायबिटीज के मरीजों की तरह सख्त परहेज करते हैं। ऐसे आचार्य कविता की विकास यात्रा को किस दृष्टि से देखते हैं, यह दुर्भाग्यवश किसी पाठ्यक्रम का हिस्सा नहीं हो सकता है। आधुनिक हिन्दी कविता के पाठ्यक्रम में छायावाद ही नहीं छायावादोत्तर कविता का भी विशिष्ट स्थान है। लेकिन जैसा कि कहा गया कि छायावाद आधुनिक कविता का शिखर है, तो इसके पुष्ट आधार हैं। छायावादी कविता द्विवेदीयुग की कविता की तरह टेढ़ा-मेढ़ा लड्डू नहीं है। बल्कि सुन्दर, स्वादिष्ट और सुपाच्य, कविता का नायाब प्रसाद है। कविता की उर्वर और श्रेष्ठ कल्पना का असीम आकाश ही नहीं है बल्कि अनुभव का अद्वितीय लोक है। कवि अपने पूरे वुजूद के साथ कविता का सहचर और भोक्ता है। एक ऐसी काव्यभूमि है जहाँ प्रकृति सिर्फ नयी ही नहीं होती है बल्कि कुछ और भी बन जाती है, एक जीती-जागती और प्रेयसी जैसी प्रिय स्त्री। छायावाद में

स्त्री बिल्कुल नये रूप में सामने आती है। स्त्री की चिन्ता भी कहीं ज्यादा ईमानदार है। एक ओर राम की शक्तिपूजा में सीता की मुक्ति की चिन्ता है तो दूसरी ओर देवी जैसी रचना में अति साधारण और हाशिये की स्त्री के जीवन और सरोकारों की चिन्ता। विधवा स्त्री की भी चिन्ता कवि को उसी तरह विकल करती है। प्रायः कवियों ने नयी स्त्री को देखने की कोशिश की है। इन कवियों की स्त्री एक ओर देवि, सहचरि, मां है तो दूसरी ओर इष्टदेव के मन्दिर की पूजा-सी विधवा और पत्थर तोड़ती मजदूरनी भी। निराला कविता को जब परिवेश की पुकार कहते हैं तो उनके सामने जाहिर है कि छायावाद की कविता होती है। आचार्य शुक्ल ने छायावाद को जब चित्रभाषा शैली कहने के साथ-साथ उसे बाहर से आया बतलाया तो उनके इस आग्रह को स्वीकार करने में जिन कारणों से दिक्कत हुई, स्पष्ट है। रहस्यवाद छायावादी कविता का एक छोटा-सा अंश है पूरा छायावाद नहीं। इस तरह का रहस्यवादी छायावाद पहले रवीन्द्रनाथ की कविताओं में फिर वहाँ से हिन्दी में आया, इसे भी स्वीकार करने में मुश्किल हुई। यदि इसे ही छायावाद मान लेंगे तो फिर स्वाधीनता संघर्ष जैसे साहित्य के वृहत्तर उद्देश्य का क्या होगा? क्या उससे बड़ा कविता का सरोकर कहा जायेगा– बीसवीं सदी और अब नयी सदी में– छायावाद का रहस्यवादी सरोकार? यह ठीक है कि छायावादी कविता का पाट जिन दो छोरों से बनता है, उसमें एक ओर विराट का साक्षात्कार है तो दूसरी ओर लघुता के प्रति दृष्टिपात ही नहीं बल्कि उनके और विशेषरूप से देश के लिए संघर्ष चेतना की प्रतिष्ठा है। कविता का शाश्वत परिसर तो है ही। जाहिर है कि कविता की सलिला जिन दो पाटों के बीच बहती है उनमें एक है प्रकृति और दूसरा है अपने समय के समाज का परिदृश्य। छायावाद में प्रकृति पहली बार जीती-जागती और किसी सुन्दर और सौम्य स्त्री की तरह बहुत नयी-नयी और बेहद आत्मीय और अन्तरंग लगती है। आगे कुछ कवियों के यहाँ तो अल्हड़ और नितान्त अपनी लगती है। कविता में निजता का तत्त्व कविता का विरोधी नहीं है। बल्कि कविता को और विश्वसनीय और तरल बनानेवाला तत्त्व है। यह तरलता ही कविता को पठनीयता और सम्प्रेषणीयता जैसे आलोचनात्मक प्रश्नों से मुक्त करती है। वैयक्तिकता और सामाजिकता के प्रश्न छायावादी कविता को अशक्त नहीं करते हैं, बल्कि ताकत देते है। निराला लिखते हैं–'मैंने मैं शैली अपनायी' और दूसरी ओर कहते हैं कि 'कविता परिवेश की पुकार हैं। जाहिर है कि परिवेश केवल प्रकृति का आँगन नहीं है। उसके भीतर आसपास का सब शामिल है। आसपास का ही नहीं, बल्कि हमारी चेतना के भीतर जो कुछ भी अंट सकता है, सब शामिल है। क्या समाज और क्या देश। क्या यहाँ और क्या वहाँ। क्या इस पार और क्या उस पार। छायावादी कविता की श्रेष्ठता का आधार उसके कवियों का महत्त्वपूर्ण अवदान है। कोई भी काव्यान्दोलन, काव्यान्दोलन ही नहीं बल्कि कोई भी साहित्यिक आन्दोलन अपने आग्रहों और अपनी वैचारिकी से महत्त्वपूर्ण नहीं होता है, बल्कि उसे उससे जुड़े लेखकों के कद और योगदान के आधार पर याद किया जाता है। कभी-कभी बिना किसी घोषित काव्यान्दोलन के एक कालखण्ड विशेष के भीतर के लेखकों में आप-से-आप अपने समय और परिवेश की पुकार के आधार

पर मिलती-जुलती काव्य प्रवृत्तियाँ दिखने लगती हैं। सच बात तो यह कि कोई सजग कवि जब कविता रच रहा होता हैं तो उस समय वह पुलिस की परेड नहीं कर रहा होता है। उसकी अपनी काव्यदृष्टि बहुत-सी चीजों को तय करती है। उदाहरण के लिए कह सकते हैं कि इसीलिए हिन्दी के सारे मार्क्सवादी कवि मुक्तिबोध से छोटे हैं। छोटा या बड़ा होना किसी सीमित अर्थ में लेने से कभी--कभी अनर्थ भी हो जाता है। छायावादी कविता के बड़े होने के अपने पुष्ट अकाट्य आधार हैं। लेकिन इसका अर्थ यह नहीं कि बाद की कविता अवांछित या महत्त्वहीन है। छायावादोत्तर कविता एक अर्थ में छायावादी कविता का ही विकास हैं। द्विवेदीयुग की कविता की प्रतिक्रिया में छायावाद के लिए स्थूल के विरुद्ध सूक्ष्म का स्वागत जैसा सूक्ष्म के विरुद्ध स्थूल जैसी कोई चीज नहीं। न तो उसकी भयंकर प्रतिक्रिया में अलग से कविता की दृष्टि से कोई क्रान्तिकारी चीज है। इन्किलाब है तो कथ्य के स्तर पर पहले के जन सरोकारों के स्वर की तीव्रता तक सीमित है। हिन्दी के प्रिय विद्यार्थियों और भविष्य के कर्णधारों से विनती है कि वे छायावादोत्तर कविता को आधुनिक हिन्दी कविता के विकासक्रम में अगले और एक छोटे पड़ाव लेकिन महत्त्वपूर्ण पड़ाव के रूप में देखने की कृपा करें। इसे एक ऐसे पड़ाव के रूप में लें कि जहाँ कविता के पाठकों को गला तर करने के लिए एक छोटा-सा कुआँ है, एक छोटी-सी रस्सी है और एक छोटा-सा घड़ा है। थोड़ी-सी मौज है थोड़ी-सी मस्ती है। प्यास का थोड़ा-सा दीवानापन है। यों तो एक अध्यापक रूप में अपने विद्यार्थियों से कहना हो तो कहेंगे कि छायावाद के बाद हिन्दी कविता मोटे तौर पर जिन दो रास्तों पर आगे बढ़ती है, उनमें पहला रास्ता प्रगतिवाद कहलाता है जिसे कुछ लोग अज्ञानवश बन्द गली का आखिरी मकान भी कहते हैं। दूसरा रास्ता प्रयोगवाद कहलाता है जिसे वही कुछ लोग बन्द गली के आखिरी मकान के बगल से दाहिने निकला हुआ रास्ता कहते हैं। वे यह भी कहते हैं कि जब प्रगतिवाद में कविता के तत्त्वों की बहुत अनदेखी होने लगी तो कुछ कवियों ने कविता के पक्ष में और एक अर्थ में कुछ कवियों ने जनता के पक्ष में खड़ी होनेवाली कविता के पक्ष में खड़े होने की कोशिश की। पर आगे बढ़ने से पहले छायावादोत्तर या उत्तर छायावाद जैसी छतरी के नीचे मौजूद कुछ ताकतवर कवियों की कविता पर भी गौर करना जरूरी होगा। ये सीधे और उन अर्थों में प्रगतिवादी तो नहीं कहलाये पर जिनकी रचनाओं में जनपक्षधरता के स्वर मौजूद हैं। लेकिन ऐसे भी कवि हैं जो समाज के वृहत्तर दुःख को दूर करने या सामाजिक सौहार्द के शर्तिया इलाज के लिए मयखाने में बैठना ज्यादा जरूरी समझते हैं। आधुनिकता की वैचारिकी से इस मयखाने का रिश्ता या मय की ताजपोशी समझना औरों के लिए भले ही मुश्किल चीज हो पर हिन्दी आलोचकों के लिए अतिसरल है। मधु तो छायावाद में भी हैं पर शाला का निर्माण तो छायावादोत्तर या कि छायावाद से थोड़ा आगे और प्रगतिवाद से थोड़ा पहले के मील के पत्थर के पास जन अरण्य में ही सम्भव होता है। निराला की कविताओं में सामान्यजन की प्रतिष्ठा और उनके पक्ष में डटकर खड़े होने का जैसा जज्बा मौजूद है, बाद की कविताओं में संघर्ष के दृश्य उनसे अलग नहीं बल्कि उनके स्वर के आलाप हैं। आशय यह नहीं कि छायावादोत्तर कवियों का उपक्रम कहीं से

कम हैं या नगण्य है। कहना चाहिए कि नगण्य और वंचितों की चिन्ता का स्वर उनके यहाँ तीव्र है। प्रगतिवाद के कवियों में कथ्य की सबलता और स्वर की तीव्रता ने जाहिर है कि कविता के तत्त्वों की अनदेखी की तो कविता के तत्त्वों की मजबूती के लिए प्रयोगवाद से जुड़े कवियों को आगे आना पड़ा। उनमें भी अज्ञेय तो जैसे आगे की कविता का सारा कील-काँटा जानते थे सो उन्हें सबसे आगे रहने के लिए प्रयोगवाद एक अवसर था। हालाकि वे वादी कहलाने के पक्ष में नहीं थे। पर जिन्हें उन्हें वादी कहना था, उन्होंने वादी कहा। तार सप्तक का प्रकाशन सचमुच गौरतलब है। सप्तक के कवियों के बारे में दिलचस्प यह कि ये कवि विचारधारा के स्तर पर एक नहीं थे। उनमें फर्क था। दूसरी बात यह कि ये कवि युवा थे पर कविदृष्टि वयस्क थी। तीसरी बात यह कि इस संकलन में शामिल कवियों की कविताएं, उन कवियों की सर्वोत्तम कविताएँ नहीं थीं। सर्वोत्तम क्या प्रतिनिधि कविताएँ भी नहीं थीं। इसके बावजूद संकलन के कवियों और उनकी कविताओं ने नयी राह के अन्वेषण को सम्भव किया। यही इस संकलन का शायद उद्देश्य भी था। तार सप्तक के बाद दूसरा सप्तक फिर तीसरा सप्तक आया। सप्तकों ने और जो भी किया हो, कविता को नयी कविता का एक खुला आसमान दिया। कहने को तो अज्ञेय चौथा सप्तक भी लेकर आये पर वह चौथा ही बनकर रह गया। सात तो दूर एक भी तार ठीक से बज नहीं पाया। जबकि तीसरे सप्तक तक के कवियों में कई कवि ऐसे हुए जिन्होंने अपने समय की कविता को तो प्रभावित किया ही है बाद की कविता को भी प्रभावित किया है। कविता की यात्रा हो या साहित्य की किसी भी विधा की विकास यात्रा, कम प्रतिभा के ऐसे कवियों की भरमार रहती है जो किसी भी तरह उछल-कूद करके अमर हो जाने के लिए विकल रहते हैं। आलोचक या सम्पादक को खुश करने के लिए कुछ भी करने को तो तैयार रहते ही हैं, कविता या रचना की हत्या करने तक के काम को करने में तनिक भी दुखी नहीं होते। कविता मरती है तो मर जाये, बस ये अमर हो जायें। कविता की सुफरफास्ट रेलगाड़ी के दरवाजे पर हैण्डिल को कस कर पकड़कर या बिना टिकट बर्थ पर लेटकर सफर करनेवाले ऐसे कातिलों को आज भी देखा जा सकता है। साहित्य में कई आन्दोलन ऐसे मीडियाकर अमर होने की आकांक्षा में चलाते हैं। कई सम्पादक अपनी पत्रिका या खुद को सम्पादक के रूप में स्थापित करने के लिए भी ऐसे प्रायोजित आन्दोलन खड़ा करते रहते हैं। पर बिना अच्छी रचना के कोई भी आन्दोलन जीवित नहीं रहता है। कई बार अपने समय की कविता या कवियों को चर्चित करने या अँधेरे में रखने में प्रतिष्ठित आलोचक भी कम बेईमानी या कम बड़ी चूक नहीं करते हैं। कुछ वक्त पहले एक नामचीन आलोचक ने एक इण्टरव्यू में कहा था कि फणीश्वरनाथ रेणु के महत्त्व को समझने में देर हुई। शायद यह आधा सच है। यह सच है कि उन्होंने रेणु के महत्त्व को देर से स्वीकार किया। पर यह सच नहीं लगता कि हमारे समय का कोई नामचीन आलोचक रेणु जैसे लेखक के महत्त्व को देर से समझ पायेगा। यह सिर्फ एक उदाहरण है। हिन्दी आलोचना में आज कई ऐसे आलोचक हैं जो अपने समय की कविता ओर आलोचना को इसी तरह कलंकित करते हैं। दुर्भाग्य यह कि हमारे समय की युवा

आलोचना कभी अपने पैरों पर खड़ी ही नहीं हुई। लेकिन सौभाग्य से हिन्दी कविता की निर्मल आत्मा कभी भी ऐसी कुचेष्टाओं से मलिन हुई ही नहीं। शुरू में ही हिन्दी कविता की नींव इतनी मजबूत बनी कि कोई आलोचक या दन्द-फन्द में लगा हुआ कवि अपनी दबंगई या बुरी नजर से उसे हिलाना तो दूर, छू भी नहीं सकता है। कविता की आत्मा के पास पहुंचते ही अपात्र सूर्य जैसे ताप में राख हो जाता है। लेकिन कई बार एक पूरा-का-पूरा दौर ही आँख पर पट्टी बाँध लेता है। किसी महाजन की जगह किसी महादुर्जन के फतवे को ही अपने समय का सत्य समझ लेता है। पर जब समय का सारा पानी बह जाता है तो रेत की तरह सच सामने होता है। अपने समय के सब चर्चित भुला दिये गये होते हैं। याद रहते हैं वे जिनकी कविताओं में कुछ होता है। कभी-कभी कुछवाले भी अपने समय में अपनी हैसियत से अधिक पा जाते हैं।

नयी कविता और नयी कहानी दोनों आधुनिक काल का महत्त्वपूर्ण पड़ाव है। कविता में नयी कविता के बाद कुछ पानी के बुलबुले जैसे काव्यान्दोलन भी आते हैं। पर कविता के एक समृद्ध और मजबूत देश गें अकविता के लिए कितनी गुंजाइश हो सकती है। सो आये और गये की तरह कविता और कहानी में ऐसे आन्दोलन कहने के लिए आये और चले गये। साठ के बाद कविता के मिजाज में जो परिवर्तन दिखता है, वह अचानक और किसी एक कवि के प्रादुर्भाव से नहीं होता है। यह सोचना नासमझी होगी कि एक धूमिल के आने से साठ के बाद की कविता चमकी। वह एक ऐसा कालखण्ड था जब देश की परिस्थितियों में काफी कुछ नाउम्मीदी और विकलता और विश्वास का संकट युवा लेखकों को मथ रहा था। बाहर और भीतर काफी कुछ टूट रहा था। नयी कविता के कई कवियों में अपने समय के दंश और उसकी तीव्रता का अनुभव मौजूद है। जहाँ तक राजनीतिक कविता का प्रश्न है, यह कहने में संकोच नहीं कि मुक्तिबोध के बाद रघुवीर सहाय ध्यान खींचते हैं। साठोत्तरी कविता में जिसे मोहभंग की कविता भी कहा गया, राजनीति और खासतौर से लोकतन्त्र और समाजवाद को लेकर कविता में बहुत बोलनेवाली मुहावरेबाज कविता का एक दौर आता है। जिसमें कविता की भाषा को धरना-प्रदर्शन में चीखनेवाली भाषा में बदलने की छटपटाहट दिखती है। धूमिल के लिए एक नामचीन आलोचक इतने व्यग्र होते हैं, शायद उतना कभी अपने बच्चों के लिए भी विकल नहीं हुए होंगे। धूमिल एक प्रतिभाशाली कवि हैं। इसमें कुछ खास बुरा नहीं है किसी पत्रिका में उन्हें किस तरह और उनकी कविता को कैसे करके छापा गया होगा। सम्पादक एक अभिभावक की तरह होता है। नये रचनाकार को अपने बच्चे की तरह सजाता और सँवारता है। लेकिन किसी सम्पादक या आलोचक को दूसरे बच्चे दिखें ही नहीं, यह बुरा है। साठोत्तरी कविता में धूमिल के आलावा लीलाधर जगूड़ी और देवेन्द कुमार जैसे कवि भी शामिल हैं। पटना के युवा लेखक सम्मेलन में धूमिल ने जिस देवेन्द कुमार की काव्य भाषा को अपनी काव्यभाषा से बेहतर बताया था, दुर्भाग्य यह कि हम पूर्वांचल में धूमिल को तो पढ़ाते हैं पर देवेन्द्र कुमार की कविता को नहीं। ऐसा क्यों? क्या इसलिए कि देवेन्द्र कुमार न तो श्रीवास्तव थे न तिवारी? या कि तिवारियों

और श्रीवास्तवों की कविता से पहले किसी अन्य जाति में जन्म लेनेवाले कवि की कविता पढ़ाने में कोई साहित्यिक या नैतिक बाधा हैं? या विश्वविद्यालयों के आचार्य कभी अपने कूपों से बाहर निकलेंगे ही नहीं? या.... जब ये आचार्य चले जायेंगे और नये आचार्य आयेंगे, जो कूपों में नहीं बल्कि कविता के खुले परिसर में बैठेंगे, तब देवेन्द्र कुमार ही नहीं देवेन्द्र कुमार के बाद कविता के जो भी सच्चे सपूत होंगे, उनकी कविता पढ़ायेंगे। जब हमारा समय बीत जायेगा और हम बीत जायेंगे तो शायद कुछ और लोग आयेंगे जो आज की दरिद्र युवा आलोचना को समृद्ध, ताकतवर और भरोसेमन्द बनायेंगे। तब तक शायद न नामचीन आलोचक रहेंगे और न उनका डर। आज की मुश्किल यह कि हर शहर में एक-दो नामचीन रहते हैं। जो लेखक अपने समय के नामचीनों से डर कर लिखते हैं। जाहिर है कि वे लिखते नहीं हैं, बल्कि कुछ और करते हैं। आठवें दशक की कविता और उसके बाद की कविता की अपनी मुश्किलें हैं। अच्छे कवियों को तनाव में रहना पड़ता है और कम अच्छे कवियों को साहित्य अकादमी टॉफी की तरह दी जाती है। नवें दशक की कविता हो या अन्तिम दशक की कविता और या नयी सदी की कविता, इस पूरे दौर की कविता को एक अदद आलोचक की दरकार है जो सच को फटकार कर कह सके और राजधानी की ओर मुँह करके फटकार सके। लेकिन फटकारेगा कौन? फटकारेगा वह जिसके पास एक टका ही सही, उसका अपना हो। अन्त में कहना चाहूँगा कि फटकारने वाले आलोचक का प्रादुर्भाव नहीं होता है तो न सही। अच्छी कविता में आत्मरक्षा का गुण अनिवार्य रूप से होता है। अच्छी कविता किसी आलोचक का मुँह नहीं देखती। एक आलोचक को ही अच्छा आलोचक बनने के लिए अच्छी कविता के पास जाना पड़ता है। मैं यह मान नहीं सकता कि तुलसीदास आचार्य शुक्ल के पास गये थे। अच्छा कवि आलोचक के पास नहीं जाता है। आचार्य शुक्ल ही तुलसीदास और सूरदास और जायसी के पास गये थे। फिर आज के कवि क्यों दौड़-दौड़ कर राजधानी जाते हैं? हिन्दी कविता की यात्रा से जो लोग परिचित हैं जानते होंगे कि अच्छी कविता राजधानी से दूर रहती है। कविता अपना जासूस आप होती है। किसी भी दौर की कविता हो, छायावाद की कविता हो या छायावादोत्तर कविता या उसके बाद की कविता अपनी खूबियों और खामियों को छुपाकर रख नहीं सकती है। इसे आप कविता की देवी का वरदान कहें या शाप, पर यह है और सौ फीसदी हैं।

# साहित्यिक मुक्ति का प्रश्न उर्फ इस पापागार में स्वागत है सन्तो

कबीर होते, रैदास होते, दादू होते तो आज किसी पूँजीपति घराने या सरकारी अनुदान से चलनेवाली संस्थाओं के कथित बड़े मझोले या छोटे पुरस्कारों के लिए चयन समिति के सदस्यों को भाँति-भाँति के नुस्खों और प्रलोभनों और अन्य प्रभाव से खुश करने का उपक्रम करते या ऐसे कलंकित पुरस्कारों को अपनी सचाई की धूनी में डालकर तज देते? कबीर तो कबीर गोरखपुर के ही दलित कही जानेवाली एक जाति विशेष से जुड़े और धूमिल, जगूड़ी की तरह ही साठोत्तरी हिन्दी कविता को अपने मुहावरे और खासतौर से अपनी काव्यभाषा से समृद्ध करनेवाले देवेन्द्र कुमार आज जीवित होते तो यहाँ के पीछे के दरवाजे से पुरस्कृति होनेवाले लेखकों की तरह चयन समिति के सदस्यों के सामने बिछ कर दिल्ली-फिल्ली या किसी भी बड़े शहर का कोई पुरस्कार हथिया रहे होते? और अपने शहर के और बाहर के साहित्य के कूपमण्डूक लेखकों और साहित्यिक रूप से वज्र मूर्ख पत्रकारों के सामने सीना फुलाकर या फर्जी विनम्रता का प्रदर्शन कर बड़ा कवि होने का अभिनय कर रहे होते? आज कई पुरस्कार ऐसे लोगों को दिये जाते हैं जिन्हें अच्छा लिखने में नहीं बल्कि पुरस्कारों के लिए सेटिंगबाजी में महारत हासिल हो। यह सब इसलिए कह रहा हूँ कि हम जिस समय में हैं जब उसके साहित्य का परिदृश्य इतना गन्दा है तो समाज और राजनीति का परिदृश्य कितना गन्दा रहेगा, आप सहज अनुमान लगा सकते हैं। अनुमान क्या लगाना, जब इसी समय में जीना है तो सब आप अपनी खुली आँखों से देख रहे होंगे। मुश्किल यह है मित्रो! इसी समय में दोनों तरह के लोग रह रहे हैं। महाखराब भी और शायद कुछ-कुछ अच्छे भी। क्या गोरखपुर क्या दिल्ली, क्या कोई और शहर—कवि हों या आलोचक साढ़े निन्यानबे फीसदी औसत की सरकार है। कोई किसी नामवर का मुंशी है तो कोई किसी नामी-गिरामी का अधिकारी-आलोचक और बात-बात पर ससुरा कहनेवाले का भक्त तो कोई साहित्य के किसी मुंशी का मुंशी। कोई पूर्णकालिक मुंशी है तो कोई अंशकालिक। कोई विश्वविद्यालय में काम करनेवाला है तो कोई सरकारी दफतर में। हैं सभी वही। साहित्य की दुनिया का जब अपराधीकरण हो जायेगा और साहित्य का परिसर व्यभिचार और पाप का अड्डा बन जायेगा तो जो लेखक इस रास्ते

का मुसाफिर नहीं होगा, उसके हृदय से कुछ तो कठोर वचन निकालेंगे ही। बालकृष्ण भट्ट के निबन्ध का नाम ही है 'साहित्य जनसमूह के हृदय का विकास है' लेकिन बालकृष्ण भट्ट आज लिख रहे होते तो शीर्षक देते कि आज का साहित्य हिन्दी के हरामजादों का पापागार है। मित्रो, आप सोच रहे होंगे कि मैं सन्त सन्त कवियों के बहाने यह सब क्या कह रहा हूँ। सन्तों की बात के बीच अप्रिय वचन! कहाँ सन्त कवि और कहाँ ससुरे असन्त कवि। सच तो यह कि जब असन्तई हद से ज्यादा बढ़ जाये तो सन्तो को याद करने सिवा कोई दूसरा विकल्प नहीं। क्योंकि ये सन्त ही हैं जिनमें कुछ के पास जलता हुआ मोटा-तगड़ा चौला है तो कुछ के पास नम्र निवेदन। जिसको जो पसन्द हो सब हाजिर है। आज कबीर, रैदास, दादू वगैरह कविता के सन्तों की जरूरत जितना साहित्य में है, उतना ही गाँधी जैसे अडिग सन्त की जरूरत इस देश की राजनीति में है। राजनीति और साहित्य में फिसड्डियों की पापी सत्ता को चुनौती देने का काम वे ही कर सकते हैं जो इस रीति-नीति और पतनोन्मुख संस्कृति के कीचड़ से दूर हों या इनके बीच रहने को अभिशप्त हों तो इनके बीच वैसे ही रहें जैसे कीचड़ में 'कोई-कोई' कमल रहता है। यह कोई-कोई इसलिए कह रहा हूँ कि अब कमल भी देवता के चरणों में नतमस्तक होने की जगह राजनीति और साहित्य के दुष्टों के चरणों में पड़ कर अपने को धन्य ही नहीं बल्कि अधिक सुरक्षित और खासतौर से पुरस्कृत अनुभव करते हैं। फिर भी हर जगह कुछ पागल मिल जाते हैं। कमलों में भी कुछ होंगे जो कमल की तरह जीना चाहते होंगे। जाहिर है कि ऐसे जन ही कुछ-कुछ सन्तों के स्वभाव के निकट होंगे। हिन्दी साहित्य के परिसर में आज सन्त कविता की ओर देखना जितना जरूरी है उतना ही दिलचस्प। सन्तों की ओर टकटकी लगाने की एक दूसरी और विशेषरूप से नयी सदी की सबसे बड़ी साहित्यिक जरूरत यह है कि आज हमारा देश और देश की हिन्दी भाषी जनता अनेक गुलामियों के बाद अब जिस नयी गुलामी के खतरे से चुपचाप जूझ रही है, उसका नाम 'साहित्यिक गुलामी' है और कुछ किया न गया तो यह किसी जानलेवा बीमारी की तरह उसके साहित्यिक जीवन का नाश कर देगी। साहित्यिक जीवन का ही नहीं, साहित्यिक जीवन के बाद उसके सामाजिक जीवन और राजनीतिक जीवन को भी नष्ट कर देगी। हिन्दी के बेटों और सगे-सम्बन्धियों को खबर ही नहीं कि उनके जीवन में यह हो क्या रहा हैं और उनका सभ्य जीवन या जीवन को जीवन देनेवाला जीवन नयी सदी के अन्त तक बच भी पायेगा या नहीं। यह बात मैं, हाँ मैं, पहली बार कह रहा हूँ और ऐसा कुछ कहते हुए अपने होशो-हवास में हूँ। जानता हूँ कि आज हिन्दी के देश में 'साहित्यिक गुलामी' के नाम से जो यह जो नयी गुलामी किसी महामारी की तरह फाट पड़ी है इससे हमारा न सिर्फ हिन्दी भाषी जनता का साहित्यिक जीवन शायद कुछ दशकों में या इस नयी सदी के अन्त तक नष्ट हो जायेगा बल्कि यह भी हो सकता है कि कोई कृत्रिम साहित्यिक जीवन साहित्य की कोई रोबोट प्रणालीवाली कोई मुर्दों की दुनिया विकसित हो जाये। यह भी जानता हूँ कि हमारा शुद्ध साहित्यिक जीवन अपने आप नष्ट होनेवाली चीज नहीं है लेकिन इसे नष्ट करनेवाले विषाणुओं का जन्म मौजूदा हिन्दी भाषी

साहित्यिक समाज के बीच हो चुका है। ये विषाणु अपने समय के सबसे चतुर और बहुरूपी और प्रतिपल चकित और मुग्ध करनेवाले हैं। ये विषाणु सबसे पहले पाँच सौ रुपये के भारतभूषण पुरस्कार से लेकर साहित्य अकादमी और व्यास सम्मान और दूसरे हजारों और लाखों रुपये के पुरस्कारों के पीछे-पीछे दिनरात चक्कर काटनेवाले दो-दो कौड़ी के छुटभैये लेखकों की आत्मा को खाकर उनके प्राण हर लेते हैं और उन्हें साहित्य का प्रेत बनाकर छोड़ देते हैं कि जाओ और जाकर साहित्य को ऐय्याश प्रेतों की कब्रगाह बना दो। भूल जाओ और नाच-गाकर या मार-मार कर सबको समझा दो कि प्लेटो झूठ कहता था कि गुलामी मृत्यु से भयावह है, अपना तिलक बक-बक करता था कि स्वतन्त्रता हमारा जन्मसिद्ध अधिकार है, वह लेखिका पागल हो गयी है जो उस व्यास-सम्मान को ठुकरा देती है जिसके लिए छुटभैये क्या कुछ नहीं करते। जाओ कह दो कि गणेश पाण्डेय भी पागल हो गया है जो आध्यात्मिक मुक्ति, सामाजिक मुक्ति राजनीतिक मुक्ति, की तरह नयी सदी के दूसरे दशक के आरम्भ में 'साहित्यिक मुक्ति' की बात करता है। हाँ, मित्रो! आज मैं ऐसा कहता हूँ। क्योंकि मैं ऐसा कह सकता हूँ।

ऐसे समय में जब साहित्य में पाप का घड़ा भर गया हो, पापियों ने बाकायदा साहित्यिक सरकारें और संसद का गठन कर लिया हो, असन्तई साहित्यिक जीवन का चरम मूल्य बन गयी हो, मेरा ढिलपुक दोस्त क्या करेगा और किसे याद करेगा यह तो मैं नहीं जानता, लेकिन मेरे जैसा आदमी अपने पुरखे हिन्दी के सन्तों को नहीं याद करेगा तो आज की तारीख में हिन्दी के किस हरामजादे को याद करेगा? तो सन्तों! आप से जानना हैं कि आपके समय में दुष्टता का क्या चरित्र था? देखिये यह फर्क तो रहेगा ही मुझमें और मेरे ढिलपुक दोस्त में कि वह आपसे पूछता तो पूछता कि भक्तिकाल की कविता में भक्ति का स्वरूप क्या है? आपके राम और सगुण कवियों के राम में क्या फर्क है और बहुत काँखता-कूँखता तो अपने किसी राम या प्रगतिशील मित्रों को खुश करने के लिए यह पूछ लेता कि आपके राम और आज की अमुक राजनीतिक पार्टी के राम में क्या फर्क हैं? शायद उसे लगता है कि जो साम्प्रदायिक है सिर्फ वे ही भ्रष्ट और समाज के हत्यारे होते हैं और बाकी सब दूध के धुले और हिन्दी के मर्द और लायक बेटे होते हैं। बुराई और कहीं है ही नहीं। ये साम्प्रदायिक ही बुराई के लिए पैदा हुए हैं। साहित्य में सिर्फ देवता होते हैं, सब देवता होते हैं, एक गणेश पाण्डेय को छोड़कर। छोड़िये मेरे ढिलपुक दोस्त और इस, उस शहर के हजार ढिलपुकों की बात। एक जरूरी सवाल से अपनी बात आगे बढ़ाता हूँ कि सन्तो! साम्प्रदायिकता का विरोध आपने किया तो ऐसा क्यों नहीं लगा कि आप फ्रॉड कर रहे हैं, जबकि आज की तारीख में इस-उस शहर का कोई असन्त परमानन्द दास या बिसनाथदास या कोई भी बन्दा ऐसा करता है तो फ्रॉड क्यों लगता हैं? आप के समय में प्रशासनिक सेवा के आला अफसर होते थे, उनमें से अपने से आधी उम्र के किसी अधिकारी को किसी बड़े लेखक के नाम पर औसत लेखन के आधार पर उसे पुरस्कार दिलाने के लिए आप लोग एड़ी-चोटी एक करते थे और फिर हरिॐ तत्सत कहकर नृत्य करने लगते थे? या आप ऐसा करनेवाले असन्त परमानन्ददास

को या बिसनाथदास को या किसी भी बन्दे को चिमटे से दाग देते? आप ही बताइये कि सत्तर-पचहत्तर सालवालों को सम्मानित करने के लिए कोई पैंतीस साल का आला अफसर उपक्रम करे तो यह अच्छा लगेगा या सत्तर-पचहत्तर साल के लेखक उस अधिकारी को सम्मानित करने के लिए तिकड़म करें तो यह अच्छा लगेगा? यह सब इसलिए कह रहा हूँ कि बाबा आप लोगों ने तमाम अजब-गजब उलटबाँसीवाली कल्पना करते हुए भी यह कल्पना न की होगी कि हिन्दी में एक दिन ऐसा भी आ जायेगा कि जब साहित्य में असन्तों की कोई ऐसी प्रजाति भी पैदा हो जायेगी! हे बाबा लोग आपके समय में साहित्य, आध्यामिक और सामाजिक मुक्ति का माध्यम था। आज के असन्तों के लिए साहित्य मात्र पुरस्कार पाने के लिए बांस की ढिलपुक सीढ़ी है। आपके समय के राजाओं और सन्त कवियों में फर्क था। आज नेता पैसे के लिए देश को दाँव पर लगा सकता है तो लेखक पुरस्कार के लिए साहित्य को। यह नये जमाने का नया अद्वैतवाद है। इनके लिए शब्द ब्रह्म नहीं, पुरस्कार ब्रह्म है। जो आपके लिए ब्रह्म है, वह इनके लिए ब्रह्म नहीं है। आपके पास जीव को ब्रह्म से मिलने की तड़प है। इनके पास न कोई आत्मा है और न कोई परमात्मा। कोई तड़प है तो पुरस्कार के लिए है। आप जिसे माया कहकर दूर करने के लिए कहते हैं, ये उसे पुरस्कार कहकर गजभर की जीभ से चाटते हैं। आप मुक्तिचाहते हैं, ये पुरस्कार का पिंजड़ा चाहते हैं। आप सच फटकार कर कह सकते हैं तो विनम्रतापूर्वक भी, ये भूल कर भी और किसी तरह भी सच नहीं कह सकते। जहाँ तक मैं जानता हूँ बाबा, आप लोगों ने किसी आलोचक ससुरे को कभी खुश-वुश नहीं किया। आप लोग परमात्मा का अनुग्रह चाहते थे, ये आलोचक का। वह तो कहिये कि आपके वक्त में निन्दक तो हुए कोई आलोचक न हुआ। हुआ होता तो उसका क्या हुआ होता, कहना मुश्किल है। आज निन्दक नहीं आलोचक होते हैं। मेरा ढिलपुक दोस्त भी आलोचक है। कभी-कभी मुझसे कहता है कि रचना के परिश्रम का फल चखने के लिए आलोचक को खुश करना पड़ता है। वह इसलिए ऐसा कहता है कि कोई-कोई हमउम्र कवि उससे कहते हैं कि वे उसके चरणों की धूल हैं। यह समय का फेर है कि साहित्य के सरोकारों का? कहाँ भक्त मुक्ति के लिए प्रभु के चरणों की धूल होता था, कहाँ आज लेखक पुरस्कार और अवसर के लिए जिस-तिस दो कौड़ी के कथित बड़े लेखकों के चरणों की धूल बनने के लिए व्यग्र है। वह तो कहिये कि ये ससुरे आजादी की लड़ाई के दौरान नहीं पैदा हुए नहीं तो देश को आजादी खाक मिलती! एक रायबहादुरी पर ये न जाने क्या-क्या दे होते। बहरहाल कभी-कभी भूमिकाएँ लिखने का काम जिस पटकथा लेखक का होता हैं, उसका नाम समय होता है। वक्त बहुत कुछ बदल देता है। अलग-अलग वक्त के परिप्रेक्ष्य एक जैसे नहीं होते। आज सन्त कवियों को याद करने का अर्थ वही नहीं हैं, जो बड़े सुकुल जी के समय में था। आलोचना में भाड़ झोंकनेवाले आलोचकों ने अपनी काबुली चने जैसी आँखों से आलोचना का कितना भाड़ फोड़ दिया है और कितनी आँखें, यह बाकायदा जाँच आयोग का विषय तो हो सकता है, इस लेख का विषय नहीं। तो सन्त कविता क्यों बड़ी कविता है और सन्त कवि क्यों बड़े कवि हैं और आज उनकी

याद क्यों बेहद जरूरी है जैसे प्रश्नों से गुजरते हुए अपने समय की दरिद्रता और शक्ति और प्रतिभा की विफलता का अनुभव होता है। कोई कविता अपने सरोकारों और ईमानदारी से बड़ी होती है। निजी प्रेम या अन्य नितान्त व्यक्तिगत विषयों पर भी लिखी गयी कविता अपने सरोकारों से बड़ी हो सकती है। कविता का साध्य पुरस्कार होते ही कविता मर जाती है। कवि ससुरा मर जाता है। हम जिस समय में हैं। कई कवियों की जनखई देखी है। इसी शहर में एक कवि को साहित्य अकादमी के कार्यक्रमों में बुलाये जाते रहने के लिए एक औसत लेखक की धोती फींचते देखा गया है। अनेक स्थानों पर ऐसे दृश्य होंगे। इसीलिए आज बड़ी कविता लिखना सबके वश की बात नहीं। जीवन छोटा है तो बड़ी कविता बने कैसे? सन्त कवियों का जीवन बड़ा था इसलिए कविता बड़ी हुई । जीवन में चुनौतियाँ बड़ी थीं इसलिए कविता बड़ी हुई। सन्त कवियों का समय चुनौती पूर्ण था, आज की तरह साहित्य, समाज और राजनीति की सत्ता के सामने समर्पण करनेवाला नहीं था। समर्पण था तो सर्वशक्तिमान सत्ता प्रभु के सामने था, उस प्रभु के सामने था जो दयालु था, दुःख दूर करनेवाला था। मुक्तिदाता था। मक्कार, लालची और शोषक और क्रूर नहीं था। सन्त कवियों की आकाँक्षा मुक्ति थी, सबकी मुक्ति। जैसे बुद्ध की आकाँक्षा सबके दुखों का अन्त। जैसे गाँधी की आकाँक्षा भारत की मुक्ति।

सन्त कवि भी अपने समय के मुक्तिकामी नायक और सामाजिक विमर्श को दिशा देने वाले प्रखर विचारक थे। यह अलग बात है कि उन्हें भी अक्सर अध्यात्म के चश्में से ही देखा जाता रहा है। यह ठीक है कि अध्यात्म उनके काव्य की वीणा है पर उस वीणा से जो राग फूटते हैं, वे सिर्फ जीव और ब्रह्म के मिलन के गीत से जुड़े नहीं हैं। उन रागों के बीच जीवन की तिक्तता और कँटीले अनुभवों के संसार से जुड़े राग भी हैं, खासतौर से समाज के बहुसंख्यक जीवन की नसों में बहनेवाले दर्द के तीव्र अनुभव का राग है।

आचार्य शुक्ल उचित ही भक्तिकाल के उदय की पृष्ठभूमि को उस समय की जनता की चित्तवृत्तियों से जोड़कर देखते हैं—" देश में मुसलमानों का राज्य प्रतिष्ठित हो जाने पर हिन्दू जनता के हृदय में गौरव, गर्व और उत्साह के लिए वह अवकाश न रह गया। उसके सामने ही उसके देवमन्दिर गिराये जाते थे, देवमूर्तियों तोड़ी जाती थीं और पूज्य पुरुषों का अपमान होता था और वे कुछ भी नहीं कर सकते थे। ऐसी दशा में अपनी वीरता के गीत न तो वे गा ही सकते थे और न बिना लज्जित हुए सुन ही सकते थे। आगे चल कर जब मुस्लिम राज्य दूर तक स्थापित हो गया तब परस्पर लड़नेवाले स्वतन्त्र राज्य भी नहीं रह गये। इतने भारी राजनीतिक उलटफेर के पीछे हिन्दू जनसमुदाय पर बहुत दिनों तक उदासी-सी छायी रही। अपने पौरुष से हताश जाति के लिए भगवान् की शक्ति और करुणा की ओर ध्यान ले जाने के अतिरिक्त दूसरा मार्ग ही क्या था?" पर इस विश्लेषण में शायद पीछे की ओर रोशनी कम पड़ती है। पर इस चित्र का पीछे का हिस्सा भी हैं, वह यह है कि बहुसंख्यक हिन्दू जनता मुसलमानों से नहीं बल्कि अपने ही धर्म और समाज के थोड़े से लोगों के उस हिस्से से अपने को पराजित ही नहीं दलित, वंचित, अपमानित और अतिशय पीड़ित अनुभव कर रही थी। इसीलिए सन्त कवि जो

प्रायः इसी वर्ग से आये थे, जीव और ब्रह्म के बीच के मायाजनित दूरी को सामाजिक वैषम्य और अलगाव से जोड़कर देखते थे। जाहिर है कि अध्याम के गीत की टेक का सम्बन्ध पक्के तौर पर सामाजिक टूट-फूट और उससे पैदा महा बेचैनी से है। कोई साढ़े चार सौ साल पहले के आसपास जब दादू कहते हैं- " कौण आदमी कमीण विचारा, किसकौं पूजै गरीब पिंजारा।।.....मैं हौं निबल सबल ये सारे, क्यों करि पूजौं बहुत पसारे।।... या... तहाँ मुझ कमीन की कौन चलावै।...सवतैं नीच मैं नांव न जांनां, कहै दादू क्यों मिलै सयाना।।" तो 'कमीण विचारा', 'गरीब', 'पिंजारा', 'निबल', 'मुझ कमीन', 'सवतैं नीच मैं जैसे पदों से अपने जैसे बहुसंख्यक जनता के जीवन के महादुख को तो व्यक्त करते ही हैं, खुद को ये सब विशेषण देते हुए जिस वर्ग से यह अपमान और असह्य दुःख मिला है उस वर्ग की क्रूरता के विरुद्ध प्रतिकार का यह स्वर और मुहावरा काव्यभाषा की शालीनता का उदाहरण तो है ही संघर्ष को संयम से जोड़कर कहीं-न-कहीं निर्णायक स्थिति तक ले जाने की गम्भीर चेष्टा भी है। दादू खुद को कमीण, कमीना, सबसे नीच कह कर चोट उस मुँह और सोच पर ही करते हैं जो ऐसा कहता या सोचता है, उस वर्ग को कमीना और सबसे नीच कह कर न तो उसका सिर फोड़ते हैं और न ही समाज को गैरजरूरी मारकाट में झोंकना चाहते हैं। रैदास भी खुद को ही कही गयी अपमानजनक बातें और दंश की पीड़ा रख कर अपनी बात रखते हैं—"कह रैदास खलास चमार।...ऐसी मेरी जाति विख्यात चमार।" सन्त कवि सिर्फ यह चाहते हैं कि जब सबको साथ ही रहना है तो ढग से रहें। दादू कहते भी हैं—"नीच ऊँच मधिम को नाही, देषौ राम सबनि कै माँही।।" दादू ही नहीं दूसरे सन्त भी कहते हैं कि भगवान् ने सबको बराबर बनाया है, कोई छोटा-बड़ा नहीं। आज के दलित कवि जब अपनी बात रखते हैं तो एक तो उनकी कवितानुमा चीज में कविता की तमीज नहीं होती और दूसरे कविता के मुहावरे में काव्यभाषा की शालीन परमाणु ऊर्जा की जगह सिर्फ आवाज करनेवाले पटाखा बम की गूँज अधिक होती है। शायद इस बात का सही अनुमान या अंदेशा मेरे प्रिय कवि देवेन्द्र कुमार को कोई तीस साल पहले था कि हिन्दी की समृद्ध और बड़ी कविता की परम्परा में मेरुदण्ड जैसी सन्त काव्यधारा की मौजूदगी की वजह से हमारे यहाँ मराठी की तरह दलित साहित्य का उज्ज्वल भविष्य नहीं। और कुछ हो तो हो। ये वही देवेन्द्र कुमार हैं जिन्हें पता था—"पर्वत के सीने से बहता है झरना। मुझको भी आता है भीड़ से गुजरना।।" कहना चाहता हूँ कि देवेन्द्र कुमार की तरह उन्नत काव्यभाषा आज के दलित साहित्य के स्वयंभू लेखकों के पास मेरी जानकारी में नहीं है। हो तो देखना भी चाहूँगा और खुशी भी होगी। पर कविता का मुहावरा और काव्याभाषा का शालीन तेवर सभी सन्त कवियों में भी एक जैसा नहीं है। दादू जहाँ अपने समाज का दर्द उघाड़ कर रख देते हैं वहीं कबीर आगे बढ़कर चोट करते हैं, ललकारते हैं, चुनौती देते हैं और लोक के मुहावरे का कविता में जितना तीखा इस्तेमाल कर सकते हैं करते हैं। जहाँ तक मैं समझता हूँ कविता के भीतर इससे तीखा सम्भव ही नहीं। इससे अधिक तीखा होगा तो फिर तो वह कविता नहीं हो सकती। कबीर अपने गुस्से को उसकी ताकत को और फटकार कर सच

कहने की अपनी आदत को मिलाकर कविता का जो रसायन तैयार करते हैं वह अन्यत्र दुर्लभ हैं। कोई सच्चा जब भाषा के बाँध तोड़ देता है तो झूठा चाह कर भी उससे टकरा नहीं सकता। कबीर को शायद यह मालूम था, इसीलिए उन्होंने दादू की तरह नहीं बल्कि अपनी तरह जात-पाँत पर प्रहार किया- "जो तूं बांमन बंमनी जाया। तौ आन बाट है क्यों नहिं आया।।" दादू कबीर के बाद आते है। शायद इसीलिए अपने स्वर को तोड़फोड़ के राग की जगह एका के कोमल राग से जोड़ते हैं। कहते हैं सब, पर आलोचना ऐसी कि जैसे सबको साथ लेकर चलना है। शायद दादू और बाद के दूसरे लोगों ने अनुभव किया होगा कि खण्डन-मण्डन और पत्थरों की वर्षा बस। हुआ क्या इससे? कितना फर्क आया? सब जस-का-तस। चलो प्रेम का राग काढ़ कर देखते हैं, शायद बात बन जाये। प्रेम तो कबीर के यहाँ भी है और खूब है। पर कुछ जो और है कुछ अधिक है। कबीर के यहाँ अतिशय मीठा और अतिशय तीखा एक ही दोने में रखकर साथ चखने की समस्या है। पर सच की ताकत कविता की ताकत को कम नहीं करती। इसीलिए कबीर का मीठा जितना प्यारा लगता है, उतना ही प्यारा तीखा भी। कबीर के लिए क्या दूसरे क्या अपने! सबके लिए कविता का सोटा एक जैसा। हाँ मित्रो! कबीर है जो कविता को कविता की सारी खूबियों के साथ सोटा भी बनाते हैं और अपने बेटे पर भी सोटा चलाने से नहीं चूकते–"बूड़ा वंश कबीर का उपज्यो पूत कमाल...।" क्यों कि वह हरि का सुमिरन छोड़कर माल के फेर में पड़ता हैं। दादू कहते हैं–"धन जोबन माया रे। यहु काची काया रे।।" लेकिन सन्त कवि यह नहीं कहते कि घरबार छोड़कर संन्यासी बन जाओ। वे सिर्फ निर्मल जीवन की बात करते हैं। माया मुक्त सन्त स्वभाव की बात करते हैं उल्टे ऐसे ढ़ोंगियों की आलोचना करते हैं जो "स्वांग सती का पहिर करि, करै कुटुंब की सोच।"वे तो सबको जागने की बात करते हैं। वे बताते हैं कि मन और इन्द्रियाँ व्यक्ति को माया की ओर आकृष्ट करती हैं और इन्हें वश में करके ही मायामुक्त हुआ जा सकता है। यह महाठगिनी माया जीव को ब्रह्म से मिलने नहीं देती। पृथ्वी की सबसे बड़ी सौत है माया। गुरु से ज्ञान प्राप्त करके ही इस बन्धन से मुक्त हुआ जा सकता है। लेकिन आध्यात्मिक मुक्ति के लिए गुरु-शिष्य के इस अनिवार्य रिश्ते की कई पेचीदगियाँ भी है। सद्‌गुरु की खोज और शिष्य की पात्रता सन्त कविता और सन्त कवियों की आध्यात्मिक यात्रा की सबसे बड़ी समस्या हैं। मेरे प्रिय पाठको! मैं आपका ध्यान यहाँ जिन दो बातों की ओर खींचना चाहूँगा उनमें पहली बात है आध्यात्मिक मुक्ति का प्राणतत्त्व, दूसरी बात गुरु समस्या का समसामयिक सन्दर्भ। पर बात दूसरी बात से। सभी जीवों को ब्रह्म से मिलने की छटपटाहट के पीछे की असल वजह क्या हैं? सन्त कवि क्यों इतने विकल हैं? क्या सिर्फ अध्यात्मिक मुक्ति ही उनकी कविता या उनके सन्त जीवन का मुख्य प्रयोजन है? यदि बात इतनी-सी हैं, तो फिर सिर्फ मिलन के गीत ही क्यों नहीं? यह बार-बार अध यात्म के भीतर समाज क्यों? समाज के अपने समय के सबसे ज्वलन्त और पेचीदा सवाल क्यों? जात-पाँत और हिन्दू-मुसलमान क्यों? सन्त कवियों का मुख्य प्रयोजन आखिर क्या है? वे दुनिया को सुखी देखना चाहते हैं या जीव को ब्रह्म से मिलाना चाहते हैं? दुनिया

से दुःख दूर हो जाये तो क्या वे जीव को ब्रह्म से मिलाने की बात छोड़ देंगे? या जीव ब्रह्म से मिल जाय तो दुनिया की बात भूल जायेंगे? दादू क्यों कहते हैं-'' दुष दरिया संसार है...।'' संसार क्यों दुःख का दरिया है? सन्त कवि कोई मार्क्सवादी तो हैं नहीं कि उन्हें धन और धरती न बंट पाने का दुख हैं? वे तो पैसे को तुच्छ समझते हैं। कबीर कहते हैं- साईं इतना दीजिये जामे कुटुंब समाय। आप भी भूखा न रहे, साधु न भूखा जाय। कबीर हो या दादू या रैदास या कोई और सन्त कवि कोई भी अपने समय का सबसे बड़ा धनी नहीं बनना चाहता। फिर क्या चाहिए? दुनिया दुःख का दरिया क्यों हैं? क्या यह दुनिया इसलिए दुःख का दरिया नहीं हैं कि ऊँची जातिवाले उन्हें कमीण या नीच वगैरह कहते हैं? क्या छोटी जातियों को सामाजिक अपमान और तिरस्कार के जिस असह्म दंश को बर्दाश्त करना पड़ रहा है, यह दुःख का सबसे बड़ा कारण नहीं है? यदि यह सबसे बड़ा कारण नहीं हैं तो बार-बार जीव और ब्रह्म जैसे पृथ्वी के सबसे बड़े सन्दर्भ के बीच यह प्रकरण तीव्रता और विकलता के साथ क्यों? जहाँ तक मैं समझ पाता हूँ मेरे प्रिय पाठकों! सन्त कविता की अध्यात्मिक मुक्ति का केन्द्रीय तत्त्व यह सामाजिक मुक्ति ही है। इसे ही मैं सन्त कविता के अध्यात्मिक मुक्ति के प्राणतत्त्व के रूप में देखता हूँ। इसीलिए सन्त कविता मुझे इतने प्रिय हैं। पहली बात पर लौटता हूँ। गुरु-शिष्य प्रकरण। मेरे प्रिय पाठकों! यह बार-बार मेरे प्रिय पाठको, इसलिए कि यह बात जग में साफ रहे कि मेरे और मेरे ढिलपुक दोस्त के पाठक अलग-अलग है। पता नहीं उसके पाठक कितने हैं? किस तरह के हैं? हैं भी या नहीं? बहरहाल मेरे पाठको! हम बात कर रहे थे गुरु-शिष्य की। सन्त कवि हो या दूसरे भक्त कवि गुरु के महत्त्व का बखान कौन नहीं करता? कबीर कहते हैं–"सतगुरु की महिमा अनँत, अनँतु किया उपगार। लोचन अनँत उघाड़िया, अनँत दिखावणहार।।'' दादू कहते हैं–"सतगुरु कीया फेरि करि मन का औरे रूप। दादू पंचों पलटि करि, कैसे भये अनूप।।'' लेकिन ये कबीर और दादू या दूसरे सन्तकवि ''सतगुरु'' की बात क्यों करते हैं? क्या उनके समय में भी खराब या गंदे गुरु होते थे? ये गन्दे गुरुओं की परम्परा आखिर कितनी पुरानी है? क्या इसीलिए कबीर कहते हैं। जाका गुरु है आँधरा, चेला हैं जाचंद। अंधे अँधा ठेलिया दून्यूँ कूप परंत।'' (श्याम सुन्दर दास का पाठ हैं–जाका गुरु भी अँधला, चेला खरा निरंध। अन्धा अन्धा ठेलिया, (दून्यूँ कूप पड़ंत।।) जब गुरुओं की हरामजदगी की कथा अतिप्राचीन है तो ऐसे में आज के गुरुओं को ठीक-ठीक कैसे देखा जाये यह समस्या आज के कवि की बड़ी समस्या हैं, जाहिर हैं कि जो समस्या आज के कवि की है वह कबीर की नहीं है। अच्छे गुरु भी होंगे, कोई दो राय नहीं। पर पक्का तो यह कि महाखराब या महागन्दे गुरु भी हैं और ये असन्तई के मामले में कबीर के जमाने के गुरुओं के बाप हैं। तभी तो आज के कवि का काम सिर्फ अन्धा कहने से नहीं चलता। क्योंकि सिर्फ अन्धा कहना बहुत नाइंसाफी हैं। काफी कम है। इसलिए आज का कवि जब दस कविताओं की ''गुरु सीरीज'' लिखता है तो कहता हैं-(2) जब मुझे मेरे गुरु ने बरखास्त किया/मैं तनिक भी विचलित नहीं हुआ/ न पसीना छूटा, न लड़खड़ाये मेरे पैर/सब-कुछ सामान्य था मेरे लिये/ जब मुझे मेरे गुरु

ने बरखास्त किया/और बनाया किसी खुशामदी को अपना/प्रधान शिष्य।/ बस इतना हुआ मुझसे / कि मैं बहुत जोर से हँसा। (5) गुरु से बड़ा था गुरु का नाम/सोचा मैं भी रख लूँ गुरु से बड़ा नाम / कबीर तो बहुत छोटा रहेगा/कैसा रहेगा सूर्यकांत त्रिपाठी निराला/ अच्छा हो कि गुरु से पूछूँ/ गजानन माधव मुक्तिबोध के बारे में/ पागल हो, कहते हुए हँसे गुरु/ एक टुकड़ा मोदक थमाया/ और बोले-/ फिसड्डी हैं ये सारे नाम/ तुम्हारा तो गणेश पाण्डेय ही ठीक है। (8) खूब मिले गुरु भाई/ सन्नद्ध रहते थे प्रतिपल/ कुछ भी हो जाने के लिए/ मेरे विरुद्ध/ बात सिर्फ इतनी-सी थी/ कि मैं कवि था भरा हुआ/ कि टूट रहा था मुझसे/ कोई नियम/ कि लिखना चाहता था मैं/ नियम के लिए नियम। (9) खीजे गुरु/ पहला बाण/ जो मारा मुख पर/ आँख से निकला पानी/ दूसरे बाण से सोता फूटा/ वक्षस्थल से शीतल जल का/ तीसरा बाण जो साधा पेट पर/ पानी का फव्वारा छूटा/ खीजे गुरु/ मेरी हत्या का काण्ड करते वक्त/ कि आखिर कहाँ छिपाया था मैंने/ अपना तप्त लहू। इस सीरीज की कुछ अन्य कविताओं के शीर्षक हैं- जब मुझे गुरु ने डसा, गुरु ने मुझसे कुछ नहीं माँगा, जब गुरु ने मेरे विरुद्ध मिथ्या कहा, कच्चे थे कुछ गुरु जी के कान, निकटता का पाठ मेरे कोर्स में था ही नहीं, सद्गुरु का पता। मेरे पाठको! आज जिस साहित्यिक मुक्ति का प्रश्न उठा रहा हूँ यह अकारण नहीं। ठोस कारण हैं और पक्के सबूत। आज हिन्दी साहित्य का टेंटुआ ऐसे घण्टाल गुरुओं के पंजे में फँसा हुआ हैं कि अब गया, तब गया हिन्दी का प्राण। गाँधी ने सन्त कविता की आध्यात्मिक और सामाजिक मुक्ति को भारत की राजनीतिक मुक्ति से जोड़ने का महत्त्वपूर्ण काम किया है। समय आ गया हैं कि जब सामाजिक और राजनीतिक मुक्ति हो हिन्दी की साहित्यिक मुक्ति से भी जोड़ा जाय। समाज और राजनीति के मौजूदा अँधेरे में एक बार फिर साहित्य को राजनीति के आगे चलनेवाली मशाल बनाने की बेहद जरूरत हैं। यह काम तब सम्भव होगा जब साहित्य की मुक्ति सम्भव की जाये। साहित्यिक मुक्ति का यह संग्राम चलेगा कैसे? सवाल यह है। जब तुरत पैदा लेखक से लेकर कब्र में पैर लटकाकर बैठे रहनेवाले और आँखों और इच्छाओं से बहुत कुछ करते रहनेवाले लेखकों के लिए साहित्यिक गुलामी जीवन के सर्वोत्तम उपहार की तरह हो, जिनके लिए इस-उस की साहित्यिक चाकरी और बेगार और दासता साहित्यिक पुरुषार्थ जैसी चीज हो तो ऐसे में साहित्यिक मुक्ति की कामना निश्चित रूप से किसी जोखिम से कम नहीं। पर विदित है कि जीते हैं वही जो उठाते हैं जोखिम। कबीर के समय में ही नहीं, सच बोलना आज भी सबसे बड़ा जोखिम है। जो सच कहता है, वही अपना काम करता है। जस की तस सच की चादर धरती पर झाड़ और बिछाकर और हिन्दी के कापुरुषों को उस पर पटककर या सम्मानपूर्वक बैठाकर जो बन्दा इस दुनिया से चल देता हैं, वही ऊपर या कहीं भी धरती की कोई चीज लेकर भाग आने के जुर्म से बचता है। कबीर हों या दादू या कोई अन्य सन्त कवि, सब अपने हिस्से का ही नहीं बल्कि अपने समय के हिस्से का भी सच बोल कर जाते हैं। इसलिए वे बार-बार याद आते हैं। सच से जो लौ लगाते हैं वह लौ परमात्मा के लौ से तनिक भी कम नहीं। जैसे सच ही ईश्वर है यह ऐसा समय है जिसमें झूठ और फरेब को ही भगवान् समझा जाता है। इनमें आसक्ति ही आज के जमाने की प्रभु भक्ति है।

आज के भक्त कवि-आलोचक हैं वे प्रभु के भक्त नहीं बल्कि साहित्यप्रभुओं के भक्त हैं। मेरा ढिलपुक दोस्त तो कम-से-कम ऐसा ही भक्त है, और कोई ऐसी-वैसी भक्तई नहीं है उसकी। किसी नामी-गिरामी प्रभु ही नहीं ज्ञात-अज्ञात कुलशील के कोई तैंतीस करोड़ साहित्य के देवी-देवताओं का भक्त है। जो बन्दा या अपने जनपद का गद्दार ही सही उसे कोई पुरस्कार दिला देता हैं या बाहर की किसी गोष्ठी का निमन्त्रण दिला देता है, वही उसका भगवान हो जाता है। उसी के गुण गाने लगता है। गुण ही नहीं अवगुण को भी गुण की तरह गाने लगता हैं यह सब उसकी आलोचना का वैशिष्ट्य है, जिस पर कभी शोधकार्य करने कराने की जरूरत है। आज के अनेक आलोचक और लेखक मित्रों को लग रहा होगा कि मेरा मित्र ही केवल साहित्यभ्रष्ट हैं, बाकी सब दूध के धुले हैं। जबकि सच तो यह कि जो दूसरे लेखक-आलोचक कवि हैं उससे कम पतित नहीं हैं। कुछ तो उससे काफी बढ़-चढ़ कर हैं। कबीर कवि ही नहीं अपने समय और समाज के सबसे बड़े आलोचक हैं। आज के महाभ्रष्ट आलोचकों को अपने बड़प्पन का भ्रम नहीं होना चाहिए। क्योंकि कबीर कविता ही नहीं आलोचना में भी उनके बाप हैं। यह अलग बात हैं कि वे कबीर को नहीं बल्कि दिल्ली या गोरखपुर में किसी भी साहित्यपतित को अपना बाप समझते हों। आज का आलोचक और साहित्य प्रबन्धक इतना मदान्ध है कि अपने को साहित्य का ही बाप समझ लेने के मुगालते में हैं। सब जानते हैं कि सन्त कवि मुगालते के कवि नहीं हैं। बल्कि जीवन और समाज और जगत् के मुगालते की काट की खोज करनेवाले कवि है। वे अपनी खोज में कामयाब भी होते हैं और जहाँ-जहाँ जरूरत होती हैं, पूरी ताकत से उसे कहते भी हैं। न राजा से डरते हैं, न मृत्यु से। दादू कहते हैं—राव, रंक मरहिंगे, जीवै नाही कोई। दादू सोई जीवता जा मरजीवा होई।। या फिर कहते हैं—कागद का माणस कीया, छत्रपति सिरमौर। राजपाट साधै नहीं, दादू परिहरि और।। कबीर इस निर्भयता को मुक्ति से जोड़ते हैं—आये हैं सो जायेंगे, राजा, रंक फकीर। एक सिंहासन चढ़ि चले, एक बंधे जात जंजीर।। यहाँ राम विलास शर्मा का स्मरण स्वाभाविक हैं—"सन्तों ने धर्म पर से पुरोहितों का इजारा तोड़ा। खासतौर से जुलाहों, कारीगरों, गरीब किसानों और अछूतों को साँस लेने का मौका मिला, यह विश्वास मिला कि पुरोहितों और शास्त्रों के बिना भी उनका काम चल सकता है।" इतने लम्बे प्रकरण के बाद जो बड़ी बात कहना चाहता हूँ वह यह कि हिन्दी के इन छुटभैये लेखकों-आलोचकों-कवियों को यह बात क्यों नहीं समझ में आती है कि हिन्दी साहित्य के पुरोहितों और असन्तों के बिना उनका भी काम चल सकता है। जब कबीर फिर से पैदा होकर उन्हें समझायेंगे, तभी वे समझेंगे। किसी साधारण लेखक की सच्ची बात को नहीं सुनेंगे-समझेंगे। कबीर अब नहीं आयेंगे तो न आयें पर कुछ तो आयेंगे जरूर और कहेंगे जरूर। सन्त कविता ही नहीं पूरे भक्तिकाल की कविता और उसके बाद छायावाद की कविता और उसके बाद की कविता में कविता को जीवित रखनेवाले तत्त्वों की प्रतिष्ठा में लेखक के जीवन का सत्त्व कितना अधिक हैं, सब जानते हैं। अफसोस जानकर भी उस रास्ते पर चलने की समस्या आज के लेखक के जीवन की सबसे बड़ी समस्या है। यह समस्या जाहिर है कि साहित्यिक मुक्ति से जुड़ी समस्या है। यह भी सच है कि इस मुक्तिसंग्राम के लिए सन्तों के जीवन का सत्त्व चाहिए। सन्त मुक्ति की बात को ऊँची आवाज में कह सके तो यह

उनके आत्मबल में खासतौर से जीवन के बल की असीम ऊर्जा है। सन्तों को सन्त कहा गया तो इसीलिए कहा गया कि उनका जीवन निर्मल था, उनकी चादर पारदर्शी और उजली-धुली थी। सन्त वह हैं जिसका जीवन बुराइयोंवाली दुनिया में निर्मल हो। जो सभी प्रकार के मायाजन्य और अज्ञानजन्य दुर्गुणों से खुद को और दूसरों को बचाये। जो वर्ग और जाति की सोच से मुक्त हों। नानक कहते हैं—जो नर दुख में दुख नहिं मानै। सुख सनेह अरु भय नहिं जाके, कंचन माटी जानै। नहिं निन्दा, नहिं अस्तुति जाके...। पर आज साहित्य की दुनिया में अतिशय भीरु, पुरस्कारलोलुप, पतित और हिन्दी के हत्यारों की सरकार है, जैसे राजनीति की दुनियाँ में धनबल और बाहुबल की सरकार है। दोनों क्षेत्र एक जैसे हालात में हैं। राजनीति में तो फिर भी कहने के लिए ही सही एक विपक्ष होता हैं जो गाहे-बगाहे सरकार से जुड़े लोगों के बड़े-बड़े भ्रष्टाचारों पर कुछ बोलता तो है। कुछ शोरगुल करता है। पर साहित्य में कोई प्रतिपक्ष है ही नहीं और अगर कहीं कोने-अँतरे में हो भी तो जिन्दा नहीं है।

जबकि प्रतिपक्ष और प्रतिरोध की नौटंकी हरामजादे लेखक सबसे ज्यादा यहीं करते हैं। खुशी-खुशी चाही गयी साहित्यिक गुलामी के कण्ठ से मुक्ति के फर्जी गीत गाते हैं। क्रान्तिकारी का भेष बनाकर गुलामी के गुप्तचर और साहित्य के हत्यारे बनकर गली-गली घूमते हैं। कबीर और दादू हों या कोई और सन्त कवि, सभी ऐसे ढ़ोंगियों की पोल खोलते रहते हैं। कोई कहता है कि—मन न रंगाये, रंगाये जोगी कपड़ा। तो कोई कहता हैं—स्वाँग सती का पहरि करि, करै कुटुम्ब की सोच। ऐसे समय में जब साहित्य में सबकुछ खाक कर देनेवाली आग न सिर्फ लगी हो बल्कि तेजी से फैलती ही जा रही हो तो आग बुझाने के सभी तरीके आजमाने की जरूरत है। बालू भी चाहिए तो पानी भी। सीधे-सादे लोग चाहिए तो दमकल पुलिस भी। साहित्य और साहित्य के जीवन को बचाने के लिए शीतलहर में कभी तप्त सूर्य चाहिए तो भयंकर रूप से तपती हुई रातों में शीतल चंद्रमा। शायद सन्त कविता में और सन्त कविता में ही क्यों, साहित्य के पूरे जीवन में एक ओर कबीर जैसे सन्त कवि तप्त सूर्य हैं तो दूसरी ओर दादू जैसे सन्त कवि शीतल चन्द्रमा। आशय यह कि आज के साहित्यिक आकाश में ऐसे लेखकों की ही जरूरत है जो अपने समय का नन्हा ही सही सूर्य और चन्द्रमा बन सकें। अपने समय के साहित्य का सच निर्भय होकर कह सकें। अपनी ऊष्मा और अपने आलोक से अँधेरे की जंजीर को काट सकें। साहित्यिक दासता से अपने समय के विपन्न और भयभीत लेखकों को मुक्त करा सकें। सन्त कवियों ने जैसे साधारणजन को माया की ठगी से बचाने की कोशिश की वैसे ही हमारे समय के अति विरल इक्का-दुक्का 'सन्त साहित्यिक' पुरस्कार जैसी माया से खुद को और दूसरे लेखकों को बचाने की कोशिश कर सकें। उन्हें खबरदार कर सकें। सड़क पर लगे बोर्ड की तरह—आगे खड्ड है! नहीं तो लेखक या साहित्यकार नाम की संस्था तो मरेगी ही हिन्दी साहित्य भी मर जायेगा। इसीलिए कह रहा हूँ कि आज आध्यात्मिक, सामाजिक और राजनीतिक मुक्ति की तरह साहित्यिक मुक्ति की आकांक्षा लेखक और साहित्य दोनों के जीवन और खासतौर से हिन्दी के भविष्य के लिए सबसे जरूरी है। इसी साहित्यिक मुक्ति के संघर्ष की कोख से ही राजनीतिक और सामाजिक मुक्ति के संघर्ष को अँधेरे से निकालकर अर्थपूर्ण और तीव्र बनाया सकता हैं।

# बाबू बोलता प्रसाद का निजी काव्यशास्त्र

कई दिनों से माठा कर दिया है। बोलते है तो बोलते ही रहते हैं, बिना कुछ विचारे। यह नहीं सोचते कि थूक किस पर रहे हैं, जिस पर थूक रहे हैं, उसके नीचे तो नहीं खड़े हैं कि ऊपर थूकते समय सारा-का-सारा थूक अपने ही मुँह पर पड़ रहा है। चूँकि हिन्दी में ऐसे थुक्काचार्यों की कमी नहीं हैं, जो बिना कोई काम किये दूसरे को छोटा बनाने के लिए व्यग्र रहते हैं। हिन्दी के पत्रकार भी कम महाचूतियापा नहीं करते हैं, ऐसे बोलता प्रसाद जैसे लोगों को अपने अखबार की शोभा बनाते रहते हैं, इसलिए ऐसे लोग लेखक की कुर्सी पर बिना टिकट बैठ जाते हैं और बैठे रहते हैं। साहित्यकार बने फिरते हैं। चूँकि यह एक प्रवृत्ति है, इसलिए एक ऐसे ही बोलता प्रसाद की अनमोल और अखण्ड, बल्कि वज्रमूखर्तापूर्ण बातों की चर्चा इस कथा में।

बोलता प्रसाद चूँकि धज के मामले में डायनासोर से तनिक ही कम हैं और नासमझी के मामले में मूसक प्रसाद के सगे छोटे भाई, इसलिए उनकी बातों से तनिक भी नाराज न होते हुए हजार व्रत कथाओं की तरह बोलता प्रसाद की एक कथा कहता हूँ। बोलता प्रसाद क्षण-प्रतिक्षण एक स्वप्न देखते रहते हैं कि जब वे हिन्दी के हमारे समय के बाहर और यहाँ के सभी बड़ों के अँगरखे के भीतर घुसे रहते हैं तो वे गोबर गणेश नाम के इस शहर के लेखक से बड़े क्यों नहीं? क्या हुआ जो गोबर गणेश के पास चार कविता संग्रह हैं, एक कहानी की किताब है, दो उपन्यास हैं, आलोचना की एक किताब है और ढेर सारे पठनीय लेख हैं, गोबर गणेश का कोई गॉडफॉदर तो नहीं है, वह किसी लेखक संगठन इत्यादि में तो नहीं है, साहित्य की सत्ताओं का फेरा तो नहीं लगाता है, फिर कैसे बोलता प्रसाद से बड़ा हैं? क्यों बड़ा है? बोलता प्रसाद ने अपने जीवन काल में बाहर और यहाँ के लेखकों की हजार धोतियों, पाजामों इत्यादि को धुला हैं और नगर संचालक के रूप में विख्यात हैं, अपने संस्थान के प्रभावशाली लोगों के रत्नों में शुमार हैं तो गोबर गणेश से श्रेष्ठ क्यों नहीं? क्यों इस आभासी दुनिया में लोग गोबर गणेश को मान देते हैं, प्यार करते हैं और उसे नहीं पूछते हैं? उसे गोबर गणेश के गद्य से परेशानी हैं कि बिना अपने समय के किसी महान् या महानों का अंगरखा इत्यादि धुले ऐसा गद्य लिखता है? उनकी मुश्किल यह है कि उन्होंने हिन्दी आलोचना के बीज शब्दों की कई किताबों को घोलकर पी रखा है और निरन्तर उन्हीं शब्दों की उल्टी करते रहते हैं और लोग हैं कि उन्हें आलोचक

नहीं समझते हैं। उन्हें आलोचक अरविन्द त्रिपाठी के समकक्ष या उनसे अधिक क्यों नहीं जाना जाता? दिल्ली के एक वर्तमान महाकवि का स्थानीय प्रधान सेवक होने के बावजूद काव्यालोचक की कुर्सी उन्हें क्यों नहीं मिली? आलोचना का बच्चा पुरस्कार भी क्यों नहीं मिला? क्यों गोबर गणेश संस्थान के प्रभावशाली आचार्यों के पीछे-पीछे बोलता प्रसाद की तरह दुम दुबाकर नहीं चलता हैं? इसी तरह के हजार दुख हैं बालता प्रसाद के। यह भी कि बोलता प्रसाद के सामने बाहर के अच्छा लिखने वालों की तारीफ क्यों कर देता हूँ? क्यों कह देता हूँ कि अमुक विषय पर बोलता जी, अमुक-अमुख युवा आपसे खराब नहीं बोलेंगे? आशय यह कि आपसे अच्छा बोलेंगे। पाठक स्वयं जान सकते हैं कि कुण्ठा और हताशा की मनोदशा में किस तरह के लोग रहते हैं? सोचिये कि कहीं किसी जगह एक युवा कवयित्री के संग्रह पर मैं दो शब्द कह रहा हूँ, कुछ अच्छा कह रहा हूँ। अलबत्ता इस माध्यम पर आठ-दस दिन अनुपस्थित रहने के बारे में भी थोड़ा-सा सफाई जैसा कुछ और वह भी कोष्ठक में कहकर आगे बढ़ जा रहा हूँ। कवयित्री की कविताएँ रख रहा हूँ। ध्यान दीजिये कि ऐसे ही एक बोलता प्रसाद उस पोस्ट पर फाट पड़ते हैं हहराकर दौड़ते हुए साँड़ की तरह। न जगह देखते और न अवसर, बहुत अपमानजनक भाषा में शास्त्रार्थ शुरू कर देते हैं। कहते हैं कि पाण्डेय जी टेबिल पर मुक्का मार-मारकर बात करने की मनोदशा में न पहुँच जाये तो कुछ अर्ज करना चाहता हूँ। शुरू में ही पाण्डेय जी को मनोरोगी कहते हैं, असामान्य कहते हैं। नासमझ और असंयत कहते हैं। सोचिये भला कैसा लगेगा? अर्ज भी साहब बिल्कुल साँड़ाना अन्दाज में करते हैं कि बताइए कि अनगढ़ता कविता की लय में कभी-कभी वेग को तीव्र करके कविता के सौन्दर्य को बढ़ाती कैसे है? आगे दूसरी टिप्पणी में ज्ञान-मीमांसा की बात करते हैं। उन्हें सन्दर्भ चाहिए, फुटनोट चाहिए। जैसे मैं उस कवयित्री की किताब पर शुभकामना के शब्द नहीं कोई शोधपत्र लिख रहा हूँ। बहरहाल वह भी बुरा तो था पर ज्यादा बुरा नहीं था, लेकिन सबसे बुरा यह था कि उन्होंने एक पंक्ति में जानने की गरज से यह नहीं पूछा। अपने ज्ञान से साँड की तरह उठाकर पटक देने के लिए कि लो मैं काव्यशास्त्र पढ़ाता हूँ तो मैंने कुछ पढ़ रखा हैं, लय को जानता हूँ। यह बात कितनी बेवकूफी की है कि कोई अध्यापक यह सोचे कि वह लय जानता हैं और कवि जो कविता करता है वह उससे कम लय जानता हैं या उसके सामने घास छीलता है पानी भरता है। जबकि अहंकार में डूबे बोलता प्रसाद जैसे लोग यह नहीं जानते हैं कि लय ही नहीं हिन्दी कविता और आलोचना की भाषा को वे कवि ऐसे बोलता प्रसाद जैसे लोगों से बेहतर जानते हैं, वे कवि भी जिन्होंने विद्यार्थी के रूप में हिन्दी की विधिवत या संस्थागत शिक्षा नहीं ली हैं। इतना ही नहीं विज्ञान के विद्यार्थी रह चुके हिन्दी के कई युवा कवि ऐसे बोलता प्रसाद जैसे लोगों से अधिक हिन्दी संवेदना और काव्यशास्त्र जानते हैं। अधिक यहाँ भूसे के मण्डीले के अर्थ में नहीं है। गुणवत्ता के अर्थ में हैं। हो सकता कि नाम भी पूछा जाये कि बताइये कौन युवा कवि हैं जिसकी हिन्दी कविता और आलोचना की समझ ऐसे बोलता प्रसाद जैसे लोगों से अच्छी है। उदाहरण माँगनेवालों के लिए पहले से एक उदाहरण दे देना चाहिए। दूर का

नहीं भाई, यहीं का बिल्कुल पास का। अपने विश्वविद्यालय से विज्ञान में स्नातकोत्तर करनेवाले युवा कवि नील कमल का नाम लेता हूँ और कहता हूँ कि इस कवि के पास कविता की भाषा की समझ ही नहीं, आलोचना की भाषा की समझ भी बोलता प्रसाद जैसे लोगों से बहुत अच्छी है। नील ही नहीं, और भी है। केशव कामर्स के विद्यार्थी रहे हैं, पर क्या ये कविता की भाषा और आलोचना की भाषा बोलता प्रसाद जैसे आचार्यों से कम जानते हैं? हिन्दी के समकालीन परिसर में ही युवा कवियों में अरुण देव, शिरीष कुमार मौर्य, जितेन्द्र श्रीवास्तव, महेश पुनेठा आदि की समझ और भाषा ऐसे आचार्यों से अच्छी है। जबकि ये नाम बोलता प्रसाद जैसे लोगों से कोई दस-पाँच साल छोटे हैं। उम्र में काफी छोटे और शिष्य, यहीं अपने विभाग के दीपक प्रकाश त्यागी की ही आलोचना की भाषा ऐसे बोलता प्रसाद जैसे आचार्यों से कहीं अधिक अच्छी है। समझ भी। सम्पादक के रूप में कृतियों की अच्छी पहचान है। दुर्भाग्य यह कि साहित्य में झोलाछाप आलोचकों और आलोचना के दलालों का धन्धा ऐसे ही बोलता प्रसाद जैसे लोगों की वजह से चल निकला है। कुछ और अच्छा और मूल्यवान् लिखने की जरूरत ही क्या है जब स्थानीय पत्रकार कोई लेख देखे बिना ही युवा आलोचक के रूप में नाम छापने लगते हैं और अखबार में नाम देख-देखकर यह भ्रम हो जाता हैं कि मैं तो आलोचक बन गया। अखबारों में नाम और बड़े नाम के सेवक पद का मद सिर पर चढ़कर बोलता है। किताब रटने के अहंकार में डूबे बोलता प्रसाद जैसे कुछ लोग तभी उस सुन्दर पोस्ट को तहस-नहस करने की साँड़ाना कोशिश करते हैं। असल में ऐसे साँड़ों के पुट्ठे पर मालिकों के नाम खुदे होते हैं। कई-कई नाम खुदे होते है। वे अपने उत्पात से अपने मालिकों के नाम भी रोशन करते हैं। भला बताइये कि उस युवा कवयित्री की पोस्ट में गोबर गणेश की कविता से क्या लेना-देना था। मैंने खुद ही खुद को गोबर गणेश कहा है कि वे क्या कहेंगे जो गोबर से भी कमतर हैं। गोबर गणेश दरअसल इस कविता में आता है—

नरक का कवि हूँ
जिस नरक का कवि हूँ
जिस शहर का कवि हूँ
कई लालाओं का खसरा-खतौनी है
तो कई पण्डिज्जियों का पोथी-पत्रा
कई बन्दों की इबादतगाह है
कई ठगों का हिन्दी बाजार है
कई का उर्दू बाजार
लाला जी हाँ
पंण्डिज्जी हाँ
नरक का कवि हूँ तो हूँ
कुछ भी नहीं हूँ तो क्या
गोबर का गणेश हूँ तो क्या

हूँ तो हूँ नरक का कवि हूँ
लाला जी नहीं हूँ तो क्या
पण्डिज्जी नहीं हूँ तो क्या
पानीपांड़े हूँ तो क्या
हूँ तो हूँ
खुश तो हूँ
नरक का कवि होने पर
यहाँ से वहाँ तक सिरपर
दुनियाभर का मैला ढ़ोने पर
लो देख लो लाला जी
हाँ-हाँ पण्डिज्जी देख लो गौर से
खड़ा तो हूँ सामने
थोड़ा-सा मैला निकालकर
चंदन की जगह पोत लो
लाला जी हाँ
पण्डिज्जी हाँ।
(जापानी बुखार)

जानता था कि एक दिन नरक के ये बोलता प्रसाद जैसे आचार्य कहेंगे कि गोबर गणेश हूँ। गनीमत यह कि पण्डिज्जी और लाला जी ने अपने मुखारविन्द से अभी ऐसा तो नहीं कहा, लेकिन आचार्य बोलता प्रसाद  ने आखिर ऊँचे सुर में अंग-अंग से बोला। बोला कि गोबर गणेश की कृतियाँ मेलाघुमनी टाइप हैं। कहा कि गोबर गणेश साहित्यकार नहीं हैं। साहित्यकार एक बड़ा मूल्यवाची शब्द है और उसकी मूल आत्मा की दृष्टि से गोबर गणेश साहित्यकार नहीं हैं। इतने पर भी आचार्य चुप नहीं हुए, कहा कि गोबर गणेश क्या उनके कई पूर्वज लोग भी इसके लिए उपयुक्त नहीं बैठते। मैंने सोचा भाई चलो बोलता प्रसाद से ही पूछ लते हैं कि यहाँ के विश्वनाथ जी, रामदेव जी, अनंत जी इत्यादि साहित्यकार हैं या नहीं? कविता में मेरे यहाँ के पूर्वज देवेन्द्र कुमार साहित्यकार थे या नहीं? मेरी तो कविता ही है–

यहीं देखा
कई कवि देखे
कई तरह के कवि देखे
कोई गधुकर था यहाँ
कोई काला था कोई दिलवाला
कोई परमानन्द कोई विश्वनाथ।
देवेन्द्र कुमार को यहीं देखा
अपनी हीर कविता के लिए राँझा बनते।

यहीं देखा फक्कड़ अनन्त को
कविता राधा को देखते और देखते रह जाते।
यहीं जाना मैंने
क्या होता है कविता के लिए मर मिटना। (1996)
(अटा पड़ा था था दुःख का हाट)

कहना यह है कि क्या आलोचना के लिए मर-मिटना जरूरी नहीं होता है। आलोचना के लिए मर-मिटने का मतलब पुरानी शब्दावली और लहजे को पीकर वमन करते रहना नहीं है। आखिर छोटे सुकुल आलोचना की टोनहिन क्यों कहते हैं? आचार्य बोलता प्रसाद को तो छोटे सुकुल से भी बहुत ईर्ष्या है। पहले मेला घुमनी टाइप कृतियों की बात। छूट न जाये। बोलता साहब ने अपनी दिव्य दृष्टि से मेरी कृतियों को मेला घुमनी टाइप कहा है। जानना चाहता हूँ कि उनके गॉडफादर के गॉडफादर विश्वनाथ जी की कृतियाँ भी फिर तो मेला घुमनी टाइप हुईं या नहीं? उनकी कृतियाँ महान् कैसे हुईं? विश्वनाथ जी हों या अनन्त जी या खुद मैं महान् कवि नहीं हैं, लेकिन मेला घुमनी टाइप भी नहीं हैं। कम-से-कम अपने बारे में दावे के साथ कहता हूँ कि तीस-पैंतीस वर्ष हुए मैंने इस शहर में एकल काव्यपाठ नहीं किया हैं। ऐसा इसलिए कि दृश्य पर तमाम मूर्खताएँ होती रही हैं। कविता से प्यार करता हूँ। उन जगहों पर रहना पसन्द नहीं करता जहाँ आप जैसे लोग कविता का अपमान करते हों। देवेन्द्र कुमार बंगाली आज जीवित होते तो जापानी बुखार पर कविता पहले उन्होंने ही लिखा होता, मुझसे भी अच्छा लिखा होता। मैंने उनका छोड़ा हुआ काम किया हैं। बाबू बोलता प्रसाद आपने किसका काम आगे बढ़ाया हैं? रामचन्द्र तिवारी का या परमानन्द श्रीवास्तव का? किया क्या हैं? कुछ किया भी है या साहित्य में मुहल्ला स्तर की लफंगई की है? लफंगई भी ऐसी कर पाये हैं कि मैंनेजर पाण्डेय ने जैसे छोटे सुकुल के लेख पर आलोचना में कहा कि यह अब तक की हिन्दी आलोचना की सबसे बड़ी लफंगई है, ऐसा कुछ कहें? जिसके अपने हाथ होते हैं, वह अच्छा या अच्छा-बुरा दोनों कर सकता है। जिसके पास अपने हाथ नहीं होते हैं अर्थात् अपनी भाषा नहीं होती है, आलोचना के मुहावरे नहीं होते हैं, अपनी शैली नहीं होती हैं वे आलोचना के नाम पर केवल भूसा छाप प्लास्टिक की आलोचना लिखते हैं। बेजान, बेस्वाद। ऐसे कई नकली आलोचक लोग हैं। असली आलोचना की भाषा पठनीय और सर्जनात्मक तथा आलोचक की छापयुक्त होती है। चाहे रामचन्द्र शुक्ल की आलोचना भाषा हो या रामविलास शर्मा या नामवर की। सब साफ-साफ लिखते हैं। जलेबी नहीं बनाते हैं। बताइये साहब, मेरी कविताएँ मेला घुमनी हैं। मेरा रीफ उपन्यास मेला घुमनी हैं! जिस पर शिरीष ने भावुक होते हुए एसएमएस किया कि, "अधबिच में हूँ पर अपने को रोक नहीं पा रहा हूँ।" दुःख बोलता प्रसाद जैसे लोगों पर उतना नहीं जितना विश्वनाथ जी पर है कि आखिर आप के उपरत्नों में ऐसे लोग क्यों हैं? क्यों आपके नवरत्न अपने नवरत्नों में ऐसे लोगों को शामिल करते हैं जो स्वाभिमानी लेखकों का अपमान करते हैं? ऐसे लोग आलोचक क्या आलोचना का द्वारपाल भी नहीं बन सकते जो निष्ठापूर्वक अपना

काम करनेवाले लेखकों का अपमान करते हैं। साहित्य की मुश्किल यह कि जिनके पास बचपन में करधन में आगे पहननेवाली चाँदी की एक गुल्ली टाइप चीज भी नहीं है वे आलोचना का शेर बनना चाहता हैं। किताबें तो दूर जिनके पास एक ढंग का लेख तक नहीं हैं, जिसे विश्वनाथ जी ने पढ़ा हो।

उस सुन्दर पोस्ट पर टपक पड़ने वाले महाशय को समझाने के लिए पहली टिप्पणी हैं—आप मुझसे उम्र में सात साल छोटे हैं पर विद्या की दुनिया में काफी बड़े हैं। बहुत पढ़ा है आपने। एक गणेश पाण्डेय को छोड़कर इस शहर और बाहर के सभी समकालीन लेखकों को पढ़ा है। मैं तो आज की तारीख में यहाँ कुछ भी नहीं हूँ। मैंने कुछ किया ही नहीं हैं। मुझे छोड़कर आप सब ने सारा काम किया है। यह सब इसलिए कह रहा हूँ कि आपके समक्ष या आप जैसे आचार्यों के समक्ष अपने को रखने की जरूरत नहीं अनुभव करता। विश्वनाथ जी भी- जिनकी टीम में आप जैसे कई लोग हैं—मुझे यह नहीं कहेंगे कि मैं आप सभी आचार्यों से प्रमाणपत्र लूँ। आप पूछ लें यदि वे कह दे तो मैं उसी तरह निवेदन करूँ, जैसा आपने अपने नितान्त सर्जनात्मक और मौलिक आलोचनात्मक गद्य में किया है। पहले मैंने भी अनुभव किया कि आपको कुछ न कहूँ और हँसकर टाल जाऊँ, पर यह भी लगा कि ऐसा करना आपके प्रति अनादर होगा, इसलिए एक शब्द कह रहा हूँ। दो शब्द इसलिए नहीं कि आपने पहली बार कुछ कहा है और पूरा दो शब्द कहा है। पूरा-का-पूरा दो अविस्मरणीय शब्द। आपके दो शब्द के उत्तर में सिर्फ एक शब्द। इसकी भी जरूरत नहीं थी, काम सिर्फ इस एक कविता से चल जाता, जो आपके समक्ष रखने की गुस्ताखी कर रहा हूँ। हाँ, दूसरी बार भी कुछ कहियेगा तो भी पच्चीस वर्ष के आपके जीवन को देखने के बाद भी आपका सम्मान करूँगा। तीसरी बार निवेदन जरूर करूँगा। टूटा-फूटा। कविता देखें-पहले संग्रह की कविता है, पर आज भी कुछ कहती हैं—शीर्षक है—

वे युवा थे, पटु थे, आलोचक थे
वे कोई हीरामन नहीं थे
जायसी नहीं थे वे कोई
कुछ भी नहीं थे वे
साफ-साफ।
कभी दिखते थे पट्टू जैसे
करते मृदु सम्भाषण
कभी तो लगते थे चुकन्दर जैसे
अति विशिष्ट।
वे जहाँ-जहाँ जाते थे
जिस संगोष्ठी में, जिस समारोह में
अपना पिंजड़ा साथ ले जाते थे
एक बाहर, एक भीतर।

असल में, उन्हें दो से कम
कुछ भी नहीं चाहिए था
दो जीवन, दो जबान, दो नाव
दो निष्ठा, दो से अधिक मैना।
वे युवा थे
पटु थे, राघव चेतन के रिश्ते में थे
रहते थे खबरों में शीर्ष पर
और उतने ही सक्रिय।
जबकि उनके पास
कुछ भी नहीं था उनका अपना
यहाँ तक कि उनकी वह कण्ठस्थ
भाषा भी।
असाधारण यह, कि
इसी शहर ने दिया था उन्हें
प्रज्ञा च्युत मान।
(अटा पड़ा था था दुःख का हाट)

इसी के साथ स्नेह और आशीष का दोना भी। फेंक दीजियेगा तो भी बुरा नहीं मानूँगा। वे माने नहीं। फिर कुछ कहा। फिर कहना ही पड़ा—मैंने ऊपर कहा था कि विश्वनाथ जी से पूछ लीजिये कि आप जैसे आचार्य को कुछ बताने की जरूरत है या नहीं, लेकिन आपने पूछा नहीं। शायद आपको साहित्य में बिना कुछ मूल्यवान् किये ही विश्वनाथ जी से बड़ा होने का भ्रम है। ऐसा इसलिए कहा था कि उन्हें इतना तो पता ही होगा कि आपका काम और मेरा काम किस प्रकार का है। वे जरूर कोई एक शब्द आपसे कहेंगे। आप तो खुद ही आत्ममुग्धता के शिकार हैं। साहित्य के अध्यापक हैं और यह नहीं जानते हैं कि आज का आलोचक किन शर्तों पर किसी का नाम लेता है और क्यों नहीं लेता हैं। इसी शहर के किन-किन लेखकों-अलेखकों ने किन-किन आलोचकों का चरणरज लिया है। आपसे बात करना इसलिए तकलीफदेह है कि आपने पहले खुद बड़े-बड़े आलोचकों और कवियों के साथ रहने के बाद आज की तारीख तक कुछ (अविस्मरणीय) नहीं किया है। यह कहता नहीं, लेकिन सिर्फ उदाहरण देने के लिए उल्लेख कर रहा हूँ। कहने का आशय यह कि साहित्य की दुनिया में अक्सर कई लेखक अपने समय में अपनी शर्तों अर्थात् दूसरों का पाजामा-धोती साफ न करने की जिद की वजह से कई बार चर्चा और पुरस्कार की दुनिया से दूर रहते हैं। आप जैसे लोग यह मान ही नहीं सकते हैं कि आज साहित्य में कहीं कोई महाभ्रष्टाचार है। भला वे क्यों ऐसा मानेंगे, जो बिना टिकट उस रेल में सफर कर रहे हैं, जिसमें उन्हें नहीं होना चाहिए। मेरा कहा हुआ सबके सामने हैं। अपने बारे में भी मन्थन कीजिए कि आपका कहा हुआ किसके सामने हैं? विश्वनाथ जी के सामने है या नहीं? मैंने विश्वनाथ जी और परमानन्द

जी की भी आलोचना की हैं, लेकिन तब जब कुछ टूट-फूटा कर लिया है। आपको खुद के मूल्यवान् और क्रान्तिकारी लेखन को सामने लाना चाहिए। जरूर आपके पास मौलिकता का कोई अक्षयभण्डार होना चाहिए, जिसे दुर्भाग्यवश अब तक देखा नहीं जा सका हैं और जो देखा गया हैं, वह मेरी समझ से साहित्य का भयानक है। साहित्य का आत्मसंघर्ष तो आप जैसे लोगों के पास है, हम लोगों के पास भला क्या है? कुछ कहना तो नहीं चाहिए, फिर भी कह रहा हूँ कि जो दूसरों की बेईमान चर्चा और तिकड़मी पुरस्कार की वजह से किसी को बड़ा समझते हैं वे लोग साहित्य के कीट-पतंग होते हैं। जो खुद की आँख से साहित्य को देखते हैं वे सच्चे आलोचक होते हैं। दुर्भाग्यवश आपने इसे नहीं समझा है। आपने इसे भी नहीं समझा है कि जब दिल्ली के आलोचना के दरबार में कोई बच्चा पैदा कर दिया जाता था तो यहाँ के आलोचकों को डिठौना लगा कर दे दिया जाता था और वे दाई की तरह उसका पालन-पोषण करते थे। मैं तो पचास की उम्र के बाद दिल्ली गया। गोरखपुर में किस तरह का जीवन जिया हूँ उसे देखने की आँख आपके पास होती ही तो आप वह नहीं कहते जो कह रहे हैं। आप जिसे आत्मप्रचार कह रहे हैं, उसके बारे में कुछ कहने की जरूरत नहीं है। मेरा एक लेख 'आत्ममुग्धता का संसार' देख सकते हैं। कई लेख हैं, एक तो 'साहित्यिक मुक्ति का प्रश्न उर्फ इस पापागार में स्वागत है सन्तो' ही है। असल में आप खुद अभी साहित्य के पुरस्कारवाद और पीछेचलवाद के प्रभाव क्षेत्र में हैं। कुछ कहना नहीं है, इसलिए कुछ कह नहीं रहा हूँ। सबसे कहा भी तो नहीं जाता हैं। फिर अगली टिप्पणी में कहना पड़ा-ऊपर काफी कुछ है। मेरी एक सीमा यह है कि आपसे उम्र में थोड़ा बड़ा हूँ, इसलिए अधिक कुछ नहीं। पर्याप्त हैं। बस अन्त में आपके ही इस कथन पर आपका ध्यान ले जाना चाहूँगा कि साहित्य पढ़ानेवाला अपने को साहित्यकार समझने लगता है। आप ऐसा समझते हैं कि आप साहित्यकार हैं और मैं नहीं हूँ तो मुझे कुछ नहीं कहना है। क्यों कहूँगा, क्योंकि आप जैसे लोग साहित्यकार होंगे तो जाहिर है कि मेरे जैसे लोग साहित्यकार नहीं होंगे। इस शहर के बारे में आज तक कम नहीं कहा है, कहना कुछ-कुछ आता भी है। पहले कह चुका हूँ कि सबसे कुछ कहा नहीं जाता हैं। रहा सवाल आपका तो विनम्रतापूर्वक, बल्कि शीश झुकाकर कहता हूँ आपको अपने बारे में अच्छा कहने के लिए सौ जन्म में योग्य समझना मेरे लिये मुश्किल है, पर हाँ, कम-से-कम इस जन्म में आपको अपने (मेरे) बारे में बुरा तक कहने के योग्य नहीं समझता। आप चाहें तो इत्मीनान के लिए विश्वनाथ जी से पूछ लें कि आप मुझे बुरा कहने के योग्य हैं। एक मजेदार सन्दर्भ यह कि उसी पोस्ट पर जब समीर कुमार पाण्डेय ने कुछ कहा तो उसके नाम की स्पेलिंग पर आ गये। साहित्य रट लेने से साहित्य का संस्कार और विवेक नहीं आता। साहित्य जीने से आता है। एक साधारण व्यक्ति भी जानता है कि नाम और नाम की स्पेलिंग माता-पिता रखते या लिखते हैं या स्पेलिंग बनाने-बिगाड़ने का काम स्कूल के पण्डिज्जी करते हैं। क्या बोलता प्रसाद जैसे लोग जन्म लेते ही अपने नाम की वर्तनी शुद्ध करते हैं। समीर से कहा कि नाम बदलना चाहिए था। भला मैनेजर पाण्डेय से क्यों नहीं कहा कि नाम बदलना चाहिए था, अंग्रेजी में है

या हिन्दी में प्रबन्धक पाण्डेय करना चाहिए था। हजारी प्रसाद द्विवेदी से भी कुछ कहना चाहिए था। धूमिल, जवरीमल पारख, जितेन्द्र कुमार आदि बहुत से लोगों से कहना चाहिए था। बहरहाल यह सब कहता नहीं, यदि बिना किसी दुर्भावना के सीधे-सीधे अनगढ़ता से लय में वेग की तीव्रता को लेकर खुलेमन से कुछ जानने की निर्मल इच्छा व्यक्त की गयी होती। बहुत आसान था उत्तर देना, पर शुरू में ही मेज पर मुक्का मार-मार कर जोर-जोर से बोलनेवाले मनोरोगी के रूप में मेरा स्वागत किया गया, मेरी कृतियों को मेला घुमनी कहा गया, साहित्यकर्मी पद से वंचित किया गया, दो दिनों से भाग रहे हैं कहा गया, तो आखिर मैं क्या करता, यह सब न कहता! क्या समय आ गया है, एक समय में नामवर जी बोलते थे तो जादू छा जाता था, उनकी अपनी भाषा होती थी, सत्यप्रकाश मिश्र बोलते थे या मैनेजर पाण्डेय बोलते हैं तो श्रोता की आँख-में-आँख डालकर बोलते हैं, लगता ही नहीं कि सामने बोलने की कोई मशीन है, जैसे खुद वाणी ने रूप धर लिया हो, जो बोलने की मशीन बन जाते हैं, उनकी कोई और पहचान नहीं बन पाती हैं, कोई नाम नहीं हो पाता है, अच्छा-खास आदमी सिर्फ बोलने की मशीन बन जाता हैं। जाहिर है कि ऐसी मशीनों के ही नाम बोलता प्रसाद होते हैं, किसी सचमुच के आदमी के नहीं। अच्छे लेखक की निजी छाप कलम पर ही नहीं, जुबान पर भी होती है। अन्त में अनगढ़ता से लय में तीव्रता के बिन्दु का सवाल तो उनके ही सबसे प्रिय कवि केदार जी के सामने धूमिल का नाम लेता हूँ। एक में कविता की कीमियागिरी हैं तो दूसरे में अनगढ़ता। देखें कि धूमिल की कविता में कितना वेग (बल) है। अन्त में अपनी ही एक अनगढ़ कविता दूसरे संग्रह से ऐसे ही दिनों और इसी शहर के लिए लिखी गयी, तनिक बल इसमें भी है—'जहाँ'

अच्छा हुआ
कि मैं वहाँ कम जाना गया
जहाँ थोड़े-से आदमी रहते थे
और चूहे बहुत ज्यादा।

# लेखक इन्सेफेलाइटिस फैला रहे हैं...

किसी का कोई शेर है कि हर आदमी में छुपे होते हैं दस-बीस आदमी, जिसे देखना है, उसे कई बार देखो। शायद मधुकर जी का है। शायद इसलिए कि पक्का नहीं है कि उन्हीं का है। इस शेर की जमीन पर कई लोगों के शेर हो सकते हैं। मधुकर जी इस शहर के बड़े दंगली कवि थे। कोई बात हो तो किसी भी लेखक को तुरन्त दौड़ा लेते थे। मुझे याद है कि मैं जब विद्यार्थी था, मधुकर जी मुझे भी एकाधिक बार कवि सम्मेलन के मंच पर गीतफरोश बना चुके थे। बंगाली जी ने मना किया तो मंचों पर जाना छोड़ा। मंच ही नहीं, गीत भी छोड़ा। जो दो-चार थे, फाड़-फूड़ कर फेंक दिया। कहना मुझे सिर्फ उस शेर के बारे में था, लेकिन बात जब बीते दिनों की आ ही गयी है तो कह देने में कोई हर्ज नहीं कि मधुकर जी मुझ पर और मेरे मित्र और मेरी पीढ़ी के अच्छे आलोचक अरविन्द त्रिपाठी पर इस बात को लेकर काफी खफा रहते थे कि हम लोग ब्राह्मण कुल में जन्म लेने के बावजूद (हरिजन—मधुकर जी के शब्द में सीधे वही) देवेन्द्र कुमार के साथ क्यों रहते हैं? वे चाहते थे कि देवेन्द्र कुमार का साथ छोड़कर उनके साथ रहें। मैं तो बंगाली जी के घर कई बार रात का खाना खाने चला जाता था। बंगाली जी कमरे पर आ जाते थे और कहते थे कि देर हो गयी है, अब क्या खाना बनाओगे, चलो मेरे घर। कहना तो कुछ और था, पर बात आ ही गयी है तो यह भी कि हम लोग विश्वविद्यालय की दगी, बिन दगी या बिगड़ी हुई तोपों की जगह बंगाली जी को अधिक आदर देते थे। रिटायर होने के कुछ ही दिनों बाद उनका निधन हो गया था। आज बंगाली जी रहे होते तो इस शहर के हिन्दी के परिसर में अकेलेपन की जिस त्रासदी से गुजरा हूँ, शायद वह सब नहीं हुआ होता। बहरहाल कहना यह नहीं था। कहना था कुछ और। शुरू में ही जिस शेर का जिक्र किया है। बात उसी के आगे।

एक आदमी में कई आदमी के सन्दर्भ के साथ। चार-छह तो नहीं कह सकता, पर अधिकांशतः एक में दो की मौजूदगी देखता रहा हूँ। एक में दो अर्थात् एक अच्छा तो उसी में एक खराब। कभी अच्छावाला दिख जाता तो ज्यादा समय खराबवाला दिखता। इधर कई दिनों से फेबु पर एक आदमी में दो आदमी देखने पर बड़ा जोर है। पर अधिकांश आदमी उसी आदमी में दूसरे बुरे आदमी पर पृथ्वी पर मौजूद सारी रोशनी डाल रहे हैं। चिल्ला-चिल्लाकर कह रहे हैं कि वह आदमी जो किसी प्रदेश का मुख्यमन्त्री है, मुख्यमन्त्री

नहीं सिर्फ एक बुरा आदमी है। आततायी है। आशय यह कि वह एक धर्म विशेष के मनुष्यों की सामूहिक हत्याओं के लिए दोषी है। अत्याचारी है। तानाशाह है। हिटलर है। देश को बर्बाद कर देगा। सीधे-सीधे कह तो नहीं रहे हैं, पर उनके कहने का मतलब यही है कि उसके आने से ट्रेनें नहीं चलेंगी। हवाई जहाज बन्द हो जाएगा। विद्यालय में प्रवेश और परीक्षाओं का काम रुक जायेगा। लोग पहले की तरह साइकिल में पंक्चर ठीक करना बन्द कर देंगे। मजदूर, मजदूरी नहीं करेंगे। टाटा-बिड़ला, अंबानी वगैरह खुद खेतों में हल चलाएँगे। बैंक बन्द हो जायेंगे। कचहरियाँ नहीं रहेंगी। लोग रिक्शा नहीं चलायेंगे। जेएनयू को या तो बन्द कर दिया जायेगा या वहाँ से हटा कर गुजरात भेज दिया जायेगा। उसके न आने से देश में लम्बित सारे मुकदमे दस दिन में निस्तारित कर दिये जायेंगे। सबके बच्चे एक तरह के स्कूलों में पढ़ेंगे। जैसे सबके एक-एक वोट से सरकारें बनती हैं, उसी तरह सरकारें सबके बराबर-बराबर हित के हिसाब से काम करेंगी। सबको पैसा बराबर मिलेगा। सबके पास पैसा बराबर होगा। मँहगाई नहीं रहेगी। चीजों की कीमत नहीं बढ़ेगी। इत्यादि-इत्यादि।

मेरे हमउम्र एक आलोचक और फेसबुकी मित्र सूची के सम्मानित सदस्य इधर कई दिनों से उसके आने को लेकर बहुत भयभीत हैं। रोज अपनी दीवार पर कुछ गोद देते हैं। (1) येदियुरप्पा दूर करेंगे भ्रष्टाचार/अबकी बार मोदी सरकार। (2) ना कुछ समझा ना कुछ जाना/ बस पाखण्ड किया मनमाना/फिर भी हो रही जय-जयकार। (3) माली आता देखकर/कलियन करी पुकार/फूले फूल चुन लिये/कल हमारी बार/ अबकी बार मोदी सरकार। दूसरे कई मित्र हैं, जो उन्हीं की तरह तंज और डर का मजा ले रहे हैं। मेरी पीढ़ी तक ही नहीं है, डर का यह सिलसिला। मेरी पीढ़ी के पहले की पीढ़ी भी भयभीत है। आततयी पर कविता लिखती है और साहित्य में खुद आततायी का काम करती है। जनसत्ता में न सिर्फ ऐसे झूठ-मूठ के डर को जगह मिलती है, उस डर को महिमामण्डित भी किया जाता है। बहरहाल यहाँ मेरा उद्‌देश्य किसी कवि या अखबार को छोटा बनाना नहीं है और मेरी खुद की हैसियत भी इतनी नहीं है। हाँ, अलबत्ता यह कहना चाहता हूँ कि साहित्य में कल्पना सच को प्रभावशाली बनाने का एक महत्त्वपूर्ण औजार है, लेकिन जीवन में इस तरह के काल्पनिक डर का क्या प्रयोजन है? राजनीति में कल्पना का क्या योगदान है? राजनीति और पत्रकारिता का रथ तथ्यों और तर्कों के पहिये पर चलता है। तथ्य और तर्क यह है कि आज तक किसी भी सरकार ने गैर बराबरी की खाईं को पाटने का काम नहीं किया है। दिखावा जरूर किया है। यह देश मेरा भी है/यह देश आपका भी है/एक मत मेरे पास है/एक मत आपके पास भी है/एक अरब आपके पास है/एक सौ मेरे पास है/यह देश आपको प्यारा है/मुझको भी जान से प्यारा है/एक छोटी-सी जिज्ञासा है/ मान्यवर, यह देश/कितना आपका है कितना हमारा है। सबसे बुरा तो यह भाई कि साहित्य में मार्क्सवादी आलोचकों के शिष्य आलोचक भी गैर बराबरी के इस नारकीय खेल के खिलाफ कम और हिन्दू-मुसलमान के खेल में ज्यादा रुचि ले रहे हैं। यह ठीक है कि साम्प्रदायिकता का विरोध जरूरी है, लेकिन इसका अर्थ यह नहीं कि सिस्टम का विरोध करने की जगह व्यक्तियों के विरोध तक अपने को सीमित कर लो—

“बाबा
तब कैसी थी दुनिया
कैसे थे यहाँ के लोग-बाग
ऐसी ही थी राजनीति की दुनिया
स्वार्थ ऐसे ही निर्लज्ज था
क्रूरता ऐसे ही असीम
सब ऐसे ही थे
जैसे ये हैं
और इनके दल हैं
ऐसे ही लूट लेते थे साधारण जन को
कभी स्वप्न तो कभी भय दिखाकर
ऐसे ही पहले के गैंग-शैंग करते थे
पाँच-पाँच सौ और हजार-हजार के
गाँधी छाप नोटों की मोटी-मोटी गड्डी
और आकाओं की कुर्सी की मजबूती के लिए
कत्ल दर कत्ल
ऐसे ही
एक-एक साड़ी
एक-एक पाउच
और दो-दो रूपये में
खरीद लेते थे
ईमान
ऐसे ही जला देते थे अपने आज के लिए
सजातीय और सधर्मा जन-समूह का कल
ऐसे ही रुपया उस समय का भगवान् था
ऐसे ही सबको कर्ज़खोर बनाने के लिए
किये जाते थे सरकारी उपक्रम
और उत्सव
बाबा
कैसा था उस वक़्त
माननीयों की समझ का संसार
जैसे आज—
इनकी बुनियादी समझ ही यही है
कि इनके अलावा किसी के पास
कोई समझ नहीं है

देश में और इस शहर में
जितने भी बैंक हैं बड़े-बड़े
सब इनके सामने खड़े हैं
शीश झुकाकर
इनका
छोटे-से-छोटा वोट बैंक
बड़े-से-बड़े बैंक से बड़ा है
और ख़तरनाक
ऐसा कोई बैंक
पहले कभी देखा है बाबा
किसी को वोट-सोट दिया है
इनके चक्कर में पड़े हैं कभी
आपके ज़माने की माया से
कितनी ज़हरीली है आज की वोट माया
कितनी चतुर है बाबा यह
देखिये, तो–
गणतन्त्र के जीवन जल में
कैसे डँसती है सबको
मारौ मारौ
सपनी निरमल जल पैठी...”
(सबद एक पूछिबा)

आज की राजनीति के जानकार बताएँ कि स्विस बैंकों में कालाधन जमा करना बुरा है तो देश की राजनीति में वोट बैंक की राजनीति बुरी क्यों नहीं? क्या शुरू से ही इस लोकतन्त्र को विवेक सम्मत बनाने की जगह वोटबैंक आधारित बनाने की कोशिश नहीं की गयी? यह लोकतन्त्र का अवमूल्यन नहीं तो और क्या है? और तो छोड़िये पिछले दस साल देखिये कि हमारे पी.एम. महोदय लोकसभा के सदस्य नहीं थे, राज्यसभा से आये। क्या यह कम गौरतलब है? मैं यह नहीं कहता कि कोई मोदी का विरोध न करे। बेशक करे। कोई भी व्यक्ति इस सिस्टम से चुनकर आये। जो भी आयेगा, इसी सिस्टम में उसे काम करना होगा। ऐसा नहीं होगा कि पहले अच्छा था, अमुक के आने पर खराब होगा। वह उन्नीस-बीस उतना ही अच्छा या खराब होगा जितना पहले था। इसलिए जरूरी है कि बुद्धिजीवी इस लोकतन्त्र की कमजोरियों को ठीक करने के लिए आवाज उठायें। भ्रष्टाचार दूर करने के लिए जनलोकपाल बिल से पहले जरूरी यह था कि चुनाव से पैसे की भूमिका पूरी तरह खत्म करने का कानून बने। कोई बिना पैसे का चुनाव लड़ सके। राष्ट्रीय स्तर पर भारत जैसे गरीब देश के गरीब नागरिकों के लिए चुनाव लड़ने के लिए प्रचार का माध्यम बने। गाड़ियों की भूमिका खत्म हो। जहाज की भूमिका खत्म हो।

बड़ी-बड़ी रैलियों की भूमिका खत्म हो। इत्यादि-इत्यादि। अखबारों और साहित्य का भ्रष्टाचार खत्म करने के लिए आलोचक और कवि लोग लगें। देश की बीमारी का इलाज भी जरूर ढूँढ़ें, पर पहले साहित्य के इंसेफेलाइटिस को दूर करने का उपाय ढूँढ़ें। जीवन और समाज में मच्छर इन्सेफेलाइटिस फैला रहे हैं, लेकिन साहित्य में लेखक यह काम खुद ही कर रहे है। साहित्य के तानाशाहों को रोको। साहित्य के साम्प्रदायिक लोगों को रोको। साहित्य और खास तौर से आलोचना और साहित्यिक पत्रकारिता के भ्रष्टाचार को रोको। मोदी को भी रोको, लेकिन कहीं ऐसा न हो मित्र कि आप मोदी को भी न रोक पायें और साहित्य के तानाशाहों को भी भ्रष्टाचार करने से न रोक पायें। दोनों लड़ाई जीतो। चलो दोनों न सही, कोई एक तो जीतो ही। वैसे कोई लड़ाई न जीतो तो भी कोई हर्ज नहीं। जीतना या हारना तो बाद की चीज है, पहले जीवन में लड़ना जरूरी है। लड़ो, लड़ने का धोखा मत करो। साहित्य का सच कहो। राजनीति का सच कहो–

**तोंदिया बादल**

अपने आकाश से उतर कर
लकदक खादी में खिलखित करते
हाथ हिलाते आयेंगे बादल
तो कहेंगे क्या
कि बैठिये मिट्टी की इस टूटी-फूटी खाट पर
हरी चादर बिछी हुई है खास आपके लिए
मेड़ का तकिया थोड़ा मटमैला है तो क्या हुआ
आप चाहें तो पसर सकते हैं आराम से
आप चाहें तो जुड़ सकते हैं हमारे जी से आराम से
आप चाहें तो समा सकते हैं
मिट्टी की अतृप्त देह की आत्मा में
और जुड़ाकर हमें
आप चाहें तो परमात्मा बन सकते हैं आराम से
आप चाहें तो अपनी खादी जैकेट की जेब से निकाल कर
चाँदी की वर्कवाली पान की गिलौरी
सोने के दाँतों के बीच रख सकते हैं आराम से
आप हमारे लिये कुछ न करना चाहें
किसी अमीरउमरा की कोठी में आराम फरमाना चाहें तो जा सकते हैं
हमारे मुँह पर थूक कर आराम से
आप बादल हैं सरकार
हम आपका क्या कर सकते हैं
आप का घर और आपका दफ्तर
और आपकी थानापुलिस सब आसमान पर

हमारी पहुँच से दूर
क्या कर सकते हैं हम
आप जब चाहें
असगाँव-पसगाँव सब जगह गरज सकते हैं
आप चाहें तो कहीं भी बरस सकते हैं
आप चाहें तो किसी के खेत के हिस्से का पानी
दे सकते हैं किसी और के खेत को
चाहे किसी पत्थर पर डाल सकते हैं सबेरे-सबेरे
हंड़ेनुमा लोटे में भर कर सारा जल
आप चाहें तो अपना पानी
सुर-असुर और नर-किन्नर किसी को भी न देकर
सब-का-सब बेच सकते हैं खुले बाजार में
आप बादल हैं तो क्या हुआ जितना चाहें रुपया कमा सकते हैं
आप आकाश की संसद में बैठ कर जो राग चाहें काढ़ सकते हैं
अपनी संसद को दुनिया की सबसे बड़ी मण्डी बना सकते हैं
हम कुछ नहीं कह सकते हैं आपको
आपके पास कोई विशेष अधिकार है
जिसके डर से हम आपसे यह भी नहीं पूछ सकते है
कि आप रोज गला फाड़-फाड़ कर यह क्यों कहते हैं
कि सब हमारे भले के लिए करते हैं
सरकार
और माईबाप
सब हमारे भले के लिए करते हैं
तो हमारा पानी
और हमारा पसीना ले जाकर विदेश के किसी बैंक में क्यों जमा करते हैं
अफसोस हम आपसे पूछ नहीं सकते हैं
हम ठहरे मिट्टी के क्षुद्र कण
और आप ठहरे खादी पहनकर गजराज की तरह चलने वाले
दुनिया के सबसे बड़े तोंदिया बादल
हम कितने मजबूर हैं
हमने कैसे काट लिये हैं अपने हाथ
कि हम आपसे पूछ भी नहीं सकते कि आप ऐसा कानून क्यों बनाते हैं
कि हमारा सारा पानी अपने मुँह, अपने नाक, अपने कान
अपने रोम-रोम से खुद पी जाते हैं
और हम आपको स्वार्थी नहीं कह सकते हैं

बेईमान भी नहीं कह सकते
सिर्फ और सिर्फ माननीय कह सकते हैं
और चोर तो हरगिज-हरगिज सात जन्म में नहीं कह सकते हैं
ऐसा कहने पर हमें जेल हो सकती
हमारे बच्चे भूखों मर सकते हैं
आपका कानून है आप खुद कानून हैं
आप चाहें तो सबका पानी खुद पी जानेवाले मामले पर
चाहे रबड़ के मजबूत और विशाल गुब्बारे की तरह बढ़ती जाती हुई
अपनी तोंद के खिलाफ
थोड़ी-सी भी चपड़-चूँ करने पर जनता को
सीधे गोली मारने का कानून बना सकते हैं
आप कोई ऐसे-वैसे बादल नहीं हैं
आप बादलों के दल हैं
दलदल हैं कीचड़ हैं
जिसमें जनता धँस तो सकती है पर जिससे निकल नहीं सकती है
राजनीति के इस कीचड़ में कोई कमल भला कैसे खिल सकता है
कानून की इस जादुई किताब में
जनता को दलों के इस कीचड़ में धँसते चले जाने के लिए
विवश करने का कोई बाध्यकारी कानून है
पर निकलने के लिए एक नन्हीं-सी भी धारा नहीं है
और दबी जुबान से भी
हम कह नहीं सकते कि यह संविधान हमारा नहीं हैं
हमारी उँगली से चलता है बादलों का राजपाट
लेकिन
आकाश में विचरण की अभ्यस्त संसद हमारी नहीं हैं
हमारा देश, हमारी धरती, हमारा अन्न, हमारा श्रम,
हमारा जीवन, कुछ भी हमारा नहीं है
यहाँ तक कि यह उँगली भी हमारी नहीं है।"
(तोंदिया बादल)

# लेखक होने का अर्थ

कोई पाँच दिन लेखक होने की अपनी ज्यादा और दूसरों की बहुत कम मूर्खता से दूर रहा। कहें कि पूरी तरह मुक्त रहा। यह मुक्ति बड़ी प्रतिकर थी। न कोई मोदी, न कोई राहुल, न कोई मुलायम न कोई आजम, न अमुक-ढमुक लेखक जी लोग। बेटियों के पास उनकी यूनिवर्सिटी और इन्स्टीट्यूट के परिसर में और उनके साथ एक-एक क्षण। बीच-बीच में फोन आते तो हाँ-हूँ, नहीं और बाद में कह कर काटता रहा। सच आप माने या न माने पिता का पद लेखक के पद से नहीं, पृथ्वी के बड़े-से-बड़े पद से बड़ा होता। आप न माने, आपकी मर्जी और लेखक होने की आपकी महानता का आदर फिर भी करूँगा, पर विनम्रता के साथ यह भी कहूँगा कि हम जो पैदा हुये हें तो किस काम के लिए? हमारा नैसर्गिक दायित्व क्या है? पिता होना अर्थात् सृष्टि को चलाना या प्रधानमन्त्री होना? हम कहीं नौकरी करते हैं या कोई व्यवसाय करते हैं या कृषि का कार्य करते हैं तो अपने घर-परिवार के लिए ही। लेकिन हम सिर्फ अपने घर-परिवार के लिए सब नहीं करते हैं, कुछ दूसरों के घर-परिवार के लिए भी करते हैं। हम एक साथ परिवार और समाज के सदस्य होते हैं। परिवार तो अपने आप में समाज की एक इकाई है ही। बहरहाल कहना यह कि पूरी तरह बच्चों के साथ रहा पाँच दिन। इस बीच फेसबुक की राजनीति विषयक टिप्पणियों अर्थात् फेसबुकी पत्रकारिता से दूर रहा। दूर तो सचमुच के अखबार से भी रहा। बमुश्किल दो-चार मिनट टीवी से आमना-सामना हुआ। नहीं के बराबर।

हाँ, भले हमें राजनीति से दूर रहना कभी प्रतिकर लगे, लेकिन सच्चाई यह है कि राजनीति का प्रभाव सब पर पड़ता है। मनुष्य-तो-मनुष्य, सचमुच के पशुओं पर भी। उसके निर्णय और उसकी नीतियाँ, हमारे बच्चों के भविष्य को प्रभावित करती हैं। कहना चाहिए कि सबके बच्चों को प्रभावित करती हैं। इसलिए अपने समय की राजनीति की अनदेखी बड़ी नासमझी है। देखना तब अच्छा होता है, जब हम ठीक से देखें। सम्यक्। आगे देखें, नीचे न देखें या दायें देखे और बायें न देखें तो इस देखने का वह प्रतिफल नहीं मिलेगा जो पूरा देखने पर मिलेगा। यह इसलिए कह रहा हूँ कि फेसबुक पर कभी-कभी राजनीति के पण्डितों के विचार और तर्क इत्यादि से अरुचि पैदा हो जाती है। छाछठ-सड़सठ साल में भी इस देश से गरीबी दूर नहीं हुई। असमानता जस-की-तस है। बीच में एक मध्यवर्ग

जरूर थोड़ा फैल गया है, पर वह पूरा देश नहीं है। कुछ नौकरीवाले लोग कुछ सुविधाएँ और अवसर पा गये हैं, कुछ दूसरे लोगों को भी तलछट से कुछ मिल गया होगा, पर देश की बुनियादी समस्याएँ जस की तस हैं। पूरे पाँच दिन मैं जहाँ-जहाँ गया, मध्यवर्ग के बाहर की दुनिया मेरा पीछा करती रही। यात्रा में गरीबी मेरे साथ यात्रा करती रही। कण-कण में दिखी गरीबी। हर जगह झुग्गी-झोपड़ी और बेघर लोग दिखे। समतल हो या पहाड़, गरीबी का घर हर जगह दिखा। मिट्‌टी के कच्चे घर, छत फूस की। कोई दरवाजा नहीं, न किस्मत का, न पैसे का, न व्यवस्था का...शुरू में इसीलिए लेखक होने की मूर्खता का जिक्र किया है। क्या विख्यात मोदी जी के आने से, इस देश में सम्पन्नता या खुशहाली आ जायेगी? आयेगी तो किस वर्ग के लिए? क्या कुख्यात मोदी जी के न आने से गरीबी उड़नछू हो जायेगी? बेरोजगारी दूर हो जायेगी? अपराध मिट जायेंगे? क्या हिन्दी का बड़े-से-बड़ा लेखक आज चुनाव लड़ने में सक्षम है? एकाध करोड़ खर्च कर सकता है? फिर वह मूर्खता लेखक क्यों करे कि बस यह नहीं? लेखक को यह नहीं कहना चाहिए कि यह, यह, यह, यह सब नहीं? पार्टियाँ पवित्र हैं, व्यक्ति खराब? यहाँ तक भी बहुत बुरा नहीं, चलो किसी एक का विरोध कर लो, लेकिन क्या यह चुनाव से पहले मान लिया है कि किसे देश का नेता बनना है? पक्का है? कोई और दृश्य नहीं हो सकता है, यह नहीं हो सकता है कि पार्टी में ही कुछ ऐसा हो जाये कि किसी और को नेता बनाना पड़ जाये? उस स्थिति में आपके आकलन का क्या होगा? चलो वह न बने तो जो अब तक रहा है, वही आ जाये तो बुनियादी समस्याएँ हल हो जायेंगी? पिछले छाछठ सालों में किसका-किसका पेट फूला है? विपन्न तो आज भी जस-की-तस है। स्त्री आज भी उतनी ही असुरक्षित है। असुरक्षित भी और असमानता की शिकार भी। जिसे भी चुनते हैं कि जाओ जरा हाकिम से बात करो कि क्यों व्यवस्था ऐसी है? वह जाता है बात करने और खुद हाकिम बन जाता है—

**वे बुलाते हैं जिस आदमी को**

ऐसा क्यों है वहाँ
बिजली नहीं है वहाँ
रास्ता नहीं है, पानी नहीं है शुद्ध
कोई आदमी नहीं है वहाँ
जो कर सके हाकिम से बात।
हर बार मत के भाड़े पर
वे बुलाते हैं जिस आदमी को
वही हाकिम हो जाता है।
('जल में' से)

आप लेखक जी लोग कहते हैं कि इसको नहीं? अरे भाई मैं जानना चाहता हूँ कि किसको? बताते क्यों नहीं कि फिर किसको? मैं अच्छी तरह अनुभव करता हूँ कि किसी अमुक जी के आने से यह देश सोने की चिड़िया नहीं होने जा रहा है, चलो मान लूँ कि

सोने की चिड़िया हो भी जाये तो वह चिड़िया घुरहू-निरहू की फूस की झोंपड़ी में वास नहीं करेगी? वह वास या उपवास का नाटक जो भी करेगी अमीर-उमरा की कोठी में ही करेगी। चुनाव के पहले हो या बाद में नेता जी लोग कहते कुछ और हैं, करते कुछ और हैं। कहते हैं कि चोर पकड़ने का कानून बनायेंगे और पीछे से उसी में बचने का रास्ता भी निकाल देंगे। कहते हैं कि गरीबी दूर करेंगे और अमीरों की अमीरी और बढ़ाने का रास्ता निकाल देंगे। परिवर्तन का स्वाँग करनेवाली पार्टी भी जाति और धर्म के आधार पर चुनाव लड़ती है। हर दल राजनीति के हम्माम में एक-सा है–

**छपहार**

फिर उपराये<br>
नये-नये छपहार<br>
घुसकर, घर-घर<br>
खोज-खोज कर<br>
आजू-बाजू, छाती-पुट्ठ<br>
अंग-अंग पर छापा जीभर<br>
टीका।<br>
उल्टा टीका, सीधा टीका<br>
छोटका टीका, बड़का टीका<br>
माई का टीका<br>
चाई का टीका<br>
फिर भरमाये<br>
हँस-हँसकर छपहार।<br>
अन्न मिलेगा, पुन्न मिलेगा<br>
राज मिलेगा, पाट मिलेगा<br>
सरग मिलेगा धरती पर<br>
चेहरा-चेहरा फूल खिलेगा<br>
फिर बतियाये<br>
हाथ पकड़ छपहार।<br>
तम्बू लेकर, भोंपू लेकर<br>
सर्कस लेकर, जोकर लेकर<br>
फिर फुसलायें<br>
बड़े-बड़े छपहार।<br>
(छपहार / 'जल में, से)

मित्रो! यह देश कोई प्राइमरी स्कूल नहीं है और न जनता प्राइमरी की विद्यार्थी कि जैसे हम छपहार के आने की झूठी सूचना से भी भयभीत होकर प्राइमरी स्कूल से भाग जाया करते थे, आज के राजनीतिक छपहारों को विभिन्न मुद्राओं में साक्षात् देखकर भाग

जायें...तब के छपहार हमें बीमारी से बचाने के लिए टीका लगाते थे, ये जनता को फँसाने के लिए...सच तो यह कि ये राजनीतिक छपहार जनता को अभी भी प्राइमरी का विद्यार्थी ही समझते हैं। समझ की जगह डर पैदा करनेवाले लेखक जी, सम्पादक जी, बुद्धिजीवी जी इत्यादि को क्या कहें...ये इस बड़े सच को क्यों पीठ दिखाते हैं कि जो एक कर रहा है और जिस लिये कर रहा है, दूसरा भी वही कर रहा है। जिन्हें जनता की शक्ति और सत्ता में विश्वास हैं वे जानते हैं कि जनता आसमान से विकल्प नहीं ला सकती है। मौजूद विकल्पों में से ही उसे कभी इस पार्टी को तो कभी उस पार्टी को चुनना होता है। विकल्प, परिवर्तन और चुनावसुधार के लिए जनता ने किसी बिल्कुल नये या पुराने दल को कोई ठेका नहीं दिया है। विचार, साहित्य और कला की दुनिया के लोगों की भी कुछ जिम्मेदारी बनती है...दुःख इस बात का है कि लेखक जी लोग भी पार्टी कार्यकर्त्ता की तरह प्रतिद्वन्दी पार्टी को चोर है कहते हैं। इस बार तो पार्टी को भी नहीं, सिर्फ किसी एक व्यक्ति को कह रहे हैं। जबकि सब वैसे ही हैं, सत्तालोलुप। कौन है भाई जो सत्तालोलुप नहीं है? कौन है जो दमदार विपक्ष बनाना चाहता है? कौन हैं? जब लक्ष्य किसी तरह सत्ता प्राप्त करना होगा, तो जायज-नाजायज सब हथकण्डे अपनाये जायेंगे। बात तो तब बनेगी जब लक्ष्य परिवर्तन का हो, सत्ता हस्तान्तरण का नहीं। इस बात तक पहुँचने में कई सदियाँ बीत जायेगी, लेकिन एक लेखक क्या सिर्फ अपने समय से संवाद करता है? क्या उसकी आवाज रह नहीं जाती है? क्या बाद में उसे सुना नहीं जाता है? बहरहाल फेसबुक पर जिन्दाबाद या मुर्दाबाद के नक्कारखाने में तूती की यह आवाज रह जायेगी या नहीं, नहीं जानता। यह ठीक है कि अपने समय में आँख मूँदकर नहीं रहा जा सकता है, जो सामने हैं, उसका विरोध या समर्थन किया जा सकता है, बल्कि कहना चाहिए कि करना ही चाहिए, लेकिन लेखक सिर्फ अपने समय का मशालची नहीं होता है, उसकी मशाल आगे भी जाती है और राजनीति के आगे तो उसे होना ही चाहिए।

# बच्चे को बतायें कि सिर्फ एक फूल क्यों नहीं

कुछ राजे-रजवाड़े या रईस लोगों के बच्चों की तरह मेरी प्रारम्भिक शिक्षा घर पर विशेष शिक्षकों की देख-रेख में नहीं हुई और न तो बहुत नामी-गिरामी अर्थात् किसी दूसरी जगह के अमीरों के बच्चोंवाले स्कूल में हुई। कविता का सबसे पहला पाठ घर पर नीम की छड़ी से, जो पिता जी के हाथ में थी। मैं स्कूल जाना नहीं चाहता था, बहुत से बच्चों की तरह खेलने-कूदने को ही जीवन की सबसे बड़ी शिक्षा समझता था। असल में यह उम्र ही ऐसी थी। तब स्कूल भी ऐसे कहाँ थे जिनमें सबसे छोटी कक्षा में जाने पर चॉकलेट मिलती? हाँ, उस वक्त मेरे बहुत छोटे-से कस्बे में जो एक ग्रामसभा थी, दो स्कूल थे, एक प्राइमरी स्कूल था जो सरकारी था और एक गैर सरकारी। उस गैर सरकारी स्कूल के कर्ताधर्ता तेलिया पण्डितजी थे, हम सब उन्हें इसी नाम से जानते थे। साँवला चेहरा, दरमियाना कद, धोती-कुर्ते की पोशाक और कड़क आवाज, बाद में ऐसी ही एक शानदार आवाज सबसे ऊँची कक्षा में दुबले-पतले और नाटे कद के एक कवि-आलोचक गुरु में दिखी थी। तेलिया पण्डितजी की आवाज तो बहुत अच्छी थी ही, ज्ञान-वान की पहचान भला हम बच्चों को उस वक्त कहाँ थी, पर सबको अधिक ध्यान खींचनेवाली बात उनकी लिखावट थी। श्यामपट्ट पर क्या मोती जैसे सुन्दर अक्षर लिखते थे। उन्हीं सुन्दर अक्षरों ने कुछ सीखने के लिए प्रेरित किया। वे हाथ पकड़कर भी पटरी पर खड़िया मिट्टी से लिखवाते थे। भाषा को सीखना ही मेरे लिये कविता के देश में जाने का पहला पासपोर्ट था। हालाँकि कविता लिखना कुछ और वक्त बाद शुरू किया। उठो लाल अब आँखें खोलो जैसी कविताओं से होते हुए आगे बढ़े। तेलिया पण्डितजी के स्कूल में सिर्फ कक्षा चार तक की पढ़ाई होती थी, पाँचवीं में दाखिले के लिए प्राइमरी स्कूल में जाना पड़ा। वहाँ रामप्रकाश पण्डितजी मिले। कड़क वे भी थे। सामने रेलवे लाइन थी और बगल में स्टेशन। पाँचवीं के बच्चे शरारती इतने थे कि रेल पर बिना टिकट बैठ कर पश्चिम के स्टेशन चिल्हिया नम्बर एक करने चले जाते थे तो कभी पूरब के स्टेशन उस्का दो करने। रामप्रकाश पण्डितजी ने एक ऐसे ही शरारती बच्चे को पीठ पर रेल की पटरी के पत्थर से जरा-सा ही कस कर मारा था और उसके आसपास के बच्चे के बस्ते भीग गये थे। कहना यह कि ऐसे ही बच्चों के बीच से निकल कर जब कस्बे के इण्टर कॉलेज में दाखिला लिया तो वहाँ के प्रधानाचार्य आरडी सिंह तो बहुत धाकड़ प्रिंसिपल थे, पर मेरा ध्यान उनकी जगह हिन्दी के अध्यापक रमेश सिंह गुरु जी की तरफ आकर्षित हुआ।

पहली बार जब मैंने ग्रामजीवन पर निबन्ध लिखा और उस पर रमेश गुरु जी ने जो तीन शब्दों का एक छोटा-सा वाक्य टीप के रूप में दर्ज किया, कई दिनों तक उस कापी को अपने सीने से लगाये रहा। इसके तनिक पहले ही कविता लिखने की कोशिश में तुकबन्दी शुरू कर दी, पर असल में कविता के प्रति अनुराग और प्रगाढ़ कस्बे में होनेवाले मुशायरों और कवि सम्मेलनों से हुआ। मेरे लिए पारम्परिक स्कूल ही नहीं साहित्य के पारम्परिक आयोजन भी साहित्य के स्कूल बने। किशोर जीवन में कृष्णबिहारी नूर जैसे शायर के शेरों ने मेरे भीतर न सिर्फ कविता, बल्कि जीवन के प्रति नजरिया भी बदला—

मैं एक कतरा हूँ मेरा वजूद तो है
हुआ करे जो समन्दर मेरी तलाश में है।

राहुल सांकृत्यायन की 'दर्शन-दिग्दर्शन ने भी जीवन को देखने की नयी दृष्टि दी। बुद्ध का घर मेरे घर से कुछ कोस की दूरी पर था। एक सबसे बड़ी चीज थी रात में गर्मियों में नीम के पेड़ के नीचे चारपाई डालकर सोना पड़ता था, कस्बे में किसी के घर बिजली थी नहीं, हाँ, सिंचाई विभाग की कॉलोनी में कोई बड़ा-सा जनरेटर था, जिससे सड़कों पर स्ट्रीट लाइट जल जाती थी। एक खम्भा मेरे घर के सामने भी था। बस रात में कागज-कलम लेकर बिस्तर पर लेटे-लेटे कुछ लिखता रहता। हालाँकि कविता सोचने की कुछ ऐसी जगहें भी होती थीं, जिनका जिक्र नहीं किया जा सकता। आशय यह कि पारम्परिक स्कूलों ने और गैर पारम्परिक स्कूलों ने कविता के प्रति रुचि पैदा की। भक्तिकाल और आधुनिककाल की कविताओं ने ही नहीं, मुशायरों और कवि सम्मेलनों की कविताओं ने भी काव्यरचना के लिए प्रेरित किया। मेरे कस्बे में कविता के लिए कोई कार्यशाला नहीं लगती थी। कुछ संस्थाएँ बनी जिन्होंने कविता यात्रा के अगले पड़ाव तक पहुँचाया। मैं, नजीर, सत्यप्रकाश, असलम और दूसरे कई साथियों ने मिलकर एक संस्था बनायी, एक छोटी-सी पत्रिका निकाली, पर यह सब साहित्य के मेरे पहले गुरु जो पेशे से चिकित्सक हैं, श्रद्धेय डा. सच्चिदानन्द मिश्र के संरक्षण में हुआ। कविता लिखने की शुरुआत आदिकवि की तरह क्रौंच पक्षी के वध जैसी किसी घटना को देखकर नहीं हुआ, बल्कि जीवन की एक स्वाभाविक गति में आप से आप। हालाँकि एक तथ्य यह भी है कि मेरी कुण्डली में कवि होना लिखा भी था। मेरे पिता जी ने जब एक जानकार को मेरे सामने ही दिखाया तो मैंने भी सुना। बहरहाल कुण्डलियों में बहुत-सी बातें होती हैं, सब सही होती तो कोई बेरोजगार या दुःखी रहता? निराला जी की कुण्डली में दो विवाह लिखे ही थे, पर हुआ? कविजीवन के निर्माण की अपनी प्रक्रिया होती है, कुछ धीमी होती है।

असल में कविजीवन का अपना वैशिष्ट्य होता है। पहला तो यह कि कवि की आँख उसे बैचैन करती रहती है, दूसरा उसका दिल। विशेष ये आशय सिर्फ यह कि दिखे सबकी तरह और हो तनिक-सा हटकर। हर कवि अपने जीवन में एक अर्थ में अपनी कविता का ही जीवन जीता है। कवि का जीवन और कविता का जीवन, दोनों में संगति ही अच्छी कविता को सम्भव करती है। हाँ, अच्छी कविता की समझ बनने में भी वक्त लगता है। मैं भूलता नहीं हूँ कि बहुत पहले एक बार विश्वनाथ जी से पूछा कि अच्छी

कविता लिखने के लिए क्या करना चाहिए? उन्होंने बड़ी सहजता और विनम्रता से उत्तर दिया था कि अरे गणेश जी, यह सब लिखते-लिखते अपने आप हो जाता है। क्यों प्रश्न को टाल गये, इसका जवाब उनकी चिर-परिचित जासूस मुस्कान में ढूँढ़ना चाहिए था, सोचता हूँ किसी दिन उनके घर जाऊँ और फिर से ढूँढ़ूँ? बहरहाल, यह विनोद ऐसे ही।

मैं अपने बच्चों को कक्षा में कविता भिन्न प्रकार से पढ़ाता हूँ। आचार्यों की बात कहना जरूरी होता है तो भी कोशिश करता हूँ कि ऐसे कहूँ कि मेरी बात उन तक पहुँच जाये। उनके जीवन के आसपास की चीजों को उठाकर उन्हें बताना चाहता हूँ। ऐसा इसलिए कि पूर्वांचल के बच्चे, जे.एन.यू के बच्चे नहीं होते है। यहाँ तो सबसे ऊँची उपाधि लेने के बाद भी बच्चा एक साधारण प्रार्थना-पत्र ठीक से नहीं लिख पाता है। जिस अंचल में पीएच.डी करके बच्चे पाँच-सात हजार की नौकरी करेंगे, वहाँ पढ़ाई का माहौल और स्तर भला क्या होगा? जहाँ विश्वविद्यालयों के आचार्य हिन्दी की उन्नति की जगह ईर्ष्या-द्वेष और संस्थान की राजनीति में लगे रहेंगे तो यह सब नित्य देखकर बच्चे अच्छे कैसे बनेंगे? हाँ तो यह कह रहा था कि कविता को कैसे समझाये। कोलरिज की इस बात को समझाने के लिए कि कविता उचित शब्दों का उचित क्रम है, उदाहरण देता हूँ कि नाई तुम्हारे बाल कैसे बनाता है, कान के बिल्कुल पास बहुत छोटा, फिर ऊपर थोड़ा-सा बड़ा, फिर ऐसे ही वह बालों को उचित क्रम देता है। यह भी बताता हूँ कि वह कितनी बार कैंची चलाता है, कितनी बार हाथ उठाता है, कितनी बार बायें-दायें, आगे-पीछे होता है। यह भी बताता हूँ कविता पान की पीक की तरह एकबार में बाहर नहीं हो जाती है, समय देना होता है। घुलाना होता है। पान की पीक है भी नहीं कविता, बहुत खास चीज है। बताता हूँ कि तुम्हारे जैसे बच्चे कितनी बार शीशे के सामने खड़े होकर कंघा करते हैं

एकबार में जब कंघा नहीं हो पाता है तो कविता कैसे? कई बार लड़के बिजली की गति से हजार बार कंघे को आगे-पीछे ले जाते है। इतना ही नहीं, जब वे पूरी तरह आश्वस्त हो जाते हैं और जूते पैरों में डालकर निकल रहे होते हैं, उस वक्त भी मुड़कर अपने बालों को एकबार फिर देख लेते हैं। बच्चों को यह भी बताता हूँ कि कोई-कोई बच्चे रात में सोने के पहले भी एक बार कंघा करना पसन्द करते हैं। ऐसे बनती है कविता। इतना समर्पण, इतनी दीवानगी और सुन्दर दिखने की इतनी इच्छा से ही कविता भी सुन्दर बनती है। केवल आचार्य शुक्ल का 'कविता क्या है' निबन्ध ही नहीं महावीर प्रसाद द्विवेदी के निबन्ध 'कवि-कर्त्तव्य' को भी ध्यान में रखना पड़ता है।

जहाँतक बात लेखन कार्यशालाओ की हैं, इसे बहुत अच्छा माध्यम मानता हूँ, लेकिन जैसे कविता को जनता से जोड़ने के माध्यम मुशायरों और कवि सम्मेलनों का पतन हुआ है, उसी तरह आज कविता की कार्यशालाएँ भी वह नहीं कर पा रही हैं जो उन्हें करना चाहिए। देखिये अपवाद भी है। कुछ कार्यशालाएँ अच्छी भी होंगी। मैं मानता हूँ कि छोटे बच्चों के लिए कार्यशालाएँ जिस रूप में चल रही हैं, उसके कुछ अच्छे परिणाम भी आ रहे हैं, लेकिन किशोर या युवा कवियों के लिए, कविता की रचना-प्रक्रिया पर ही

नहीं कविजीवन की रचना-प्रक्रिया पर भी कुछ बताना चाहिए। बताना चाहिए कि कवि भी भ्रष्ट और गन्दा हो सकता, ऐसा होने से बचने के तरीके क्या हैं, ऐसे गन्दे लोगों को कविता का प्रवक्ता या प्रशिक्षक बनने से कैसे रोकें, जिसे साहित्य अकादमी मिल गयी वह कविता का मान्य प्रशिक्षक कैसे बन गया? जिसने जीवन-भर इंजीनियरी करके खूब धन्धा किया, करोड़ो कमाए और सड़कें और भवन सब खराब बनाया, वह अच्छी कविता कैसे सिखाएगा, जो अस्सी साल के बाद बच्चों का पुरस्कार पाने के लिए मचलेगा, वह अच्छी कविता कैसे बतायेगा? वह कैसे बतायेगा कि अच्छी कविता के लिए एक कवि को नौ महीने तक प्रसव के लिए की गयी प्रतीक्षा की तरह धैर्यपूर्वक प्रतीक्षा करना पड़ता है। वह कैसे बतायेगा कि आलोचना के लिए ही नहीं, कविता के लिए भी ईमान, धीरज और साहस की जरूरत होती है?

सच तो यह है कि आज सृजनात्मकता के विकास के लिए ऐसी कार्यशालाओं की जरूरत है जो बच्चों और युवाओं में कविता या रचना की किसी भी विधा के चरित्र और स्वभाव को ही नहीं, लेखक के चरित्र और स्वभाव से भी परिचित करायें। बतायें कि बच्चों जब तुम्हारे माता-पिता ने तुम्हें जन्म देते समय किसी पुरस्कार की कामना नहीं की, बल्कि माना कि तुम्हारा आना ही उनके जीवन का सबसे बड़ा पुरस्कार है तो ये गन्दे कवि अपनी कविता के लिए पुरस्कारकामना से मरे क्यों जाते हैं? बतायें कि अच्छा कवि अपनी कविता को ही कविजीवन का सच्चा पुरस्कार मानता है। पुरस्कार में सिर्फ एक कलम क्यों नहीं? सिर्फ एक फूल क्यों नहीं? सिर्फ पाठक का प्यार क्यों नहीं?

# यह न पूछें क्यों लिखता हूँ

नवनीत जी, यह न पूछें कि मैं क्यों लिखता हूँ? 'सिर से सीने में कभी, पेट से पाँवों में कभी/एक जगह हो तो कहें दर्द इधर होता है।'—दुष्यन्त के एक शेर से शुरू करता हूँ। आप ने पूछा ही है तो कुछ तो कहूँगा। इसकी एक नहीं, दो नहीं, कई वजहें हैं। पहली बात तो यह कि मेरी कुण्डली में कवि होना लिखा था। दूसरी बात यह कि अपने भीतर का सब कहना बहुत जरूरी था, मैं उसके बगैर रह ही नहीं सकता था। तीसरी बात यह कि मुझे बंगाली जी मिल गये। चौथी बात यह कि मुझे हिन्दी के कापुरुषों से रोज लड़ना था। पाँचवीं बात कि हिन्दी के ये चोट्टे मुझे गुप्त कवि बनाकर रखना चाहते थे। छठी बात यह कि यहाँ के एक डॉन ने हिन्दी के राक्षसों की एक टीम बना ली थी और जिसे अक्सर मेरे खिलाफ प्रमोट करते रहते थे। अपने कन्धे पर बैठाकर घूमते थे। सातवीं बात यह कि मैं हिन्दी का मर्द था, मैदान छोड़कर भाग नहीं सकता था। आठवीं, नौवीं, दसवीं न जाने कितनी वजहें। मैं समाज शर्तिया बदल देने के लिए नहीं लिखता था, क्योंकि सिर्फ कविताएँ समाज को बदल देंगी, यह नहीं मानता था। हाँ, अलबत्ता इसलिए लिखता था कि यह दुनिया बदल जाये, सुन्दर हो जाये, इस भाव से लिखता था। प्रतिरोध की चिंगारी को नित सुलगाते हुए यह जानता था कि दुनिया को कवि नहीं, कार्यकर्त्ता बदलते हैं, जनता क्रान्ति करती है, वह जनता जो ढंग से साहित्य पढ़ना भी नहीं जानती। इसलिए खुद को कवि कम और कविता का कार्यकर्त्ता अधिक समझता था। यह भी जानता था कि हमारे समय के अधिकांश कवि डरपोक हैं, इसलिए कविता और दुनिया का सच एक साथ कहने के लिए लिखता था। नाम की लालसा बचपन में रही होगी, पर जब बालिग हुआ और साहित्य में कदम-कदम पर गन्दगी के दर्शन हुए तो कविता का सफाई कर्मचारी बनना ज्यादा रास आया। यह सब जानते हैं कि नाम और इनाम के लिए मैं हरगिज-हरगिज नहीं लिखता और न कभी नाम और इनाम की इच्छा से प्रेरित होकर कोई काम करूँगा। लिखने के साथ पत्रिका निकालने की वजह भी साहित्य में हस्तक्षेप करना रहा है। आपने देखा है कि अब तक मैंने साहित्य के सच को फटकार कर कहा है। जब अपने भीतर के स्वार्थ को आदमी मार देता है तो वह पृथ्वी का सबसे निडर बन जाता है। आप जानते हैं कि मैं साहित्य के किसी भी डॉन-फॉन से नहीं डरता, हाँ डॉन-फॉन ही मुझसे डरने लगें तो दूसरी बात है।

साहित्य मेरे लिये सच का मन्दिर है जो समाज को सुन्दर बनाने के लिए स्वप्नों की दीवार और मेहराब पर टिका हुआ है। इस मन्दिर में जब गन्दगी फैलानेवालों को देखता हूँ तो आगबबूला हो जाता हूँ। साहित्य मेरे लिये मनुष्य की शक्ति का स्रोत है, विवेक और साहस का स्रोत है, मनुष्य की वृत्तियों और संवेदनाओं को परिष्कृत करने का स्रोत है। साहित्य मनुष्य की आत्मा के पीने के पानी का निर्मल झरना है। मुझे इस पानी के धन्धे से शिकायत है। मिनरल वाटर जो बाजार में बिकता है, उससे भी शिकायत है तो इस स्तर पर कि सरकारें अगर देश में पीने का शुद्ध पानी नहीं मुहैया करा सकीं तो यह उनकी और इस पूँजीवादी निजाम की विफलता है। साहित्य के जिस पानी की बात कर रहा था, उस पवित्र झरने—आप चाहें तो नदी कह लें— में देश की साहित्य अकादमियों, विश्वविद्यालयों के हिन्दी विभागों, प्रकाशन उद्योग, हिन्दी के नामी और इनामी डाकू—बदमाशों ने अपनी गन्दगी का पनाला डाल रखा है। आप ही बतायें इस देश और हिन्दी की दुनिया में एक लेखक अच्छा लिखे भी और अपनी किताबें छपवाने के लिए प्रकाशकों के दरबार में अपना शीश झुकाये, ऐसा क्यों? क्या यह हिन्दी साहित्य की बड़ी गन्दगी नहीं है? एक लेखक अच्छा लिखे और आलोचकों के चरणरज लेने के लिए साष्टांग प्रणाम करें, यह साहित्य की गन्दगी नहीं है? क्या तुलसीदास या मलिक मुहम्मद जायसी या सूरदास, रामचन्द्र शुक्ल के पास चापलूसी करने के लिए आये थे? कबीरदास, हजारी प्रसाद द्विवेदी के पास बनारस का पान लेकर पहुँचे थे? निराला जी ने रामविलास जी का पैर दबाया था क्या? फिर आज का आलोचक हरामजादा यह अपेक्षा क्यों करता है कि लेखक उसके चरणरज को अपने माथे से लगाये और अपनी पीठ पर उसको सवारी कराये? आप ही बताये कि यह हिन्दी साहित्य की सबसे बड़ी गन्दगी है कि नहीं? आखिर नागार्जुन को यह क्यों कहना पड़ा-

'अगर कीर्ति का फल चखना है
आलोचक को खुश रखना है'

आलोचक पुलिस के सिपाही की तरह दो-दो रुपये के लिए कविता के ट्रकों को बीच सड़क पर रोक दे रहा है। बिना दो रुपये लिये जाने ही नहीं देता। यह तो कोई गणेश पाण्डेय की तरह कविता के ट्रक का उजड्ड ड्राइवर हो या बैलगाड़ी का मस्त गाड़ीवान तो बैरियर-सैरियर को तोड़-ताड़कर चल देगा। बाकी लोगों की तो जान साँसत में है। आपसे एक राज की बात बताता हूँ कि मै तो सीधा-सादा एक छोटा-मोटा कवि था और हूँ, मैं आलोचना में आया ही हिन्दी के हरामजादे आलोचकों की हरामजदगी के खिलाफ। कुछ आलोचक जरूर ऐसे हैं जिनमें गन्दगी कम है। कुछ में तो गन्दगी बिल्कुल कम मिलेगी, लेकिन साहस की कमी तो हर जगह एक जैसी है। एक आलोचक को डरते देखा कि हाय अमुक का नाम लूँगा तो अमुक नाराज हो जायेंगे, अमुक मेरी बेटी को हिन्दी विभाग में नियुक्त नहीं होने देंगे। एक आलोचक को देखा कि अमुक का नाम लूँगा तो अमुक विश्वविद्यालय के हिन्दी विभाग में मेरी नियुक्ति की सम्भावना खत्म हो जायेगी, एक को डरते देखा कि अमुक की प्रशंसा करूँगा तो अमुक अलेखक और हिन्दी का

छुटभैया डॉन नाराज हो जायेगा। लम्बी कहानी है भाई डरपोक आलोचकों की। आलोचक तो आलोचक, नामी-गिरामी कवि भी बहुत डरपोक दिखे। एक बड़े भारी कवि रहते हैं राजधानी में और पूरब के महाकवि समझे जाते हैं, वे भी डरते रहे कि हाय इस कवि से दूर रहो, मेरे चेले-चापड़, मेरे संगी-साथी नाराज हो जायेंगे, अलेखकों के साथ रह लेना ठीक, हिन्दी के हरामजादों के साथ दारू पी लेना ठीक मगर इस फटीचर कवि से दूर रहो। कहा न, कहानी लम्बी है। सार यह किं हिन्दी की गन्दगी को साफ करने के लिए कलम की धार को तेज किया। भीतर के स्वार्थ को – नाम-यश की आकांक्षा को मार डाला, इन्हीं हाथों से किया है खून, लीजिये देखिये, तब कही जाकर सच कहना और सच के लिए लड़ना सीखा है। मेरे लिये साहित्य की कोई विधा हो फर्क नहीं पडता, दर्द अगर सच्चा है तो आप गद्य में ही नहीं कविता में भी जीवन का संग्राम लिख सकते हैं। अब एक कविता आपको न दिखाऊँ, यह कैसे हो सकता है-कविता का शीर्षक है–"कम कविता के दिन थे"–

कुछ करने के दिन न थे
कविता के लिए मरने के दिन न थे
जो मरे मारे गये, कोई न पूछ थी कहीं।
रोशनी का काम उनके जिम्मे न था
जिनके पास कुछ ढँका-छिपा न था।
गजब का मंजर था सामने
टुटही हरमुनिया थी
वक्त-बेवक्त राग जैजैवन्ती गवैया थे
वही झाँझ-करताल वही बजवैया थे
बड़े-बड़े घुटरुन चलवैया थे
कुछ थे जो
बाहरी जहाजों पर कूद-कूद चढ़वैया थे
कई तो अपने ऊपर ग्रन्थ छपवैया थे।
रटन्त विद्या के दिन थे
एक कविता दौर के अन्तिम दिन थे
दृश्य उन्हीं का था
जिनके जीवन में कोई संग्राम न था
जीवन छोटा था
कम कविता के दिन थे।
फिर भी कुछ पागल थे बचे हुए
जिनके हौसले थे कि कम न थे।
('जल में' से)

यह कविता अपने समय की कविता और कवियों का पोस्टमार्टम है। इसे देने की वजह यह कि आप जान सकें कि एक खराब कविता और खराब कविता को दुरुस्त करनेवाली कविता में क्या फर्क है? एक वजह यह भी है कि आप जान सकें कि यह समय कविता के लिए कितना मुश्किल समय है। इस मुश्किल समय में जाहिर है कि मैं कोई आसान काम कैसे कर सकता था। आसान काम तो वह था जो ऊपर दिख रहा है कि एक पागल को छोड़कर बाकी लोग जिसे कर रहे थे। आप चाहे जितना बुरा मानें, लेकिन "मुश्किल काम" नाम की एक कविता और यहाँ देना चाहूँगा, ताकि जान सकें कि कौन आसान काम कर रहा था और कौन मुश्किल काम–

यह कोई मुश्किल काम न था
मैं भी मिला सकता था हाथ उस खबीस से
ये तो हाथ थे कि मेरे साथ तो पर आजाद थे।
मैं भी जा सकता था वहाँ-वहाँ
जहाँ जाता था वह अक्सर धड़ल्ले से
ये तो मेरे पैर थे जो मेरे साथ तो थे
पर किसी के गुलाम न थे।
मैं भी उन-उन जगहों पर मत्था टेक सकता था
ये तो कोई रंजिश थी अति प्राचीन
वैसी जगहों और ऐसे मत्थों के बीच।
मैं भी छपवा सकता था पत्रों में नाम
ये तो मेरा नाम था कमबख्त जिसने इन्कार किया
उस खबीस के साथ छपने से
और इसमें उस अखबार का क्या
जिसे छपना था सबके लिए और बिकना था सबसे।
मैं भी उसके साथ थोड़ी-सी पी सकता था
ये तो मेरी तबीयत थी जो जो आगे-आगे चलती थी
अक्सर उसी ने टोका मुझे–
'पीना और शैतान के संग?'
यों यह सब कतई कोई मुश्किल काम न था।
('जल में' से)

दरअसल यह वह फर्क है जो मेरे जैसे कविता के मामूली कार्यकर्त्ता और हमारे समय के नामी-इनामी कवियों के बीच है। मैं यह नहीं कहता कि मैंने अच्छी कविताएँ लिखी हैं, पर यह कहता हूँ कि मेरी कविताओं में मेरे जीवन का भरपूर खुरदुरापन है। आप इस खुरदुरेपन को कोई भी नाम दे सकते हैं। आप 'मर्दाना' के अर्थ को लिंग से जोड़कर देखने की जगह शक्ति के चेहरे के रूप में देखें तो कह सकते हैं कि मैंने एक अर्थ में मर्दाना कविताएँ और गद्य लिखने की कोशिश की है। मेरा मानना है कि एक छोटे से

छोटा कवि भी अपने भीतर सबसे निचले तल में पक्का घर बना कर रहनेवाली नाम और इनाम की कमजोरियों को दूर कर ले तो वह भी अपने समय की कविता की सच्ची राह पर चल सकने का कमाल कर सकता है, जिस पर मैंने बस अभी पहला डग ही रखा है।

कहना जरूरी है कि साहित्य की भ्रष्ट सत्ताओं के सामने आत्मसमर्पण करनेवाले लेखक साहित्य के कीट-पतंग तो हो सकते हैं, हिन्दी के सच्चे लेखक नहीं। जाहिर है कि सिर्फ आत्मसंघर्ष ही लेखक के महत्त्व को जानने की पहली और सबसे बड़ी कसौटी है। एक लेखक जब हिन्दी के किसी माफिया के सामने अपनी गर्दन झुकाता है तो सिर्फ उसकी गर्दन नहीं झुकती है, उसकी आत्मा झुक जाती है, उसका काव्यविवेक धूल धूसरित हो जाता है, उसकी आलोचना के लोचन में मोतियाबिन्द हो जाता है, वह अपने समय के झूठ-मूठ के महाजनों का पिछलग्गू बनकर लेखक के स्वाभिमान की हत्या करता है। ऐसे झुण्ड में भेड़-बकरियों की तरह जीना सबसे नहीं हो पाता है भाई। ऐसे लोगों को राजधानी के साहित्य का राजपथ मुबारक, मुझे अपनी स्वाधीन कुटिया भली। दरअसल साहित्य दृष्टि, विचार, मूल्य, संवेदना और स्वप्न का घर है, जब एक दुर्बल लेखक उसे नाम और इनाम का कारखाना समझ लेता है तो वह साहित्य में जीवन का नहीं मृत्यु का वरण करता है। मेरे लिये साहित्य आत्मा का फाँसीघर नहीं है। मेरे लिये कविता एक अर्थ में मनुष्य का पुनर्जीवन है, इस नये जीवन में हम अपने रचना के ठीक पहले के जीवन में हुई टूट-फूट को ठीक करने की कोशिश करते हैं। यह काम कविता के प्रति सच्चे समर्पण का है। जब लेखक का ध्यान कुछ और पाने और जल्दी से पा जाने की ओर होगा तो वह अपने इस दायित्व से विमुख हो जायेगा।

मेरे लिये तनिक सुविधाजनक यह कि आपने यह पूछा है कि मैं क्यों लिखता हूँ, यह नहीं पूछा है कि जो लिखता हूँ, वह क्यों लिखता हूँ? नहीं तो मुझे सच बताना पड़ता। सच यह कि जैसे और जो-जो और सब लिखते हैं, उस तरह और वह मैं नहीं लिखता हूँ। इसलिए कि मैं न तो फर्जी क्रान्ति का बिजूका बनना चाहता हूँ और न अपने समय के साहित्य की मुख्यधारा में बह जाना चाहता हूँ। एक लेखक खुद को समय के अँधेरे से नहीं बचायेगा तो दुनिया को सुन्दर बनाने का स्वप्न क्या खाक देखेगा? इस देश को फासीवादी ताकतों से मुक्त कराने का स्वांग करनेवालों की सच्चाई उस वक्त उनके पतलून से बाहर आ जाती है, जब वे साहित्य की भ्रष्ट और क्रूर सत्ता के सामने घुटने टेकते हैं। नाम और इनाम को छोड़िये, कुछ कार्यक्रमों में बुलाये जाने के बहुत मामूली स्वार्थ में हिन्दी के तमाम छुटभैयों को फिसड्डी महाप्रभुओं के सामने साष्टांग लेटकर प्रणाम की मुद्रा में देखता हूँ तो लगता है कि हम हिन्दी के सचमुच के नर्क में तो नहीं आ गये हैं? देखिये यह देखना बहुत आसान है कि सामने बैठा लेखक किस कोटि का है? आप उसकी एक रचना को छुयें या उसके मुखारविन्द से दो शब्द झरने दें तो पता चल जायेगा कि इस बन्दे की असली जाति क्या है? जैसे फर्जी भक्ति होती है, उसी तरह फर्जी साम्प्रदायिकता विरोध होता है, उसी तरह पूँजीवाद का फर्जी विरोध होता है, ठीक वैसे ही सामन्तवाद का फर्जी विरोध दिखता है। आखिर नाम और इनाम सामन्ती मूल्य है या नहीं? भक्तिकाल

की बड़ी कविता में नाम और इनाम की आकांक्षा है या मुक्ति की? गौर से देखिये तो वह मुक्ति भी आध्यात्मिक मुक्ति के भीतर सामाजिक मुक्ति की बड़ी और जनाकांक्षा की अभिव्यक्ति है। मैं जो लिखता हूँ, वह इन्हीं फर्जी लेखकों की गन्दगी साफ करने का साबुन है। झाग भले ही कम देता हो, पर मैल बहुत अच्छी तरह काटता है, यहाँ तक कि पतलून तो पतलून, चमडी भी बाजदफा कट जाती है। यह कहना गलत है कि मैं चमड़ी काटने के लिए लिखता हूँ, पतलून साफ करने के लिए नहीं। काफी पहले आलोचकों और आलोचना पर लिखे गये एक मामूली पर जिसे हमारे समय के दूसरे नम्बर के एक आलोचक ने हिन्दी आलोचना की अब तक की सबसे बड़ी लफंगई कहा था, उसका बड़ा विरोध हुआ कि उसमें लेखकों की चमड़ी काटी गयी है, जबकि मैंने तो सिर्फ मैल साफ करने की कोशिश की थी। आखिर उस लेख में जिस जातिवाद पर प्रहार था, आलोचना में जिस मुंशीगिरी पर चोट थी, लेखिकाओं के साथ सम्पादक और आलोचक जो शोषण और नाइन्साफी कर रहे थे, साहित्य के तमाम अँधेरों में दियासलाई जलाने की कोशिश की गयी थी, वह सब क्या था? मेरा मानना है कि आलोचना की धंधई ही हिन्दी की दुर्दशा की सबसे बड़ी वजह है। इसीलिए हिन्दी के बेटे का फर्ज निभाता हूँ। जो जरूरी है, वह लिखना जरूरी है। साम्प्रदायिकता के विरोध को न तो बार-बार रिपीट करना जरूरी है और न सिर्फ किसी एक संगठन का नाम लेना जरूरी है, कहो तो ऐसे कि वह जितनी अपनी समय में हो उतना ही आनेवाले समय में? आज जो संगठन दिख रहे हैं, कल उसी तरह के दूसरे संगठन दूसरे नाम से आ सकते हैं। यह मेरा मानना है, मैं इस सोच के साथ साम्प्रदायिकता का विरोध करता हूँ अपने लेखन में। 'ओ ईश्वर' लिखता हूँ, 'गाय का जीवन लिखता हूँ' तो 'सबद एक पूछिबा' भी लिखता हूँ। जो लिखता हूँ, वह इस तरह लिखता हूँ कि चेहरा खुला रहे और पाठक उसे पहचान ले। कविता लिखता हूँ, भाषण लिखने से बचता हूँ। पैर में पाजामा पहनता हूँ, बालों में कंघा करता हूँ अर्थात् गद्य में गद्य लिखता हूँ और कविता-में-कविता। मैं लिखता हूँ तो अपनी तरह लिखता हूँ। अपने अँगूठे का निशान लगाता हूँ। किसी नामी-इनामी कवि का फर्जी दस्तखत अपनी कविता में नहीं करता हूँ। मै लिखता हूँ तो सौ फीसदी मैं लिखता हूँ। मैं लिखता हूँ क्यों कि मैं लिखे बगैर रह नहीं सकता। लिखना छोड़ दूँगा और अपनी तरह लिखना छोड़ दूँगा तो मर जाऊँगा। जीने के लिए लिखता हूँ। अमर होने के लिए नहीं लिखता हूँ। कविता पर मर-मिटने के लिए लिखता हूँ। ऊपर कह चुका हूँ– कविता के लिए मरने के दिन न थे/जो मरे मारे गये, कोई न पूछ थी कहीं! फिर भी कवि स्वभाव का क्या करूँ। कुत्ते के स्वभाव में चमड़ा प्रेम है तो सहृदय का स्वभाव है अच्छी कविता पर रीझना। यहाँ मुझे कोई डर के मारे पूछे-न-पूछे कोई फर्क नहीं पड़ता। लगें रहें सब यहाँ के साहित्य के डॉन और उनके गैंग के छुटभैयों के पीछे-पीछे, धुलते रहें उनकी धोती इत्यादि और करतें रहें उनकी पूजा, न पूछें मुझे जैसे बंगाली जी को नहीं पूछते, सच्ची कविता को नहीं पूछते। कोई फर्क नहीं पड़ता। आप जैसे मित्र बहुत हैं, पूछते रहें, बहुत है। दरअसल मैं हिन्दी के कापुरुषों के लिए नहीं, हिन्दी के बेटों के लिए लिखता हूँ।

# कविता के रिश्ते की एक बहन से कुछ बातें

प्रिय बहन, मैं नहीं जानता कि मेरा आपको बहन कहना कैसा लगेगा, आपने मुझे मित्र कहा है और मैं आपको बहन कह रहा हूँ। इसलिए बहन कह रहा हूँ कि मित्र और बहन में मेरे लिए कोई अन्तर नहीं है। यह इसलिए कह रहा हूँ कि शुरू में यह बात साफ कर दूं कि साहित्य में मैं कोई चलता पुर्जा नहीं हूँ, देहाती मनुष्य हूँ। साहित्य मेरे लिए इंकिलाब का कोई नाटक नहीं है, जैसा कि आज के तमाम लेखक लोग करते है। मेरे पास एक बहुत छोटी-सी पत्रिका है। इतनी छोटी कि पूछिए मत। चींटी की मुण्डी जितनी। जैसे चींटी और हाथी की कहानियाँ हैं, ऐसी कोई कहानी इसके साथ नहीं है। अलबत्ता इस पत्रिका की शुरूआत साहित्य की अट्टालिका के सामने असहमति और प्रतिरोध की एक बहुत मामूली छीनी के रूप में हुई थी। शुरू में सोचा था कि बस दस अंक निकल जायें और अपनी बहुत-सी बातें कह दूं, लेकिन अब देखता हूँ कि बातें हैं कि खतम ही नहीं हो रही हैं। हां इन बातों में साहित्य की दुनिया को चुटकियों में बदलकर रख देने का कोई भाव नहीं है। जानता हूं कि हमारे समय के हिन्दी के तमाम महान् लेखकों के पास विचारधारा और इनाम-सिनाम का एवरेस्ट है और वे इस देश या दुनिया को रत्तीभर उस तरह नहीं बदल सके, जिस तरह ऐलानिया तौर पर उन्हें बदलना था। मैं और यात्रा तो बहुत छोटी चीज है। मैं हिन्दी की दुनिया को बदल नहीं सकता। इतना ही नहीं उसे बदलने की कोई मजबूत कोशिश होते हुए देख भी नहीं सकता। हाँ इतना जरूर कर सकता हूँ कि उसे बदलने के पक्ष में एक हाथ उठा सकता हूँ और वही कर रहा हूँ।

बहन, जब यात्रा के लिए कविताएँ आमन्त्रित करने की बात दिमाग में आयी तो उसके पहले दिल में एक बात आयी कि कुछ ऐसा हो कि लगे कि हो रहा है। एक कोशिश हो रही है कविता की दुनिया में विकल्प के एक डग की। लोग देखें कि एक कदम ऐसा भी हो सकता है। कविता की खेतीबारी को इस तरह भी देखा जा सकता है। कविता के राजपाट को इस तरह भी मुँह चिढ़ाया जा सकता है। बेईमान के कान इस तरह भी उमेठे जा सकते हैं, इस तरह का एक स्केच कान उमेठते हुए बनाया जा सकता है। यह कान उमेठना नहीं है तो और क्या है कि अपने छोटे से शहर में बैठकर एक देहाती लेखक ताल ठोंककर यह कह रहा है कि, "एक छोटी-सी इच्छा यह है कि युवा कविता की पहचान की जाये। उसे उसके वैशिष्ट्य के साथ रेखांकित किया जाये। सबसे बढ़कर

यह कि उसके साथ न्याय की एक छोटी-सी कोशिश यात्रा की ओर से हो। यह सिर्फ हमारे चाहने भर से नहीं होगा, बल्कि आप भी चाहेगे तब होगा। हम न्याय कर पाये या न कर पायें, पर न्याय के लिए छटपटाहट हमारी कोशिश में जरूर हो। यह काम देखने में जितना अच्छा लग सकता है, हो सकता है कि करने में उससे कहीं ज्यादा मुश्किल हो। मुश्किलों की फेहरिस्त से पहले अपनी बात। मैं पचास साल का होने के बाद पहली बार अपनी बिटिया को एक इम्तिहान दिलाने के लिए दिल्ली गया था। दूसरे तमाम युवा और युवतर लेखक पच्चीस-तीस की उम्र में पचास बार दिल्ली की परिक्रमा कर चुके होते हैं। कहने का आशय यह कि बहुत से लेखक जो अपने समय के साहित्य के मठाधीशों की परिक्रमा करने में निपुण नहीं होते हैं, वे प्रायः आलोचक और सम्पादक की तंगनजरी की वजह से अपने समय के अँधेरे में पड़े रहते हैं। क्या एक वर्ष में एक ही अद्वितीय कविता लिखी जाती है? फिर एक कविता से और एक चयनकर्त्ता के प्रभामण्डल के प्रभाव से एक युवा कवि रातोरात चर्चा में ला दिया जाता है। मेरा मतलब कविता के भाभू आभूषण से है। असल बात यह कि बहुत से लेखकों के लिए दिल्ली जिन्दगी भर दूर रहती है और बहुत से लोग फीकी कविता कुछ लोगों की कृपा से ऊंची कीमत पर बेच लेते हैं। मैं यह नहीं कहता कि भाभू कवि रोशनी के आलीशान होटल में न रहें, लेकिन जो कवि उन-उन सालों में अदेख रहे, उन्हें भी देखने की कोशिश हो। इस आयोजन को भाभू के विरोध में देखने की कोशिश के रूप में न लेंगे, निश्चिय ही उनमें भी कई कवियों ने अच्छी कविताएँ लिखी होंगी। क्या ही अच्छा हो कि वे भी अपनी दस-दस चुनी हुई कविताएँ भेज दें, जिनमें उनका पूरा कवि व्यक्तित्त्व अँटा हो। उन्होंने अच्छी कविताएँ लिखी होंगी यह जितना सच है उतना ही सच यह भी है कि भाभू के बाहर भी अच्छी कविताएँ लिखी गयी होंगी। क्या ऐसा सोचने में कोई नुक्स है? मैं अपने कुछ मित्रों और प्रियजनों से क्षमायाचना के साथ यह निवेदन करना चाहूँगा कि मैं सिर्फ भाभू को अच्छी कविता का सबसे बड़ा प्रमाण नहीं मानता, बल्कि उसे अच्छी कविता और अच्छे कवियों की पहचान में बड़ी बाधा मानता हूँ। जबकि हमारे समय के कुछ निठल्ले इसी के आधार पर पिछले पचास साल की कविता में कवियों की सूची बनाते हैं। ऐसे ही चयनकर्त्ताओं की पसन्द से कुछ और नाम जोड़ लेते होंगे। यात्रा की योजना कोई सूची बनाने की नहीं है, बल्कि हम चाहते हैं कि सिर्फ एक पुख्ता सबूत पेश हो। यह काम आसान नहीं है। सबूत तो आपकी कविताएँ है, आप हमें भेजेंगे तब हम यह कर पायेंगे। कोई कवि यह सोचेगा कि हम पीछे के रास्ते से कविता के ठेकेदारों के घर में अपने लिये जगह बना लेंगे तो यह अपने समय की कविता के साथ गद्दारी होगी। मेरी कविता तेरी कविता से आगे सबकी कविता और अच्छी कविता की ओर बढ़िये। इसके लिए जरूरी है कि पहले अपनी कविता भेजिये। अच्छी कविताएँ जरूर भेजिये। कुछ मित्रों का सुझाव है कि पचास से कम उम्र की कविताएँ आमन्त्रित करने के साथ पचास से ऊपर के कवियों को भी सादर आमन्त्रित किया जाये। सहमत हूँ, उल्लेख कर दें और भेजें।

आखिर जब मैं कहता हूं कि, "कोई कवि यह सोचेगा कि हम पीछे के रास्ते से कविता के ठेकेदारों के घर में अपने लिये जगह बना लेंगे तो यह अपने समय की कविता के साथ गद्दारी होगी। मेरी कविता तेरी कविता से आगे सबकी कविता और अच्छी कविता की ओर बढ़िये।" तो मुझे यह पता है कि आज अधिकांश कविता लिखनेवाले कवि अपने कवि जीवन में बेहद लिजलिजे आयेंगे डरपोक और सिर्फ कविता में कह कर इंकिलाब करनेवाले है। वे हिन्दी के राक्षसों से लडने के लिए नहीं आएगें, बल्कि उनसे कोई इनाम पाने की जुगत भिड़ायेंगे। जाहिर है कि मैं ऐसे लोगो से कविताएँ नहीं माँगता। स्वाभिमानी कवियों से कविताएँ माँगता हूँ। उन कवियों से कविताएँ माँगता हूँ जो कविता की भ्रष्टसत्ता की आँख में उँगली डालकर अपने समय की कविता का सच दिखाना चाहते हैं। जानता हूँ कि कविता के गद्दार कवि कविताएँ नहीं भेजेंगे। उन्हीं के खिलाफ तो यह प्रतीकात्मक लड़ाई है। उन्हें और उनके आकाओं को दिखाने के लिए कि लो देख लो। कुछ-कुछ वैसे ही जैसे गांव की कुश्ती में पहलवान ताल ठोंककर चैलेंज करता है कि है कोई जो इस पहलवान से लड़ेगा। मित्रो कविता की दुनिया में मल्लयुद्ध नहीं होता है। कविताएँ आमने-सामने रखी जाती हैं। इतने से काम हो जाता है । उदाहरण के लिए अपनी सिर्फ एक कविता रखता हूँ, यह बताने के लिए आमने-सामने ऐसी कविताएँ रखी जाती हैं, पर दुर्भाग्य से हमारी पीढ़ी के आलोचकों और सम्पादकों न ऐसा किया नहीं। "मुश्किल काम" शीर्षक है मेरी कविता का–

यह कोई मुश्किल काम न था
मैं भी मिला सकता था हाथ उस खबीस से
ये तो हाथ थे कि मेरे साथ तो पर आजाद थे।
मैं भी जा सकता था वहाँ-वहाँ
जहाँ-जहाँ जाता था वह अक्सर धड़ल्ले से
ये तो मेरे पैर थे जो मेरे साथ तो थे
पर किसी के गुलाम न थे।
मैं भी उन-उन जगहों पर मत्था टेक सकता था
ये तो कोई रंजिश थी अतिप्रचीन
वैसी जगहों और ऐसे मत्थों के बीच।
मैं भी छपवा सकता था पत्रों में नाम
ये तो मेरा नाम था कमबख्त जिसने इन्कार किया
उस खबीस के साथ छपने से
और फिर इसमें उस अखबार का क्या
जिसे छपना था सबके लिए बिकना था सबसे।
मैं भी उसके साथ थोड़ी-सी पी सकता था
ये तो मेरी तबीयत थी जो आगे-आगे चलती थी
अक्सर उसी ने टोका मुझे–

'पीना और शैतान के संग?'

यों यह सब कतई कोई मुश्किल काम न था।

इस कविता को देखिये बहन और साठ साल के मेरी पीढी के दूसरे कवियों की कविताओं में से कोई एक कविता इस वजन और रूह की छांटिये। फिर पता कीजिये कि इस कविजीवन की कविता किस कवि के पास है? गौर कीजिये कि विचार और आचार की किताब से देखकर ऐसी कविताएँ नहीं लिखी जाती हैं, जीवन से बनती है ऐसी कविताएँ। आज के महाकवियों के पतली मोरी के पाजामे से भी नहीं झरती हैं कि उनके पीछे-पीछे चलनेवाले कवि बटोर लें। सच तो यह कि ऐसी कविता लिखनेवाले पुरस्कार के लिए साहित्य के ठेकेदारों के तलुवे नहीं सहला सकते और तलुवे सहलानेवाले कवि ऐसी कविताएं लिख नहीं सकते। प्रिय बहन, मेरे कहने का मतलब यह नहीं कि मैंने महान् काम किया है इस या किसी भी कविता को रचकर। मेरा आशय यह कि इस तरह कविताओं को आमने-सामने रखकर हम फर्क देख सकते हैं। एक बात फिर साफ कर दूं कि अपनी कविता को सिर्फ उदाहरण के रूप में रखा है। अपने को किसी भी कवि से श्रेष्ठ बताने के लिए कतई नहीं।

बहन चाहता तो यही हूँ कि आनेवाली कविताएँ ऐसे ही रखी जायें, लेकिन सभी कविताओं को देखने के बाद कुछ कह पाना सम्भव होगा। आपकी यह चिन्ता ध्यान में है कि, "मुझे नहीं लगता कि कविता की सही-सही परख रचयिता के नाम के साथ हो पाएगी। कविता का सत्यानाश ही इसलिए हुआ है क्योंकि आलोचना राग-द्वेष से परे हो ही नहीं पायी है। हमने व्यक्ति की हस्ती बेहस्ती देख कविता के आकलन लिये। कितनी ही पत्रिकाओं में बहुलता में ऐसी कविताएँ आ रही हैं जिन्हें जन से कविता की दूरी का घोषित श्रेय देने का मन हो जाये पर वे छपीं ही नहीं नाम ही काफी है की तर्ज़ पर सराही गयीं। यह हुई एक बात दूसरी बात उन विरक्तों की जो कविता की दुनिया में पूरी प्रतिभा ईमानदारी और लगन से आये किन्तु हत्प्रभ घृणा के साथ लौट गये एक-से-एक उम्दा किन्तु अब अप्रसिद्ध कविता देकर। ऐसे खुद्दारों का क्या? उनके लिखे को कैसे खोजा जायेगा जो आप तक कुछ भी नहीं पहुँचाना चाहते और पटल पर कौन हैं? आत्मप्रचार के हाय हल्ले में निमग्न या संग्रह के कवर पेज तक प्रचारित करते लज्जाहीन गैंगबाज़ मठाधीश आलोचना के हथियार तक कब्जाए हुए लोग? अच्छा हो कि कविताएँ माँगने के बाद नाम पहचान विहीन होकर ही आलोचित हों। बिना किसी पूर्वाग्रह के पढ़िये और तब देखिये कि दम कितना है विचार की ताजगी कितनी है सलीका कैसा है वर्ना मुझे खास उम्मीद नजर नहीं आती इस प्रयास में भी। आशा है आप इस कोशिश में समकालीन कविता के अतिवरिष्ठ मर्मज्ञ भी साथ रखेंगे जो फेसबुकिया पॉलटिक्स से सुदूर कही साधनारत हैं। आपके विचार भी जानना चाहूँगी। सादर।

पुनश्चः फेस बुक ही कविता का प्रांगण नहीं जबकि आप इस मसले में फेस बुक पर अतिनिर्भर दीख रहे हैं क्या यह सीमित प्रयत्न भर न रह जायेगा? खैर आशा है अन्यथा न लेंगे मशविरा और वार्त्ता भी पथ प्रशस्त करेंगे इस औत्सुक्य एवम् हार्दिक सम्मान के

साथ...बहन आपकी चिन्ता कविता की सखी की चिन्ता है। आपकी चिन्ता में मेरा भी स्वर है।

अपनी ओर से आपकी चिन्ता में कुछ जोड़ना-घटाना चाहूँगा। जरा-सा। दरअसल जहाँ तक मैं कविता के मूल्यांकन में कमी देख रहा हूँ वह आलोचक के साहस की कमी है। वह अपने को कविता की देवी का चाकर या पुजारी नहीं समझता, बल्कि खुद को कविता का धन्धेबाज समझता है। उदाहरण तो यह भी है कि नागार्जुन जैसे कवि कहते है कि, 'अगर कीर्त्ति का फल चखना है/आलोचक को खुश रखना है।' नागार्जुन का यह कहना आलोचना की आंख फूटने का प्रमाण नहीं है? आज आलोचक की विश्वसनीयता सबसे ज्यादा खतरे में है। नौमीनाथ से लेकर मेरे दोस्त तक सब-के-सब सन्देह के घेरे में हैं। फिर आप चाहें तो यह सवाल कर सकती हैं कि मैंने अपने मित्र को इस काम में क्यों शामिल किया? असल में मैं जानता हूँ कि मेरा मित्र कहाँ कितना ढीला होगा, कहाँ धीरे से कुछ कहेगा। दूसरों के बारे में आश्वस्त कम हूँ। अपने मित्र के काम पर मेरी नजर रहेगी। जरूरत पड़ने पर मै हाजिर रहूंगा। सारी कविताओं पर लिख तो मैं भी सकता हूँ, पर चाहता हूँ कि इधर की कविता पर काम करनेवाले काव्यालोचक भी गौर करें। मैं तो गौर करूँगा ही। अपने मित्र अरविन्द त्रिपाठी की दुर्बलताओं को जानता हूं तो उनकी शक्ति को भी जानता हूँ। वे हमारे समय की कविता का अवगाहन मनोयोगपूर्वक करेंगे। जानता हूं कि कैसे दो बजे रात तक कविताओं के संग जागते हैं। आप यकीन करें कि वे नाम से बहुत प्रभावित नहीं होंगे। कम-से-कम उन क्षणों में जिनमें मैं उनके साथ रहूँगा। कविताओं को उत्तरपुस्तिका बनाकर कोडिंग करना, फिर आलोचक को सौंपना किसी भी आलोचक के लिए सम्मानजनक नहीं होगा। मै तो यहाँ के अपने दुश्मनों के अपमान की भी चिन्ता करता हूँ। दरअसल दस तरह के प्रयास आलोचक की आँख खोलने के लिए ही होते हैं। आपकी इस बात पर ध्यान जा रहा है कि आपने ठीक ही ध्यान दिया कि यह सारा आयोजन फेसबुक पर आधारित हो जा रहा है। एक बात जरूर है कि यहां मित्रों से मैंने ऐसी कोई अपील तो नहीं की है कि फेसबुक के बाहर के मित्रो को फोन से इस आयोजन के बारे में बतायें। ऐसा इसलिए कि भरोसा है कि कविता के आयोजन को सभी कवि अपना आयोजन समझेगें, बाहर के कवियों को बताएंगे। फिर भी आपने कहा तो अब अपील करता हूं कि मित्र फोन से बाहर के मित्रों को भी बतायें कि 15 दिसम्बर तक दिये गये ईमेल के पते पर कविताएँ भेज दें। वैसे अन्त में यह कहना जरूरी है बहन कि यह सिर्फ एक छोटी सी शुरूआत है, और भी लोग आयेंगे जो इस काम को आगे ले जाएंगे। मैं खुद को सिर्फ नींव खोदनेवाला मजदूर मानता हूँ, कविता की नयी इमारत बनानेवाले कारीगर लोग आगे आयेंगे। शेष फिर। आपका कविता के रिश्ते का एक भाई। इसके बाद की कहानी यह है कि अरविन्द त्रिपाठी ने अपने स्वभाव के अनुरूप हाथ खड़े कर दिये और कविताओं पर चालीस पेज का लेख कर्णसिंह चौहान को और सवा सौ पेज का लेख मुझे लिखना पड़ा।

# एक खत आधा खुला आधा बन्द

पाँड़े जी, कुछ लेखक बड़े संयमी होते हैं। कुछ भी खाते-पीते हैं तो बड़े संयम से। क्या नुकसान करेगा, क्या फायदा और क्या मजा देगा। कुछ लेखक सबकुछ बेहिसाब करते है। मैं ऐसे कई लेखकों को जानता हूँ जो और सब तो हिसाब से खाते-पीते और करते हैं, लेकिन प्याज बेहिसाब खाते हैं और दारू बेहिसाब पीते हैं। प्याज तो इतना कि दारू से भी ज्यादा भभका छोड़े। उसके बास से पास तो क्या दो-चार हाथ के फासले पर भी बैठना दूभर हो जाए।

आप भी ऐसे तमाम लेखकों को जानते होंगे, क्यों पाँड़े जी। मेरे हमजाद, मेरे हम प्याला, मेरे हम निवाला और मेरे हमपाद। एक जादो जी अर्थात् बड़े जादो जी तो 'पाद' पर भी कुछ कवितानुमा कविताएँ लिख चुके हैं। अब वह स्वर्गवासी हो चुके हैं। अच्छा ही हुआ कि उन्हें हिन्दी के नरक से आखिर छुट्टी मिल गयी। यह अलग बात है कि उन्होंने साहित्य के इस नरक को सुरा 'इत्यादि' से सुन्दर बनाने की भरपूर कोशिश की। आदमी तो आदमी पशु-पक्षियों तक की मदद ली और की। बाहर हंस की फोटो लगाकर भाँति-भाँति के मनुष्यों और पशु-पक्षियों से बाकायदा कथापाठ कराया। अब वे रहे नहीं, लेकिन साहित्य के ऐसे बाबाओं की याद तो तब-तब आयेगी, जब-जब कोई आशा या कोई राम पकड़े जायेंगे या चैनलों पर जिनका गुणगान होगा। आप तो जानते ही है पाँड़े जी कि मैं किसी की बुराई नहीं करता, हाँ सच ही बुरा हो तो कहने से इन्कार नहीं करता हूँ। जैसे अधिक प्याज खाने को साहित्य के एक तबके के कुछ लेखकों में अधिक देखता हूँ तो अपने को कुछ कहने से रोक नहीं पाता हूँ। जैसे इस वक्त।

पाँड़े जी, आपको पता है या नहीं कि रायपुर में भाजपा सरकार की देख-रेख में कोई साहित्य महोत्सव चल रहा है, जिसमें विनोद जी, नरेश जी इत्यादि तमाम लेखक शामिल हुए हैं और मंगलेश जी केदार जी इत्यादि नहीं शामिल हुए हैं। हाँ-हाँ इतना तो आपको पता है ही, लेकिन क्या यह पता है कि छोटे जादो जी समेत कुछ लोग जी बहुत खफा हैं कि फलाना-ढमाका वहाँ गये क्यों? उन लोगो ने उस कार्यक्रम का उनकी तरह बहिष्कार क्यों नहीं किया? मुझे बड़ी हँसी आयी पांडे जी, मेरी दृष्टि में सभी राजनीतिक दल बुनियादी रूप से एक जैसे हैं। सबको कुछ भी करके सत्ता चाहिए। फिर कौन पार्टी बुरी और कौन अच्छी? सारा मामला उन्नीस-बीस का है। साहित्य में भी शीर्ष पर कमोबेश यही स्थिति है। आखिर यह अधिक प्याज खाने वाले लोग सिर्फ प्याज ही खाते रहते हैं या

कुछ ढंग का भी सोचते हैं? आप ही बताइये कि किसी कार्यक्रम में सिर्फ चले जाने से कोई लेखक छोटा हो जायेगा या बेईमान हो जायेगा या साहित्य का हत्यारा हो जायेगा? और किसी कार्यक्रम मे न जाने या बहिष्कार करने मात्र से वह हिन्दी का भला लेखक हो जायेगा, बड़ा लेखक हो जायेगा? हिन्दी का राजा बेटा हो जायेगा? ईमानदार लेखक हो जायेगा? साहित्य में साफ-सुथरा हो जायेगा? अपने समय के या बाद के लेखकों के साथ न्याय करनेवाला लेखक हो जायेगा? क्या बहिष्कार करने से वह साहित्य में साजिश करना और पुरस्कार के लिए नाक रगड़ना बन्द कर देगा?

पाँड़े जी, मैं किसी को बुरा नहीं कह रहा हूँ। 'सिर्फ यह कह रहा हूँ कि कोई कहीं जाने से न छोटा हो जाता है और न जाने से बड़ा नहीं हो जाता है। सिर्फ इस तरह की बातों पर अपना टूटा-फूटा विचार रख रहा हूँ बस। मैं अपने शहर के एक सम्मान के कार्यक्रमों में लम्बे समय से नहीं जाता तो नहीं जाता, लेकिन कभी प्रचार नहीं करता कि मैं नहीं जाता। अरे भाई मैं उसे अच्छा नहीं समझता हूँ तो नहीं जाता हूँ, बात खतम। जो लोग उसमें जाते हैं या उसकी समिति में है और उसमें बने रहना चाहते हैं तो बने रहें, बात खतम। उसमें न जाने से मैं महान् नहीं हो जाता हूँ और जो लोग उसमें है, उसमें रहने की वजह से महान् या छोटे नहीं हो जाते है, बात खतम। यह साहित्य का भ्रम है। एक लेखक अच्छा लिखने और एक अच्छा साहित्यिक जीवन जीने से बड़ा होता है अच्छा लिखना निश्चय ही लेखक के अच्छे जीवन से जुड़ा है। अच्छा जीवन पुरस्कार और चर्चा इत्यादि के लिए मत्था टेकना नहीं होता है। स्वाभिमान और संघर्ष की धरती पर लेखक के जीवन की फसल लहलहाती है। साहित्य की सत्ताओं की धोती साफ़ करेंगे, पाजामा इस्त्री करेंगे और किसी पार्टी-सार्टी के आयोजन में न जाने को ही साहित्य का बड़ा काम कहेगें? प्रतिरोध कहेगें? पहले हिन्दी के हजारों सम्भावनाशील लेखकों की हत्या करनेवाले आलोचकों और सम्पादकों से लड़िये, यह ईमानदार लेखक होने की पहली शर्त है, फिर उसके बाद निर्दोष आदिवासियों की हत्याओं के खिलाफ बोलिये, तब अच्छा लगेगा और आप तब ईमानदार लेखक लगेंगे। नहीं तो आपका सारा प्रतिरोध नाटक है।

पाँड़े जी आप ही बताइये कि किसी कार्यक्रम में जाने से नरेश जी जितने बड़े या छोटे हैं उससे भी छोटे लेखक हो जायेंगे और नहीं जायेंगे तो उससे बड़े लेखक हो जायेंगे? सड़क बनाने के धन्धे में कितना पत्थर तोड़ा जाता है और कितना ईमान, कौन नहीं जानता है? मेरे कहने का मतलब यह नहीं कि किसी भी लेखक की निन्दा की जाये। दुःख तब होता है, जब छोटे-छोटे पुरस्कारों के लिए विकल होते और फिर पाने के बाद इतराते हुए देखता हूँ। ऐसे उत्सवों में शामिल होते और खुद भी पुरस्कार की कतार में खड़े जादो जी जैसे तमाम लोगो को देखता हूँ तो दुःख होता है।

मेरे कहने का मतलब यह कि एक लेखक में निडरता और ईमान बुनियादी चीजें है जो बाद में नहीं अर्जित की जाती हैं, यह लेखक के जीन में शामिल होती हैं। ऐसे आयोजनों के बहिष्कार की घोषणाएँ करने के बावजूद एक लेखक जब तक साहित्य की भ्रष्ट सत्ताओं और दरबारों का बहिष्कार नहीं करता, उसका विरोध नहीं करता, हिन्दी का

डरपोक लेखक बना रहता है। ऐसे लेखक न हिन्दी के काम के होते हैं और न अपने समाज के। विनोद कुमार शुक्ल के अंचल का आयोजन है, कई स्थानीय दबाव हो सकते हैं। मैं स्थानीय दबाव को नहीं मानता, यह अलग बात है। उनकी दूसरी कोई दिक्कत हो सकती है। इसलिए जाना उस वक्त बुरा कहते कि जब वह वहाँ के मुख्यमन्त्री के सामने भाजपा में शामिल होते। सिर्फ वहाँ जाने की वजह से शुक्ल जी दिल्ली के किस कवि से छोटे हो जाते हैं? ऐसा नहीं है भाई। कई बार स्थानीय विवशताएँ भी जाने के लिए विवश कर देती हैं। हिन्दी के इस वक्त के सबसे बड़े आलोचक ने न जाने कितना ऐसा कुछ किया है? आज इस बात के लिए उनका विरोध करनेवालों में से कौन ऐसा है जिसने किसी समय उनका आशीर्वाद नहीं लिया है?

मैं मानता हूँ कि एक लेखक को विचार के स्तर पर बुरे लोगों और बुरे संगठनों और राजनीतिक पार्टियों से दूर रहना चाहिए, साथ ही यह भी मानता हूँ कि लेखकों को साहित्य के बुरे संगठनों, समूहों और अच्छे विचारों के नाम पर साहित्य का धन्धा करनेवालों से भी दूर रहना चाहिए। यह अच्छा होता कि विनोद कुमार शुक्ल जैसे तमाम लेखक उस आयोजन से दूर रहते, लेकिन ऐसा हो नहीं सका तो इसे स्थानीयता के भारी दबाव के रूप में भी देखा जा सकता है। हाँ, जरूरी बात यह कि जो नहीं गये वे सिर्फ न जाने की वजह से हिन्दी के अच्छे लेखक नहीं हैं और जाकर विनोद कुमार शुक्ल बुरे लेखक नहीं हो जाते। विनोद कुमार शुक्ल जैसे जानेवालों में लेखकों में कुछ अच्छाई भी हो सकती है तो न जानेवाले लेखको में कुछ 'दूसरे तरह की बुराई' हो सकती है। कई और नाम हैं जो वहाँ गये। उनके बारे में अलग से कुछ कहने की जरूरत नहीं। जो-जो वहाँ नहीं गये उनके बारे में भी अलग से कुछ और कहने की जरूरत नहीं हैं। किसी का भी कुछ ढँका-छिपा नहीं है। हाँ, वहाँ जानेवालों का विरोध करनेवालों में कुछ भले और मासूम लोग भी है। सवाल सिर्फ ऐसे आयोजनों में न जाने को साहित्य के लिए वीरगति का दर्जा और सम्मान देनेवालों से है कि भाई क्या यही साहित्य का जरूरी विरोध है? उनसे विनम्रतापूर्वक जानना चाहता हूं क्या साहित्य के लिए किसी बड़ी लडाई की जरूरत नहीं है? यदि है तो आप उस लड़ाई के लिए क्या कर रहे हैं या क्या सोचते हैं?

पाँड़े जी, आप तो जानते ही हैं कि मैंने अपने विभाग के चाय क्लब का वहिष्कार दस-पन्द्रह वर्षों से कर रखा है, पर किसी से कहा कभी नहीं कि साहित्य के बुरे लोगों से कितना दूर रहता हूँ। अपने को किस तरह बचाकर रखता हूँ। जरूरी नहीं कि सब लेखक ऐसा कर पायें। भीतर से इतने दृढ़ हों। कई बार मित्रों के लिए कुछ लोगों को ऐसे भी निर्णय लेने पड़ते हैं। पाँड़े जी आप तो सब जानते हैं कि यहाँ मेरे शहर में साहित्य के बुरे लोगो की फौज किस तरह साहित्य के एक स्थानीय और अब बाहर का भी डॉन के साथ मेरे खिलाफ होती है, लेकिन कोई फर्क नहीं पड़ता। अपना काम करता हूँ। बिना किसी लेखक संगठन या गुट के। अपने समय की साहित्य की भ्रष्ट सत्ता से लड़ता रहता हूँ। बावजूद इसके कि अन्याय जिधर, हैं उधर शक्ति। निराला याद आते हैं। इस तरह की शक्तियाँ पानी के बुलबुले की तरह होती है, जिन्हें थोड़े से वक्त के बाद खुद खत्म

हो जाना होता है। इसलिए ऐसी शक्तियों की पूजा साहित्य में राम नहीं करते हैं, रावण ही उपयुक्त होते है। साहित्य में रावण एक नहीं, हजार होते है। कभी नहीं मरते। हर स्वाभिमानी लेखक को इनके बाणों के सामने अपना सीना करना ही होता है। आप तो यह भी जानते हैं कि साहित्य के रावण किसी भी विचारधारा या गुट या संगठन से जुड़े लोग हो सकते हैं। एक बात कान में बताऊँ पाँड़े जी कि जमाना बड़ा खराब है अरे राम के नाम पर बने संगठनों में भी रावण हो सकते हैं। देखिये तो, लेकिन खुद हमारे भीतर बैठे और हम पर हुक्म चलाते रावण का क्या करें?

(आपका हमजाद - छोटे सुकुल।)

# कविता की लाज रखने के लिए धन्यवाद

एकबार मेरे एक शिक्षक ने जो सिर्फ कहने के लिए शिक्षक थे और शिक्षक होने पर पैसा पाते थे, लेकिन असल में एक लेखक थे और ईश्वर और महत्त्वकांक्षा इत्यादि की कृपा से अभी हैं और लेखक तो खैर जो हैं सो हैं ही, पर उससे पाया काफी कुछ और दिया कुछ भी नहीं, लेकिन इससे क्या होता है, बहुत से लोग देते हैं कम और लेते हैं बहुत ज्यादा। मुक्तिबोध ने कहा ही है, लेकिन छोड़िये मुक्तिबोध को, हर जगह उनका नाम नहीं लेना चाहिए। कम-से-कम बहुत खराब लोगों के साथ तो कतई नहीं। मेरे कहने का मतलब यह नहीं कि मैं जिस शिक्षक का जिक्र कर रहा हूँ, वह कोई खराब हैं। वह कोई और नहीं, विश्वनाथ जी हैं। आप को खराब समझना है तो समझिये, मैं सिर्फ अपनी बात कहूँगा, वह भी उनकी बात से। एक बार उन्होंने कहा था कि निराला की सब कविताएँ अच्छी नहीं है, मुझे उनकी यह बात ठीक लगी, फिर उन्होंने जोड़ा कि उनके पास कुल 13 कविताएँ अच्छी हैं, मुझे कुछ-कुछ विस्मय हुआ कि भला कैसे 13? 12 या 11 क्यों नहीं? यह भी उन्होने नहीं कहा कि कुछ ही कविताएँ अच्छी हैं। एकदम से कहा 13, जैसे तय कर दिया तो मैंने कुछ नहीं कहा, बस उनका मुँह देखता रहा। उन्होंने देखा कि मैं उनका मुँह देख रहा हूँ तो फिर कहा- “मेरे पास अभी 10 अच्छी कविताएँ हैं। “मैंने मन-ही-मन गोविन्द को याद किया और कहा क्षमा करना गोविन्द, मुझे पहली बार गुरु के साथ शरारत सूझी। मैंने वहीं सबके सामने कहा–” आप 3 अच्छी कविताएँ और लिखकर धड़ाक से निराला क्यों नहीं हो जाते? वे मेरा मुँह देखने लगे। मैंने देखा कि वे मेरा मुँह देख रहे है, फिर भी मैंने कुछ और नहीं कहा। कई सहकर्मी बैठे हुए थे, इसलिए बात हँसी में इधर-उधर हो गयी, लेकिन सच कहूँ तो वह बात आज तक मेरी स्मृति में जस-की-तस बसी हुई है। इसलिए कि गुरु का यहाँ तक कहना सही था कि निराला की सभी कविताएँ बहुत अच्छी नहीं है। सच तो यह कि मैंने अच्छा अनुभव किया कि सिर्फ उनकी ही नहीं, कई बड़े कवियों की कुछ बहुत अच्छी और अविस्मरणीय कविताओं की भी सभी पंक्तियाँ एक जैसी मूल्यवान् नहीं है। कुछ कमजोर भी हैं। जैसे किसी सुन्दरी के लम्बे घने काले बालों में एकाध सफेद दिख जायें तो भी कुछ फर्क नहीं पडता, वैसी ही कुछ पूरी या आधी कमजोर पक्तियाँ किसी अच्छी और एकाधिक मार्मिक अंशोवाली कविता के प्रभाव को कम नहीं कर पाती। उसका मूल्य कम नहीं होता। यह मेरा सोचना है। मेरे वे शिक्षक क्या सोचते है, वे जाने या उनके अनुयायी जाने।

किस्सा-कोताह यह कि सभी कवियों की सभी कविताएँ एक जैसी अच्छी या खराब नहीं होती हैं। आप सौ पाँच सौ हजार कविताओं से गुजरेंगे तो कुछ तो बहुत अच्छी हो सकती हैं, कुछ काम अच्छी, कुछ औसत भी होगीं ही। मै जिस जरूरी बात को आपसे कहने के लिए इतनी लम्बी भूमिका बना रहा हूँ दरअसल वह सिर्फ एक पंक्ति में अँट जायेगी। एक बहुत छोटी-सी पंक्ति में। एक औसत से भी कम कविता में कोई बड़ी बात मिल सकती है। हमेशा आग-ही-आग लिखनेवाले कवियों की कुछ कविताओं में आप काफी राख भी पा सकते हैं कहीं-कहीं, उसी तरह हमेशा कविता में राख लिखनेवाले कवियों में कहीं-कहीं राख में दबी हुई बहुत मूल्यवान् चिंगारी पा सकते हैं आप। यह देखनेवाले पर निर्भर करता है कि उसकी कविता को देखने की तैयारी और खासतौर से ईमानदारी कैसी है?

जाहिर है कि मैं उदाहरण ढूँढने के लिए दूसरे देश में नहीं जाऊँगा। जाता भी यदि मेरा काम इस उदाहरण से नहीं चलता। कोई बीस साल पहले मैं भी चालीस का था और भरा हुआ था, कहने के लिए ही सही, सही और अपना रास्ता ढूँढ़ रहा था। यह कविता उन्हीं दिनों की है और एक बार फिर कह दूँ कि 'बहुत साधारण' कविता है, इसकी सिलाई का धागा कमजोर हो सकता है, कपड़ा काटने का हुनर बहुत मामूली हो सकता है, इसके बटन-सटन और इस्त्री करने में भी गड़बड़ हो सकती है, इसका कपड़ा हुजूर भले रेशम का न हो, लेकिन इसे बुनने में तमाम छोटे कवियों की तरह मैंने अपना पसीना ही नहीं, दो-चार बूंद खून भी बहाया है। मेरे जैसे तमाम कवियों के पास क्या है और क्या नहीं, कविता से भी अच्छी आँख उसे देखने के लिए चाहिए हुजूर। आपके पास तो होगी ही, क्यों? या आप उसे ही देखेंगे और उतना ही देखेंगे, जिसे राजधानी के या खास आपके उस्ताद या गॉडफादर कहेगें? कभी-कभी न चाहते हुए भी मुझे अपनी ही कविता को उदाहरण के रूप में रखना पड़ता है। कितना कठिन होता है कि एक कवि खराब कविता के उदाहरण के रूप में अपनी ही किसी कविता को सामने रखे—

एक अफवाह है दिल्ली
कोई तो होगा मेरे जैसा
जो कह सके शपथपूर्वक
चालीस पार किया
गया नहीं दिल्ली
नयी कि पुरानी

देखा नहीं कनाट प्लेस
बहादुरशाह जफर मार्ग
चाँदनी चौक, मेहरौली
अलकनन्दा, दरियागंज

मुझे अक्सर लगा
एक डर है दिल्ली
किसी शहर का नाम नहीं
जो फूत्कार करता है
लेखकों की जीभ पर

हृदय के किसी अन्धकार में

जब-जब बताते रहे एजेण्ट सगर्व
दिल्ली दरबार के किस्से
लेखकों की जुटान के ब्योरे
कैसे बँटती हैं रेवड़ियाँ
और पुरस्कार
हाय! सुनता रहा किस्सों में

कैसे मचलते हैं नये कवि
किसी उस्ताद की कानी उँगली से
एक डिठौने के लिए
और नाचते है कैसे आज के किस्सागो
किसी दरियाई भालू के आगे
उसकी एक फूँक के लिए

निछावर करने को आतुर
अपना सब-कुछ

बेशक होता रहा हाँका
कुल देश में कि खैर नहीं
मार दिये जायेंगे वे
जो जायेंगे नहीं
दिल्ली

मैं हँसता रहा
कि दिल्ली से
दिल्ली के लिए उड़ायी गयी
एक अफवाह है दिल्ली

देखो तो
बचा हुआ है गणेश पाण्डेय
गोरखपुर में साबुत।

पहले तो यह साफ कर दूँ कि दिल्ली सिर्फ किसी शहर का नाम नहीं है, इधर लम्बे समय से साहित्य की दुनिया में साहित्य की सत्ता के केन्द्र का प्रतीक है। बीस साल पहले का वह गोरखपुर भी आज चाहे किसी वजह से साहित्य के छोटे केन्द्र का शिविर जैसा कुछ लोगों के लिए बन गया हो, लेकिन मेरे लिए उस वक्त साहित्य के जन की बस्ती का प्रतीक था ही, आज भी है। मेरी दृष्टि में दिल्ली को छोड़कर बाकी जगहें भी कमोबेश गोरखपुर जैसी ही हैं। मैंने ऊपर कहा है कि यह कविता सिर्फ एक उदाहरण है। अच्छी कविता का उदाहरण नहीं, बल्कि खराब कविता का अच्छा उदाहरण होने के साथ, मौजूदा प्रसंग को मजबूत करने के लिए एक छोटा-सा नमूना भी है, बस। इस खराब कविता के जरिये सिर्फ इस सवाल से टकराना है कि आज के चालीसपार भी क्या उतने ही बेवकूफ हैं, जितना इस कविता में वर्णित है या उन्होने चालीस की उम्र में चालीस से ज्यादा बार दिल्ली की परिक्रमा की है? यह उन कवियों का अपमान कतई नहीं हैं, हाँ उनकी चतुराई जरूर हो सकती है। कबीर कह सकते थे कि हमन को होशियारी क्या, आज के बहुत से कवि होशियारी के मामले में कबीर से बहुत आगे। इतना आगे कि एक मिनट में सौ कबीर को बेचकर खा जाएँ। एक बार फिर साफ कर दूँ कि चालीस पार और चालीस के करीब और उससे छोटे सभी कवि हरगिज ऐसे नहीं है। कुछ ही होते है जो माहौल को खराब करते हैं। बहुत थोड़े से होते हैं। बाकी तो सीधे-सादे लोग होते हैं। मैं सबूत के बिना कोई बात करने से बचता हूँ। सबूत हैं कोई-कोई आठ सौ कविताएँ, जो इस अपने समय के पिछड़े कवि के कहने पर उसके पास आयी हैं। जिन कवियों की कविताएँ इन आठ सौ से कुछ अधिक कविताओं में शामिल नहीं हैं, उनकी कविताओं को फालतू या खराब कहने की नासमझी नहीं करूँगा। यह उनकी कविता का अपमान होगा। हाँ उन्हें बहुत होशियार कवि जरूर कहूँगा। होशियार आदमी कभी जोखिम नहीं उठाता है। साहित्य में तो कतई नहीं। नाम और इनाम की गारण्टी वह पहले चाहता है, न्याय और अन्याय जाय भाड़ में। आज का होशियार कवि नाम-इनाम समेत कई चीजों में फँसा हुआ है। फलाना जी के पास यह पुरस्कार है, इसलिए उन्हें साध कर रखना है तो उनकी जिससे नहीं पटती उससे दूर रहो। फलाना जी नाराज न हो जायें इसलिए फलाना जी से दूर रहो। अरे भाई कैसे कवि हो कि दो कौड़ी के इनाम के लिए डेढ़ कौड़ी के फलाना जी के साथ रहते हो। भाड़ में जायें तुम्हारे फलाना जी, तुम कविता के साथ क्यों नहीं रहते? कविता की बेहतरी से बड़ा कोई एजेण्डा किसी कवि के जीवन में कोई मायने रखता है? यदि ऐसा है तो वह सच्चा कवि नहीं, बना हुआ कवि है। कविता का सौदागर है। पीतल को सोना बनाकर बेचनेबाला ठग। जैसे वह ठग पकड़ लिया जाता है, कविता के ठग भी धर लिये जाते है। जैसे पुलिस में कुछ लोग भ्रष्ट होते हैं, शिक्षा में भ्रष्ट होते है, आलोचक और सम्पादक भी भ्रष्ट हो सकते हैं और पकड़े जा सकते हैं।

कहना बहुत जरूरी है कि इधर कविता और आलोचना मे दिल्लीराग बहुत बढ़-चढ़कर बोल रहा है। बड़ी पत्रिकाएँ हों या छोटी, सब मूल्य और विवेक की जगह होशियारी से निकल रही हैं। साहित्यिक पत्रिकाएँ मंच के महँगे लेकिन कविता की दृष्टि से बहुत सस्ते गलेबाज कवियों के साक्षात्कार छापने लगें तो समझो कि पत्रकारिता की देह से जरूरी हड्डी पूरी-की-पूरी गल गयी, सब बहुत थुलथुल और लिजलिजा है। यह किसी पत्रिका को लज्जित करने के लिए नहीं कर रहा हूँ, आगे के लिए आगाह कर रहा हूँ कि आज तो सम्पादक ऐसी चूक कर रहे हैं, कल को आलोचक इससे चार कदम आगे बढ़ जायेंगे। अभी आलोचना में जो थोड़ा-बहुत बचा हुआ है वह भी खत्म हो जायेगा। मित्रो, इतना और इस तरह कहना नहीं था, बस अस्सीपार से लेकर बिल्कुल नये, पचहत्तर से एक-दो अधिक कवियों को धन्यवाद कहना है कि उन्होंने अपनी बहुत अच्छी कविताएँ मेरे पास भेजीं, आभारी हूँ इस विश्वास के लिए। किसी कविता का कम अच्छी या टूटा-फूटा होना कवि का अपराध नही है, लेकिन किसी कवि का 'बहुत' कलाबाज होना बुराई जरूर है। कला के बिना कविता की कल्पना नही की जा सकती है, लेकिन सिर्फ कला को कविता नहीं कह सकते है।

ऐसे उपक्रम के बीच कविता के दृश्य पर ऐसे चतुर या अलग से कुछ बड़ा पाने की उम्मीद में लगे हुए कवि गिनती के ही सही इक्का-दुक्का दिख सकते हैं, जो कविता की साधारण पंचायत या मुक्त जुटान में बैठने पर अपनी हेठी समझ सकते हैं या अन्य कारणों से संकोचवश तमाम साधारण कवियों के साथ कविता की चटाई पर बैठना जिन्हें पसन्द नहीं हो सकता है, ऐसे अभिजन कवि के लिए शायद मेरी छोटी-सी कुटिया मे उपयुक्त जगह भी नहीं है। ऐसे कवि मित्रों को अधिकार है कि वे पुरस्कार और प्रतिष्ठा इत्यादि के लिए अकादमी इत्यादि से पुरस्कृत और बहुप्रतिष्ठित कवि या बड़े आलोचक या सम्पादक के संग रहें। उन्हें हक है कि वे अपनी कविताएँ साहित्य के बड़े कुलीन जनों के पास ले जायें। राजधानी में तो बहुत हैं। बड़ी-बड़ी पत्रिकाएँ भी वहाँ है। जो उन्हीं की तरह लेकिन कविता के तनिक बड़े कुलीन जन हों, कविता के अभिजन। जहाँ कविता की छोटी-सी पंचायत लगी हो, मेल-मिलाप और जन की चटाई बिछी हो, वहाँ शामिल न होकर अपनी अच्छी कविता को कैद करके रखना मेरी दृष्टि में साहित्यिक जुर्म है, चाहे वह अच्छी कविता किसी साधु की हो या किसी युवा कवि की या किसी चोर की। जो लोग अच्छी कविता साहित्य के राजा-महाराजा या सामन्त को दिखाने के लिए लिखते हैं, वे कविता का आभूषण बनानेवाले सोनार तो हो सकते हैं, लेकिन कविता के सच्चे पाठकों के लिए जन की कविता की खुरपी हँसिया, कुदाल बनानेवाले लोहार नहीं हो सकते हैं।

अन्त में इतना और कि दस-दस कविताएँ माँगते-माँगते आठ सौ से अधिक कविताएँ हो गयीं। एक छोटी-सी पत्रिका के दरवाजे पर आठ सौ कविताओं की बारात देखकर चकित हूँ। कोशिश करूँगा कि इन कविताओं से उनका हाल-चाल पूछूँ। अच्छी कविता के सामने शीश झुकाऊँ तो कम अच्छी से भी हाथ मिलाऊँ। एक निश्चित समय के भीतर यह सब करना तनिक मुश्किल होगा, फिर भी उम्मीद है कि जितना सोचा है,

हो जायेगा। इस बात के लिए बहुत खुश हूँ कि मैं सीधे-सादे कवियों की अच्छी कविताओं के संग बुरा बर्ताव करनेवाले किसी अहंकारी कवि के साथ नहीं हूँ। विस्मय यह कि इतने भले और सीधे-साधे सहज और ताकतवर कवि बड़ी संख्या में अभी बचे हुए हैं, मैं जिनके साथ हूँ। कई हैं जिनमें काफी शक्ति है, अपनी पीढ़ी के चतुर कवियों के गुरूर को आईना दिखाने की भी शक्ति है, जिनके पास शक्ति तनिक कम भी है उनके पास कविता का ईमान बहुत है, जीवन का नमक तो भरपूर है। जो बिल्कुल नये कवि हैं जाहिर है कि उनमें कविता से प्रेम बहुत है। यात्रा के लिए अपनी कविताएँ भेजनेवाले सभी कवियों से एकबार फिर कहना चाहता हूँ, धन्यवाद कवियो कविता की लाज रखने के लिये।

# कसौटी पर पक्ष और प्रतिपक्ष

"भारत रत्नों की आलोचना अच्छी बात है, कीजिये खूब कीजिये, लेकिन उन्हीं वजहों से साहित्य रत्नों की आलोचना न करना बहुत खराब बात है। हद तो यह कि ऐसे ही साहित्य रत्नों की खूब लम्बी पूजा की जाती है। यह साहित्य की कैसी प्रगतिशील और जनवादी प्रवृत्ति और जन संस्कृति है भाई?"—यह प्रश्न 25 दिसम्बर को मेरी वॉल पर एक छोटी-सी जिज्ञासा के रूप में दर्ज है। इस सिलसिले में संयोगवश पुरस्कारों के पक्ष और प्रतिपक्ष को लेकर एक दिलचस्प बातचीत नन्द भारद्वाज जी, कर्ण सिंह चौहान जी और मेरे बीच हुई। जाहिर है कि पाठकों के विवेक पर भरोसा है इसलिए अलग से कोई टिप्पणी नहीं कर रहा हूँ। पाठक स्वयं अपना पक्ष चुन लेंगे या तटस्थ रहकर देखेंगे। एक जरूरी और अर्थपूर्ण संवाद जस-का-तस यहाँ प्रस्तुत किया जा रहा है—

1. नन्द भारद्वाज : किसी व्यक्ति के सम्मान की आलोचना करना मैं उचित नहीं समझता, लेकिन चाहे नागरिक सम्मान हो या कला-संस्कृति के क्षेत्र में बेहतर काम करनेवाले को पुरस्कार, उसके मूल्यांकन की कसौटी और प्रक्रिया वस्तुपरक, निष्पक्ष और निर्दोष होनी चाहिए। अन्यथा उस सम्मान दिये जाने का कोई महत्त्व नहीं रह जाता।

2. गणेश पाण्डेय : आपके कथन के इस आशय से पूरी तरह सहमति है कि साहित्य में भी सुधार की बेहद जरूरत है। प्रसंगवश कहना चाहता हूँ कि अभी कुछ देर पहले एक मित्र को सन्देश के रूप में कहा है कि, "मित्र, सबके सामने आपकी बात काटना उचित नहीं है। इसलिए अलग से इतना ही कि साहित्य के सबसे बड़े पुरस्कार को पाने वाले ने ही उसे आलू का बोरा कहा था, जानते ही होंगे। दूसरी बात यह कि लेखक का सच्चा आनन्द महत्त्वपूर्ण रचने में हैं, पुरस्कार में आनन्द की खोज मजबूत लेखक का काम नहीं है। हो सके तो पुरस्कारों के मायाजाल से मुक्त होने की चेष्टा करें। आप मेरे मित्र है, कभी नहीं चाहूँगा कि आप कहीं से भी कमजोर दिखें। सादर..." इस सन्देश से केवल एक वाक्य निकाल लिया है। नन्द जी, आप मेरे अग्रज हैं, विनम्रतापूर्वक साहित्य के पुरस्कारों के सन्दर्भ में कहना चाहूँगा कि पिछले दिनों उम्र में काफी छोटे लेकिन समझदारी मे बहुत आगे दिखनेवाले युवा कवि शिरीष ने मेरी वॉल के किसी पोस्ट पर कहा था कि, "पुरस्कार शायद रीतिकालीन अवशेष हैं।" मैं शिरीष के वाक्य से 'शायद' निकालकर शिरीष की पीठ थपथपाना चाहूँगा और किसी का एक शेर याद आ गया है

तो उसे भी जरूर कहना चाहूँगा, अनुमति दीजिये– "हमारे दौर के बच्चे हो गये गम्भीर/बुजुर्ग हैं कि अभी तितलियाँ पकड़ते हैं।" जाहिर है कि यह शेर किसी एक वरिष्ठ पर नहीं है, साढ़े निन्यानबे फीसदी लोग हैं जो पुरस्कारों के मायाजाल से बाहर नहीं निकल पा रहे हैं।

3. कर्ण सिंह चौहान : नन्द भाई, जिसे आप 'वस्तुगत', 'निष्पक्ष' और 'निर्दोष' कह रहे हैं वह असल में एक विचारधारा या पक्ष के हिसाब से वस्तुगत, निष्पक्ष और निर्दोष है कोई सर्वमान्य, सार्वभौम सत्य नहीं। विचार के अपने आधारों पर कोई संघी अपने निर्णयों को वही सब करार देगा जो आपके मानक हैं। और विचार से बँधे लोग भी ऐसा ही करेंगे।

दरअसल जब कोई विचार दृष्टि प्रदान करने की बजाय धारा या वाद बन हम पर राज करने लगता है तो हम उससे जुड़े पूर्वाग्रहों को एकमात्र सत्य मानने लगते हैं और दूसरे को निन्दनीय। फिर हम न कुछ देखते हैं, न सुनते हैं, न कहते हैं, बस विचार से बँधे समूह की समझ को दुहराते मात्र हैं। यह खेल हमने लम्बे समय तक खेला है।

4. नन्द भारद्वाज : आदरणीय कर्णसिंह जी और गणेश जी, आप दोनों की बात से सिद्धान्त रूप से सहमत होते हुए भी मैं इस बात को नहीं समझ पा रहा हूँ कि इस प्रक्रिया में नामित होनेवाले लेखक की क्या भूमिका रह जाती है, सिवाय इसके कि वह ऐसी परिस्थिति बने तो अपनी ओर से इन्कार कर दे। (मैं उन लोगों की बात नहीं कर रहा जो सम्मान या पुरस्कार अपने पक्ष में करवाने के लिए जोड़-तोड़ करते हैं), इससे न सार्वजनिक मद से विभिन्न राजकीय या स्वयंसेवी संस्थानों द्वारा दिये जानेवाले पुरस्कारों की प्रक्रिया बन्द होगी और न इस बुराई का ही अन्त। सम्मान या पुरस्कार के माध्यम से लेखक और कलाकर को सार्वजनिक जीवन में जो पहचान, प्रचार या आम पाठकों तक पहुँच बनती है, उस पर जरूर असर पड़ेगा। क्योंकि यह किसी एक देश या समाज की बनायी प्रक्रिया नहीं है, दुनिया-भर के बड़े लेखकों से भी हमारी वाकफियत तभी बनती है जब किसी बड़े पुरस्कार या सम्मान से वे व्यापक चर्चा में आते हैं, वर्तमान समय में ऐसे लोग अपवाद स्वरूप ही हमारी जानकारी में आ पाते है, जो किसी सम्मान या पुरस्कार के माध्यम से नहीं, बल्कि अपने काम के माध्यम से चर्चा का वह स्तर प्राप्त कर पाते हैं। हालाँकि उनके चर्चित होने के इतर सकारात्मक नकारात्मक कारण हो सकते हैं। मेरी अपनी धारणा यही है कि लेखक को सम्मान पुरस्कार से दूर रहने की सलाह देने की बजाय ऐसे प्रावधानों पर रोक लगाने का प्रयत्न अवश्य किया जाना चाहिए जो इस बुराई की जड़ में हैं। ज्यादा बेहतर है कि साहित्य अकादमी या जो भी संस्थान हैं, उन्हें यह सलाह दी जाये कि वे अपनी यह रुग्ण प्रक्रिया बन्द करें और उस सार्वजनिक धन को किसी रचनात्मक कार्य में लगाने के बारे में विचार करें। केवल अपनी जगह बैठकर सदाशय अपेक्षाएँ करने से शायद ही इस स्थिति में कोई परिवर्तन सम्भव हो पाये। यही नहीं, अगर मौजूदा प्रक्रिया में भी जो गलत या अनैतिक हो रहा है, उस पर पूरे तथ्यों के साथ खुलकर लिखें, उन संस्थानों में अपना विरोध दर्ज कराये और जरूरत हो तो न्यायिक प्रक्रिया के

माध्यम से भी इस तरह की प्रक्रियाओं पर रोक लगाने का प्रयास करें। यह भी जरूरी है कि सम्मान पुरस्कार की यह प्रक्रिया सार्वजनिक जीवन के हर क्षेत्र में बन्द होनी चाहिए, तभी समाज से इस 'बुराई' का अन्त सम्भव हो शायद।

5. गणेश पाण्डेय : नन्द भारद्वाज जी, देखें – पुरस्कार के सच से मुहँ न चुराएँ, विरोध करें।

6. नन्द भारद्वाज : गणेश जी, आपकी ये सभी पोस्ट मैं पढ़ चुका हूँ और इनमें मेरे सवालों के जवाब नहीं हैं। आप मेरी टिप्पणी को अपनी पोस्ट से मिलान करके देख सकते हैं। आप कहेंगे तो मैं अपने सवालों को फिर से सूत्रबद्ध कर सकता हूँ।

7–कर्ण सिंह चौहान : नन्द भाई, प्रयोजन तो लेखक बिरादरी को सचेत करने का ही है। संस्थाओं और संस्थानों के बारे में अक्सर सवाल किये जाते ही रहते हैं पर वे ऊपर के आदेशों पर काम करते हैं। "दुनिया भर में ऐसा होता रहा है" यह उसकी सततता का कोई तर्क नहीं हो सकता। जो भी गलत चल रहा है, भले ही सदियों से, उसका विरोध कर उसे बदलना तो जरूरी है। यह पूरी तरह सही नहीं है कि पुरस्कारों के कारण ही लेखक या अन्य दुनिया में पहचान बनाते हैं। सच्चाई यह है कि बहुत से लेखक जब अपनी पहचान बना चुके होते हैं तो ये संस्थान और अकादमियाँ पुरस्कार दे उनका इस्तेमाल करती हैं अधिकांश जोड़-तोड़ के पुरस्कारों को विश्वसनीय बनाने के लिए। यह भी पूरी तरह सच नहीं है कि पुरस्कारों के पीछे लेखकों की कोई भूमिका नहीं होती। पर्दे के पीछे की दन्द-फन्द को तो सब जानते ही हैं, ये जो अपने पर चर्चा कराने के लगातार प्रयोजन चलते हैं- सभा-गोष्ठियों के माध्यम से, लेखों के माध्यम से, पत्रिकाओं के विशेषांकों के माध्यम से–वे भी इसी के अंग हैं। जहाँ तक अभियान चलानेवालों की सफलता का सवाल है, अब उसके बारे में तो कौन गारण्टी दे सकता है। सब लोग आवाज ही उठा सकते हैं। हर चीज सफल हो जाती तो समाज और देश वह नहीं रहता जो है।

7. गणेश पाण्डेय : नन्द भाई साहब, हम लोग तो उन्हीं बेईमानों की बात कर रहे हैं, जिनके लिए आप खुद कह रहे हैं कि, "मैं उन लोगों की बात नहीं कर रहा जो सम्मान या पुरस्कार अपने पक्ष में करवाने के लिए जोड़-तोड़ करते हैं।" सारी बातचीत और चिन्ता तो इन्हीं साढ़े निन्यानबे फीसदी लोगों को ध्यान में रखकर की जा रही है। जब मैं यह कह रहा हूँ कि "अ" ने चयनकर्ता के रूप में "ब" को एक कथित बड़ा पुरस्कार दिया और ब ने अपनी संस्था से अ को एक दूसरा कथित बड़ा पुरस्कार दिया। लोग हैं कि अ की महानुता के गीत गा रहे हैं, इसमें कोई साहित्यिक भ्रष्टाचार नहीं दिखता है। क्या पता, बिना कुछ पता किये, महानुता का कोरस गा रहे हों। जाहिर है कि ये हिन्दी के लाल हैं, कुछ भी कर सकते हैं। हिन्दी के किसी भी लेखक को नोबेल भी मिल जाय तो उसे भी कम-से-कम एक बार सन्देह की दृष्टि से देखना चाहिए। मेरा संकेत साफ है। आज शीर्ष पर दिखनेवाला कौन पुरस्कृत है, जिसने प्रयत्नपूर्वक पुरस्कार प्राप्त नहीं किया है। बाकायदा लेन-देन होता है। नाम लेकर किसी को लज्जित करना प्रयोजन नहीं है, सिर्फ प्रवृत्ति पार चोट करना है। रहा सवाल पुरस्कार से लेखक की स्वीकार्यता का तो यह

तर्क बहुत कमजोर इस अर्थ में है कि हिन्दी के महान् लेखक प्रायः अपुरस्कृत ही रहे हैं। बहुत पीछे मत जाइये। मुक्तिबोध का नाम काफी है। हो सकता है कि आप कहें कि केदार जी को हजारों पुरस्कार मिले हैं इसलिए वह मुक्तिबोध से अधिक शक्तिशाली लेखक हैं? नाम सिर्फ उदाहरण के लिए दिया है, किसी का अनादर नहीं हैं। दूसरी बात यह कि आज हिन्दी में "हजारों" पुरस्कार हैं और "शुद्ध" पाठक "एक" भी नहीं। पुरस्कारों मे इतनी ही ताकत है तो हिन्दी के पाठक वर्ग का निर्माण और पाठनीयता की संस्कृति का उन्नयन क्यों नहीं हो सका? केवल लिखनेवाले, आलोचना करनेवाले, कक्षाओं में डिग्री के लिए पढ़नेवाले व्यापक पाठक वर्ग का विकल्प नहीं है। कहानी जैसी विधाएँ तो इक्का-दुक्का दूसरे तरह के लोग भी पढ़ लेते हैं, साहित्य की सत्ता के शीर्ष पर बैठे आलोचकों ने भी आलोचना की पठनीयता पर एक भी काम नहीं किया, उल्टे अपनी पत्रिका में ठस, अपठनीय गद्य लेख के रूप में छापा। आशय यह कि पुरस्कार पाठक समाज का विस्तार नहीं करते हैं, कृतियाँ करती हैं। पुरस्कार तो ठस उपन्यासों को दिये गये, जब कि कथा की पहली शर्त ही पठनीयता है। पुरस्कार लेखकों में सिर्फ एक नशे की तरह काम करता है कि मैं तो अब अमर हो गया। जैसे नशे के खिलाफ अभियान जरूरी होता है, उसी तरह आज इसके खिलाफ जरूरी है। लेखक पैदा होते ही दिल्ली भागता है, पाठक बढ़ाने के लिए या कविता और कहानी में महत्त्वपूर्ण करने के लिए? जाहिर है कि वह मठाधीशों के चरणरज के लिए भागता है। मैंने यह सवाल भी उठाया था कि एक वर्ष में केवल एक ही किताब या कविता या लेखक महत्त्वपूर्ण होता है? आखिर, यह नासमझी क्यों भाई? लम्बा हो जा रहा है, इसलिए अन्त में आपकी ओर से एक बात कहूँगा। यह कि "मुकुट" और "राज्याभिषेक" वाले पुरस्कारों का बन्द होना हमारे समय के हिन्दी साहित्य की विश्वसनीयता और पठनीयता और साहित्यिक शुचिता के लिए बेहद जरूरी है, हाँ, लेखकों के सम्मान के लिए उनके अपने जनपद में सबसे पहले सम्मान के लिए, किसी आत्मीय की ओर से ओढ़ाया गया "सिर्फ" "एक" "शाल", "श्रीफल" "एक" "माला" काफी है। ये अकादमी, ये ढ़कादमी, ये पीठ, ये पेट, इन्हें पेटेंट कराना जरूरी नहीं है। आपको जयपुर में आपके मुहल्ले में एक छोटे से मंच पर 'सिर्फ" "एक" "शाल", "श्रीफल", "एक" "माला" काफी है।

8. नन्द भारद्वाज : गणेश जी, इस मसले पर इतनी खुलासा बात होने के बावजूद मेरी चिन्ता तो उन जेनुइन लेखकों को लेकर ही है, जो इस तरह की अनैतिक प्रक्रियाओं से कतई सम्बन्धित नहीं होते और संयोग से इस परिस्थिति में आ जाते हैं, उनके लिए आपकी क्या राय है? इसी क्रम में अगर इन बिन्दुओं पर सिलसिलेवार बता सकें, तो बात और स्पष्ट हो सकेगी– 1. इस प्रक्रिया में नामित होनेवाले उस लेखक की क्या भूमिका रह जाती है, जिसने न पुरस्कार के लिए आवेदन किया, न किसी से समर्थन लिया और उस निर्णय में उसकी कोई दिलचस्पी रही। उसके लिए तो यही रास्ता बचा न कि वह ऐसी परिस्थिति बने तो अपनी ओर से इन्कार कर दे। 2. यह किसी एक देश या समाज की बनायी प्रक्रिया नहीं है, दुनिया-भर के बड़े लेखकों से हमारी वाकफियत तभी बनती

है जब किसी बड़े पुरस्कार या सम्मान के माध्यम से वे व्यापक चर्चा में आते हैं। 3. लेखक को सम्मान पुरस्कार से दूर रहने की सलाह देने की बजाय ऐसे प्रावधानों पर रोक लगाने के प्रयत्न क्यों न किये जायें, जो इस बुराई की जड़ में है। 4. केवल अपनी जगह बैठकर सदाशय अपेक्षाएँ करने से शायद ही इस स्थिति में कोई परिवर्तन सम्भव हो पाये। अगर मौजूदा प्रक्रिया में जो गलत या अनैतिक हो रहा है, उस पर पूरे तथ्यों के साथ खुलकर क्यों न लिखा जाये और क्यों न उन संस्थानों में अपना विरोध दर्ज करायें जो अनैतिक गतिविधियों को बढ़ावा देती हैं। लोकतान्त्रिक तरीके से संगठित विरोध करें और जरूरत हो तो न्यायिक प्रक्रिया के माध्यम से भी इस तरह की प्रक्रियाओं पर रोक लगाने का प्रयास करें। 5. यह भी जरूरी है कि सम्मान पुरस्कार की यह प्रक्रिया सार्वजनिक जीवन के हर क्षेत्र में बन्द होनी चाहिए।

9- गणेश पाण्डेय : नन्द भाई साहब, आपकी बात के सन्दर्भ में काफी कुछ कह चुका हूँ। गौर करें। पुरस्कारों पर मैंने पहले भी काफी कुछ कहा है। आध्यात्मिक मुक्ति, सामाजिक मुक्ति, राजनीतिक मुक्ति के बाद साहित्यिक मुक्ति की बात की है। कुछ और कहूँगा, बाकी सब पहले कह चुका हूँ। 1. मुक्ति चाहने पर मिलती है, कोई मुक्ति न चाहे तो सात जन्मों तक गुलाम बना रह सकता है। 2. दूसरी बात कुछ स्वाभिमानी लेखक नहीं होते तो इन पक्तियों को लिखने या कर्ण सिंह चौहान इत्यादि लेखक मित्र कहाँ से आते? 3. आखिर कहनेवाले ने नोबेल पुरस्कार तक को आलू का बोरा क्यों कहा? क्या वाकई उनका दिमाग फिर गया था या सच कहा? या हम लोगों का सोचने का मामला कुछ गड़बड़ा गया है कि अच्छे विकल्प की बात कर रहे? 4. क्या आप दावे के साथ कह सकते हैं कि कई शीर्ष पुरस्कार आज की तारीख में लेन-देन पर आधारित नहीं हैं? 5. यदि पुरस्कारों में शक्ति है तो पाने के बाद लेखक में या खुद दूसरे लेखकों में अच्छा लिखने की चुनौती क्यों नहीं पैदा करते है? 6. क्या आप दावे के साथ कह सकते हैं कि बड़ी अकादमियों में अच्छा न करनेवाले लेखकों या अलेखकों का प्रवेश नहीं होता है? 7. क्या आप यह कह सकते हैं कि स्वाभिमानी और निडर लेखकों का प्रतिशत हिन्दी में आज ज्यादा है? 8. क्या आप मानते हैं कि वाकई पुरस्कारों ने लेखकों की कीर्त्ति को उचित ही फैलाया है? 9. क्या आप मानते हैं कि पुरस्कारों के खत्म हो जाने से हिन्दी साहित्य खत्म हो जाएगा? 10. क्या आप मानते हैं कि भक्तिकाल के महान् कवियों ने छिपाकर पुरस्कार लिया था, तब महत्त्वपूर्ण रचा था? 11. क्या आज के पुरस्कृत कबीर, निराला और मुक्तिबोध के स्तर का काम कर चुके हैं या कर देंगे? कौन करेंगे? नाम लेना उचित है? 12. केदार जी को इतने अधिक पुरस्कार मिले हैं इसलिए क्या जनमानस को उन्हें तुलसी, सूर, कबीर इत्यादि से बड़ा कवि मान लेना चाहिए? नाम नहीं लेना चाहता था, मजबूरी में लिया है। 13. अंग्रेजों के जमाने की रायबहादुरी और आज के पुरस्कृत लेखकों की साहित्यिक बहादुरी में क्या फर्क देखते हैं? अन्त में मेरा मानना यह है कि बच्चा बड़ों को नशा करते देखता है तो देखते-देखते नशा करना सीख जाता है? एक उदाहरण देने का मन है, जब मेरी विश्वविद्यालय में नौकरी लगी तो मैंने तम्बाकू-पान छोड़ने का निर्णय

लिया और तुरन्त छोड़ दिया। लगभग 28-29 वर्ष हुए, अब तक सलामत हूँ और कलम की धार आप देखते ही हैं। आशय यह कि पुरस्कार के नशे को तज देने के बाद लेखक और अच्छा करेगा। आदर सहित...

10. नन्द भारद्वाज : आभार गणेश जी, आपकी तमाम चिन्ताओं और खुलासों के बावजूद मेरी बात अब भी वही हैं कि उन सामान्य सच्चे लेखकों के बीच पुरस्कारों या सम्मानों के कारण पैदा होनेवाले विकार और संस्थानों में जड़ कर गयी उस बुराई को कैसे खत्म किया जाय। महान् लेखक तो हमेशा से ही इन संस्थाओं और प्रक्रियाओं से ऊपर रहे हैं, उनका समय भी अलग था, हमारी समस्या तो आज का समय है। चलिये, सभी लेखकों–कलाकारों और सजग लोगों को इस पर और विचार करने दें, शायद कोई सर्वमान्य हल निकल आये।

11- गणेश पाण्डेय : नन्द भाई साहब, आप यह बहुत अच्छी बात कह रहे हैं कि इन समस्याओं पर अब खुलकर बात हो, शायद साहित्य की तमाम समस्याओं को दूर करने के लिए कोई आमराय बने।

इस पोस्ट को कई मित्रों ने पसन्द किया और पुरस्कार को हमारे समय के साहित्य की एक बड़ी समस्या के रूप में देखा।

# फुलझड़ी जैसी हँसी का एक पवित्र फूल

साठ के पास पहुँचते-पहुँचते प्रेम की अन्तःसलिला बाहर से बहुत शान्त दिखने लगती है या कह सकते हैं कि जीवन के पारिवारिक दायित्व के बीच अवकाश ढूँढ़ते-ढूँढ़ते मद्धिम हो जाती है। उसका हहराता हुआ वेग थम-सा जाता है। यह अलग बात है कि आत्मा के एकान्त में प्रेम का मौन माउथआर्गन जब-तब बजता रहता है। कई मौके ऐसे आते हैं, जैसे आज, हमारे भीतर के सितार के तार को छेड़ने के लिए।

"मेरे लिए प्रेम
बिल्कुल निजी घटना है
आत्मा का एकान्त आलाप
अभिव्यक्ति के सारे दरवाजे बन्द हैं जहां
बस एक अद्वितीय अनुभव है
प्रौढ़ता का एक शालीन विस्फोट
जिसने मेरे प्रेम को
त्वचा की अभेद्य सतह को भेदकर
भीतर कहीं गहराई में पहुंचा दिया है
शायद मेरे लिए प्रेम
एकान्त में किसी फूल से मिलना है।" (जापानी बुखार)

दरअसल इस दिन का अर्थ बूढ़ों के लिए कितना खास हो सकता है और किस तरह, इसे इस बात से अनुभव कर सकते हैं कि एक बूढ़ा इस दिन अपनी जीवनसंगिनी से कहता है कि आज एक फूल मेरी ओर से और भद्र महिला बड़े सम्मान के साथ अपनी फुलझड़ी जैसी हँसी का एक पवित्र फूल वापस कर देती हैं। इससे अधिक अब और क्या हो सकता है। उम्र की ढलान पर। शायद यह छोटी-सी हँसी-खुशी ही अब हमारी जिम्मेदारियों के बोझ से हमें कुछ देर के लिए मुक्त करती है। अच्छा है कि पर्व और इस बहाने मिलनेवाले अवसर हमें क्षण-भर के लिए ही सही थोड़ा अलग से जी लेने का स्पेस देते हैं।

हम जिस उम्र और समाज में हैं, बहुत-सी स्त्रियाँ अपने बच्चों के लिए घर से बाहर निकलती हैं। ये खरीदना है, वो खरीदना है, इसके लिए यह करना है, उसके लिए वह करना है। बच्चों के साथ उनके जन्मदिन या अन्य अवसर जैसे दिन पर बाहर निकल पाती हैं। सच तो यह कि पुरुष पैसा कमाने की मशीन है तो सामान्य स्त्रियाँ घर का पहिया हैं, नींव हैं, साँस हैं, धड़कन हैं और धरती हैं। अपनी साँस को उसकी लय को घर की लय में विलीन कर देना कोई इनसे सीखे। मैं जब भी अपनी जीवनसंगिनी के बारे में सोचता हूँ तो अपने को बहुत कम पाता हूँ। पैसा तो कोई डाँड़ीमार भी कमा लेता है, पर घर को बनाने का काम स्त्री ही करती है।

"एक स्त्री थी
जो दिनरात खटती थी
सूर्य देवता से पहले
चलना शुरू करती थी
पवन देवता से पहले
दौड़ पड़ती थी हाथ में झाड़ू लेकर
बच्चों के जागने से पहले
दूध का गिलास लेकर
खड़ी हो जाती थी
मुस्तैदी से
अखबार से भी पहले
चाय की प्याली
रख जाती थी
मेरे होंठों के पास
मीठे गन्ने से भी मीठी
यह तुम थी
मेरे घर की रसोई में
सुबह-शाम
सूखी लकड़ी जैसी जलती
यह तुम थी!
बावर्ची
धोबी
दर्जी
पेण्टर
टीचर
खजांची

राजगीर
सेविका
और दाई
क्या नहीं थी तुम!
यह तुम थी!
क्या हुआ
जो इस जन्म में
मेरी प्रेमिका नहीं थी
क्या पता
मेरे हजार जन्मों की
प्रेयसी
तुम्हारे अन्तस्तल में
छुपी बैठी हो
और तुम्हें खबर न हो
यह कैसी उलझन थी
मेरे भीतर कई युगों से
यह तुम थी
अपने को
मेरे और पास लाती थी
करती थी
मेरे गुनाहों की अनदेखी
मेरे खेतों में अपने गीतों के संग
पोछीटा मार कर रोपाई करती हुई
मजदूरनी कौन थी!
अपनी हमजोलियों के साथ
हँसी-ठिठोली के बीच
बड़े मन से मेरे खेतों में
एक-एक खर-पतवार
ढूँढ़-ढूँढ़ कर निराई करती हुई
यह तन्वंगी कौन थी!
मेरे जीवन के भट्ठे पर
पिछले तीस साल से
ईंट पकाती हुई
झाँवाँ जैसी
यह स्त्री कौन थी

यह तुम थी!
जिससे
मेरी छोटी-सी दुनिया में
गौरैया की चोंच में
अँटने भर का
उसके पंख पर फैलने भर का
एक छोटा-सा जीवन था
एक छोटी-सी खिड़की थी जहाँ मैं खड़ा था
सुप्रभात का एक छोटा-सा
दृश्यखण्ड था
यह तुम थी!
मेरे गुनाहों की देवी!
मुझे मेरे गुनाहों की सजा दो
चाहे अपनी करुणा में
सजा लो मुझे
अपनी लाल बिन्दी की तरह
अपने अँधेरे में भासमान
इस उजास का क्या करूँ
जो तुमसे है
इस उम्मीद का क्या करूँ
आत्मा की आवाज का क्या करूँ
अतीत का क्या करूँ
अपने आज का क्या करूँ
जिसके संग लिए सात फेरे
मेरे सात जन्म के फेरे हैं
जो मेरी आत्मा की चिरसंगिनी थी
मेरा अन्तिम ठौर है
यह तुम थी!
यह तुम हो!!
मेरी मीता
मेरी परिणीता।" (परिणीता)

मैं बूढ़ों की बात कर रहा हूँ। कह रहा हूँ कि यह दिन अपने जीवन साथी से सिर्फ "प्रेम है" कहने का नहीं है। अपनी चूकों और गलतियों के लिए माफी माँगने का भी है। यह सिर्फ बूढ़ों ही नहीं युवाओं के लिए भी अपनी कमियों के सुधार और परिष्कार का दिन भी है।

आमतौर पर साधारण भारतीय परिवार के वरिष्ठ जनों के लिए इस दिन का वह अर्थ उस रूप में नहीं है, युवा इसे जिस रूप में लेते हैं। सिर्फ मिलकर निकटता का अनुभव करना ही इसका उद्देश्य नहीं होना चाहिए, इसे उच्चतर भावभूमि पर आत्माओं की मैत्री का रंग भी देना चाहिए। अच्छा हो कि हम आज के दिन अपनी एक-एक बुराइयों को तजने का व्रत लें। अपने मित्रों से झूठ न बोलने और उनके विश्वास को ठेस न पहुँचाने का व्रत लें। मुझे यह कहने में संकोच नहीं कि पान-तम्बाकू जैसे किसी भी नशे से दूर करने में मेरी श्रीमती जी की बहुत रचनात्मक भूमिका है। मुझे याद है जब मैंने शुरू में पान-तम्बाकू छोड़ा था तो लिखने-पढ़ने का काम करने में काफी दिक्कत होती थी। कविता सूझती ही नहीं थी। तब मेरी पत्नी ने सम्बल का काम किया। अनगिनत चाय के रूप में अपना न जाने कितना प्रेम मिलाया है कि मुझे फिर कभी पान-तम्बाकू की जरूरत ही नहीं पड़ी। कविताएँ, कहानियाँ, उपन्यास, आलोचना, किस क्षेत्र में यहाँ पान-तम्बाकू खानेवाले लेखकों से कम काम किया है? उनके महत्त्व को स्वीकार करने का भी दिन है। आभार व्यक्त करने का दिन है।

सच्चा प्रेम मनुष्य को बड़ा बनाता है। उसके भीतर शक्ति का संचार करता है। उसे कमजोर होने से बचाता है। उसे माँजता है। उसे चमकाता है। बड़े से बड़े संघर्ष में उसका साथ देता है। जब जमाना खिलाफ होता है तो उसका प्रेम ही उसका साथ देता है। आज कहने का मन है कि यहाँ मैंने जो लम्बी लड़ाइयाँ की हैं, घर के किसी अँधेरे कोने में बहुत चुप रहा हूँ, उस भयानक एकान्त में मेरी श्रीमती का बल मेरे साथ नहीं रहा होता है तो मैं आज इस रूप में आपके सामने नहीं होता। जल्द ही आलोचना पर केन्द्रित मेरी आनेवाली किताब की पाण्डुलिपि को तैयार करने के लिए बराबर टोकती रहीं कि कब बना रहे हैं। घर और बच्चों को सँभालने में बड़ी भूमिका उनकी ही रही है। शायद तभी मैं कुछ समाज के लिए रच पाया, कुछ कर पाया। कहना जरूरी है कि उन्होंने मुझ अंकिचन से जीवन में लिया बहुत कम और दिया बहुत। यह उदाहरण भी मुझे उन्होंने ही दिया कि प्रेम में सिर्फ पाना ही नहीं होता है, देना भी होता है।

आज बच्चों के पास अपने बुजुर्गों को देने के लिए वक्त बहुत कम होता है, उन्हें अपनी दुनिया से अवकाश मिले तब तो। सबसे सुन्दर स्वप्न के अद्वितीय रथ पर सवार होकर मेरे अंचल, मेरे समाज और देश-भर के बच्चों तुम प्रेम के जिस महाकाश में विचरण कर रहे हो जरा नीचे देखो, किस तरह माँ तुम्हारे लिये आँचल फैलाये खड़ी है—

"मेरे जैसे किसी गुमनाम
कवि के जीवन की कविता से
इस बूढ़ी स्त्री का
चित्र निकाल कर
ले जाओ
और

मिलाओ इसे
उस बूढ़ी स्त्री से
जिसे तुम जानते तो हो
पर तुम्हारे पास जिसके लिए
वक्त सबसे कम है
जाओ
उस माँ के पास जाओ
जिसने दी है तुम्हें
अपनी लोहे जैसी जवानी
गला कर
कुन्दन जैसी यह तरुणाई..." (परिणीता)

प्रेम के सातवें आसमान पर भी पहुँचकर अपनी उस माँ की अनदेखी मत करना, जिसे तुम्हारा बूढ़ा पिता बहुत-बहुत प्रेम करता है।

# कहना जरूरी है....

मित्रो, उदय जी एक दिन एक पत्रिका में छपे एक चित्र के आधार पर ब्राह्मणवाद (ब्राह्मणों) पर बहुत नाराज थे। मैंने उनके स्टेटस पर एक छोटी-सी टीप में कहा-' मुझे सिर्फ ब्राह्मणवाद के बारे में कहना है। साहित्य में ब्राह्मणवाद सिक्के का एक पहलू है और ठाकुरवाद दूसरा पहलू, दोनों के बिना हिन्दी का सिक्का चलता ही नहीं, बल्कि सच तो यह कि इस सिक्के का एक तीसरा भी पहलू है जिसे कायस्थवाद कहते हैं। इधर कुछ और जातियाँ हैं, जिनके गुट दिखते हैं। गौर करने पर कई और पहलू निकल आयेंगे। साहित्य के भ्रष्टाचार के महासागर में सभी जातियों की भ्रष्ट नदियां पहुँचती हैं। दृश्य तो ऐसे भी होते हैं, अपनी ही जाति का लेखक अपनी ही जाति के लेखक का विरोध करता है, दूसरी जाति के लेखक को प्रमोट करता है, सवाल यह कि साहित्य में यह प्रमोशन और पुरस्कार का भ्रष्टाचार क्यों? बेशक आप ब्राह्मणवाद का विरोध अपने तईं कीजिये, लेकिन क्या ही अच्छा हो कि इसे आप व्यापक साहित्य-सत्तावाद के विरोध से जोड़ दें। मुझे पूरा विश्वास है कि आप भी ऐसा ही सोचते होंगे।' इस टीप को उदय जी ने पसन्द नहीं किया, जबकि छः मित्रों ने उसे पसन्द किया।

आज फिर उनके स्टेटस पर अपनी तमाम कृतियों के अनुवाद के विवरण के साथ मोहनदास के जर्मन अनुवाद को श्रेष्ठ अनुवाद के रूप में चयनित होने की खबर है। यहाँ तक भी खराब नहीं। हालाँकि यह प्रश्न तो बनता ही है कि इस वजह से उदय जी अपने को किन-किन लेखकों से बड़े लेखक के रूप में देखना चाहते हैं? क्या प्रेमचन्द से लेकर विनोद कुमार शुक्ल तक को अपने से छोटे कथाकार के रूप में देखना चाहते हैं? शायद वे ऐसा नहीं चाहते होंगे? 'मोहनदास' को तो मैंने भी पढ़ा है। उसका अनुवाद नहीं होता तो क्या उसका कोई मूल्य नहीं रहता? क्या वह अनुवाद होने मात्र से अच्छी कृति है? वह बहुत अच्छी कृति है तो क्या हमारे समय लिखी गयी दूसरी कथाकृतियाँ उससे अच्छी नहीं है? उदय जी अच्छा लिखते हैं, जितना अच्छा लिखते हैं, उतना पढ़े भी जाते हैं, लेकिन क्या केवल उदय जी ने ही साहित्य में संघर्ष किया है, दूसरों ने नहीं? केवल उनका ही विरोध हुआ है, दूसरों का नहीं? उन्होंने आज अपने उसी स्टेटस में किसी ब्राह्मणवादी लेखक और उसके गुमाश्तों को लक्ष्य करके लिखा है कि, 'अब हिन्दी का घनघोर

ब्राह्मणवादी लेखक और उसके लम्पट गुमाश्ते जितना भी 'हेट-कैम्पेन' चलायें, अपना तो एक रोयां भी नहीं हिलता।'

मित्रो, दो-तीन बातें हैं। पहली बात तो यह कि उदय जी का संघर्ष यदि दिल्ली में न रहकर गोरखपुर या अपने गृहजनपद इत्यादि राजधानी से दूर किसी छोटे शहर में रहकर किया गया होता तो उन्हें जितने विकल्प मिले, पत्रिकाएँ और प्रकाशक निकट मिले और बहुत से सहयोगी लेखक मिले, क्या यह सब उन्हें मिल पाता? यह कोई आरोप नहीं हैं सिर्फ एक जिज्ञासा है। आशय यह कि सिर्फ उनका ही संघर्ष, बाकी का साहित्य में नौकाविहार नहीं है। यह ठीक बात है कि अधिकांश लेखक किसी न किसी मठाधीश की गोद में बैठकर अपनी अधिकांश यात्रा पूरी करते हैं। मुझे उदय जी के बारे में अधिक कुछ भी पता नहीं है। किसने-किसने उन्हें एक अच्छा लेखक बनाने में उनकी मदद की? किसी ने मदद की भी या नहीं? कई लेखक ऐसे अभागे हैं, जिनका विरोध दूसरी जाति के लोगों ने कम खुद उनकी जाति के लोगों ने अधिक किया है। उदय जी का विरोध कोई ब्राह्मण करता है, यह खबर नहीं बनती, खबर तब बनती जब 'सभी' ठाकुर लेखक विरोध करते? साहित्य में उदाहरण ऐसे भी हैं कि ब्राह्मणों ने ही ब्राह्मण लेखक का तीव्र विरोध किया। गुरुओं ने अपने ही बच्चे का कत्ल किया–

'पहला बाण
जो मारा मुख पर
आँख से निकला पानी।
दूसरे बाण से सोता फूटा
वक्षस्थल से शीतल जल का।
तीसरा बाण जो साधा पेट पर
पानी का फव्वारा छूटा!
खीजे गुरु
मेरी हत्या का काण्ड करते वक्त
कि आखिर कहाँ छिपाया था मैंने
अपना तप्त लहू।'
(खीजे गुरु/अटा पड़ा था दुख का हाट)

निश्चय ही उदय जी का भी विरोध हुआ होगा, सम्भव है कि गुरुओं ने भी किया हो, समकालीन लेखकों ने किया हो। जाहिर है कि प्रतिभाओं का विरोध तो होता ही है। विरोध में ही कुन्दन और निखरता है। भारतेन्दु के बारे में रामविलास जी का कथन है– 'भारतेन्दु का विरोध दोनों ओर से हुआ–सरकार की ओर से और समाज के प्रगतिविरोधियों की ओर से भी। लेकिन जितना ही विरोध हुआ उतना ही हरिश्चन्द्र का वीरभाव कुन्दन की तरह और निखर उठा।...तीन शताब्दी पहले जैसे काशी के पुरोहितवर्ग ने तुलसीदास

को कष्ट दिया था, उसी तरह हिन्दी साहित्य के नये अभ्युदय-काल में उसने भारतेंदु को लोक-बहिष्कृत किया था। जिस तरह तुलसीदास ने "धूत कहौ अवधूत कहौं राजपूत कहौ जुलहा कहौ कोऊ" लिखकर दुष्ट विरोधियों को मुँहतोड़ जवाब दिया था, उसी तरह भारतेन्दु ने घोषणा की थी कि वे विरोधी कीड़ों के सिर पर पाँव रखकर आगे निकल जायेंगे।'—रामविलास शर्मा का यह कथन पिछले दिनों गोरखपुर में एक व्याख्यान देते समय तक मेरे जेहन में गूँजता रहा। जाहिर है कि पहले के और बाद के और कई कवि भी याद आये। याद तो आज का पूरा हिन्दी समाज आया। यह प्रश्न बेचैन करता रहा है कि, 'आज के सभी कथित बड़े कवि' लोक-बहिष्कृत तो हुए ही नहीं, बल्कि लोक-पूजित हैं। पुरस्कृत तो इतने कि पुरस्कार भी शरमा जाये। आश्चर्य यह कि उनका तनिक भी विरोध नहीं हुआ। चक्कर क्या है? क्या इतिहास में कुछ गड़बड़ है या हमारे समय में? कहीं ऐसा तो नहीं काशी की तरह कुछ और भी शहर हमारे समय में है? यह मानने के लिए मन नहीं कर रहा है कि हमारे समय में कुछ कवि लोक-बहिष्कृत या उपेक्षित नहीं होंगे या आगे नहीं होंगे। इसलिए उदय जी हों या कोई भी जी, यदि प्रतिभा है तो विरोध तो होगा ही भाई। विरोध-का-विरोध छोटे दायरे में रहकर नहीं किया जा सकता। जरूरी है कि हम अपने विरोध को व्यापक बनायें। उन सभी लेखकों के लिए लड़े जो आज कहीं किसी शहर में तन्हां हैं। अकेले लड़ रहे हैं। हिन्दी के फिसड्डियों की फौज से टकरायें। हिन्दी के लुटेरे आज देश-भर की अकादमियों को लूट रहें हैं। जिनमें दिल्ली की अकादमी भी शामिल है, विरोध को वहाँ तक ले जाना चाहिए। साहित्य की अकादमियों में और उनके आयोजनों में अपात्रों का मेला लग रहा है।

दूसरी बात यह कि रोयाँवाली बात जँची नहीं। रोयेंदार लेखक क्या सिर्फ उदय जी ही हैं? और भी लेखक हैं जो रोंयेदार हैं। जिनका रोया दूसरे हिला नहीं पाते, पर वे अपना रोयाँ दिखाते नहीं। कुछ चीजें छिपाकर रखने के लिए होती हैं। यह कहने की बात नहीं है भाई। अपना काम करना जरूरी है, अच्छा लिखिए और विरोध की आग को दूर तक ले जाइये। तीसरी बात यह कि यह तय कर लेना चाहिए कि आप अपने समय में सबसे अच्छा लिखना चाहते हैं या सबसे बड़ा दिखना चाहते हैं या सबसे ज्यादा पुरस्कार चाहते हैं? सबसे ज्यादा और बड़ा पुरस्कार पाने के लिए अच्छा लिखना कतई जरूरी नहीं है, होता तो मेरे या आपके आसपास के लोग उन पुरस्कारों को नहीं पाते। क्या यह बड़ी बात नहीं कि आपकी किताबों को लोग पढ़ते हैं? यह काफी नहीं? कहना जरूरी है, इसलिए विनम्रतापूर्वक कुछ कहा है। किसी का दिल दुखाना उद्‌देश्य नहीं है। मोहनदास को मैंने भी पढ़ा और पसन्द किया है, पर क्या मेरे जैसे असंख्य पाठको का पढ़ना महत्त्वपूर्ण नहीं है, सिर्फ उसका अनुवाद इत्यादि महत्त्वपूर्ण है? उदय जी निश्चत रूप से बड़े लेखक हैं, मेरी कोई बात पसन्द न आयी हो तो माफ करेंगे।

# हमलोग नाटक बहुत करते हैं...

राजनीति कल्पना है या यथार्थ? जाहिर है कि मेरी छोटी-सी बुद्धि से यथार्थ है। इसलिए हमारे समय की राजनीति मेरी समझ से नींद का महास्वप्न या दुःस्वप्न नहीं है। इसे हमने बनाया है। हमने रचा है यह पिजड़ा अपने इर्द-गिर्द। हम भला इससे बच कैसे सकते हैं? राजनीति कोई प्रेम कविता नहीं, जीवनसंग्राम का ऐसा पथ है, जिससे राहें फूटती हैं। सड़क चाहिए तो, नौकरी चाहिए तो, सुरक्षा चाहिए तो और अन्न चाहिए तो शिक्षा चाहिए तो, चहुँमुखी विकास चाहिए तो, सरकार और व्यवस्था की प्रक्रिया से गुजरने के लिए इसकी जरूरत पड़ती है। मनुष्य जीवन के लिए जैसे साँस जरूरी है, उसी तरह राजनीति। साहित्य के बिना मनुष्य जीवित रह सकता है, राजनीति के बिना नहीं। पशु राजनीति के बिना जीवन जी सकता है, पर मनुष्य नहीं। आशय यह है कि जब यह इतना जरूरी है तो इसके प्रति हमारा अर्थात् लेखकों, कलाकारों, पत्रकारों इत्यादि का दृष्टिकोण कभी-कभी बहुत संकुचित क्यों दिखता है? यहाँ स्पष्ट करना जरूरी है कि मैं व्यावहारिक राजनीति की बात कर रहा हूँ, लाइब्रेरी में बन्द या साहित्य की तमाम रचनाओं में बन्द महान् राजनीति की बात नहीं कर रहा हूँ। उस महान् राजनीति की बात करनेवालों को भी जीवन में हजार ऐसी मुश्किलों का सामना करना पड़ता, जहाँ लाइब्रेरी और साहित्य और विचार की किताबों में बन्द राजनीति तिनके जितना भी मदद नहीं करती है। वहाँ काम आते हैं, कोई विधायक जी, कोई सांसद जी, कोई मन्त्री जी, किसी पार्टी के कोई नेता जी, क्या यह झूठ है? जिसके पास यह नहीं होता है, वे पत्रकार मित्रो की मदद लेते हैं, पर उनकी शक्ति का केन्द्र भी वहीं हैं।

साहित्य का प्रयोजन भी क्या समाज को सुन्दर बनाना नहीं है? क्या समाज को सुन्दर बनाने के लिए सुरक्षा और विकास इत्यादि का रास्ता राजनीति से होकर नहीं जाता है? यह जो तमाम साहित्य अकादमी इत्यादि संस्थाएँ हैं, इन्हें भी पैसा वगैरह सब उसी सरकार से आता है। फिर पुरस्कारों और चर्चा इत्यादि के लिए जहाँ-तहाँ नाक रगड़नेवाले तमाम लेखकों के लिए राजनीति बड़ी गन्दी जगह क्यों है? जबकि वे खुद उससे अधिक गन्दगी के शिकार होते हैं? इस समय के चुनाव में एक अच्छी खबर यह कि मेधा पाटेकर समेत कई सामाजिक कार्यकर्ता चुनाव लड़ रहे हैं पहले भी कई लेखक और सामाजिक

कार्यकर्ता चुनाव लड़ते रहे हैं।

मैंने दो छोटे-छोटे स्टेटस लिखकर हमारे समय की राजनीति और साहित्य के जानकार मित्रो से-जो अक्सर समस्याओं पर बहुत अच्छे-अच्छे विचार व्यक्त करते हैं– यह जानना चाहा किः "राजनीति में जाना जरूरी हो तो कहाँ जायें?...चुनाव सिर पर है। कभी-कभी यह सोचकर हैरान होता हूँ कि यदि हिन्दी के लेखकों और पत्रकारों के लिए किसी एक राजनीतिक दल में शामिल होना अनिवार्य हो तो लोग जायेगे किधर? प्राथमिकता के आधार पर दलों का नाम किस क्रम में लिखेंगे? या किसी एक दल या दो दल का नाम लिखेंगे? प्राथमिकता के आधार पर पत्रकार लोगों के दलों का क्रम क्या होगा? दरअसल इस सवाल के पीछे यह विचार सक्रिय है कि हम जिस व्यवस्था में हैं, कभी न चाहते हुए भी ऐसी कोई स्थिति किसी के साथ आ सकती है। यदि ऐसी कोई स्थिति आयी तो वे केजरीवाल की तरह जनता की राय लेंगे। या दलों का चुनाव खुद करेंगे? या कोई नयीं पार्टी बनायेंगे? बहरहाल दलों का क्रम तय करके रखना बेहद जरूरी है, क्या पता कब किसे चुनाव लड़ना पड़ जाये या ऐसे ही बिना मतलब या किसी बड़ी जरूरत की वजह से या किसी आंतरिक विवशता की वजह से एक दल चुनना ही पड़ जाये। पूर्वी उत्तर प्रदेश में तो वाम का न कोई मजबूत जनाधार इस वक्त है और निकट भविष्य में सम्भव दिखता है। चुनाव की दृष्टि से वाम का भविष्य कमोबेश हर जगह निराश करनेवाला है। ले-देकर कांग्रेस, भाजपा, सपा, बसपा और कुछ दूसरे छोटे दल हैं। क्या सचमुच इन दलों में जाना लेखक की खुदकुशी होगी? क्या पहले इन दलों में लेखक नहीं जाते रहे हैं? या लेखक को हरगिज किसी दल में जाना ही नहीं चाहिए? सक्रिय राजनीति से उसे दूर रहना चाहिए? अरे भाई जब साधु-सन्त राजनीति के संग रास रचाने के लिए अक्सर आतुर होते हैं तो लेखक क्यों सक्रिय राजनीति से परहेज करे? ऐसा इसलिए नहीं कह रहा हूँ कि साधु संग लेखक भी वही काम करे जो साधु करते हैं। लेखक क्या कुछ बेहतर नहीं कर सकता है? जरूरी है कि दलों की स्वीकार्यता के लिए विमर्श हो। यदि यह सब-कुछ भी नहीं तो फिर विकल्प होगा क्या? कितना और कब प्रभावी होगा? फिलवक्त मैं खुद कहीं किसी दल में जा नहीं रहा हूँ, लेकिन क्या पता कोई लेखक मित्र तैयारी में हो ही..." तुरन्त इस पर तीर की तरह चुभता हुआ एक दोटूक सच अपनी प्रतिक्रिया में रविकेश मिश्र ने कहा– "कि राजनीतिक स्थिति तो ये है श्रीमान् दक्षिण वाम या पूरब पश्चिम का कोई अर्थ रह ही नहीं गया है। किसी वैचारिकता से दलों को कुछ लेना-देना नहीं, आदमी जिताऊ, टिकाऊ और कमाऊ हो तो हजार विद्वानों से बेहतर है। क्या करेंगे सैद्धान्तिक बकवासी लेकर? अब चिड़िया की आँख में तीर मारनेवाला चाहिए और वफादार हो। ये पढ़े-लिखे लोग नाटक बहुत करते हैं, हालाँकि चारित्रिक रूप से ये भी खोखले ही होते हैं, मौका पा जाये तो कौन है जो दो-चार अरब इधर-उधर न कर दे?" इस प्रतिक्रिया के बरक्स संजय कुमार मिश्र की प्रतिक्रिया थी कि, "मेरे विचार मौजूदा स्थितियों को देखते हुए है कि सचमुच के एक लेखक को किसी भी राजनीतिक

दल में न जाते हुए अपने साहित्य के माध्यम से ऐसा माहौल बनाया जाना चाहिए ताकि एक लेखक के लिए सक्रिय राजनीति दलदल न लगे, राजनीति का एजेण्डा इतना सकारात्मक बन जाये कि कोई किसी भी दल में जा सके और अपना योगदान कर सके. ..कोई यह कह सकता है कि क्या यह सम्भव है तो मैं यही कह सकता हूं कि हम लेखक है, साहित्यकार हैं, हमें बसन्त के इस मनोहारी मौसम में सपने देखेने की पूरी आजादी है।" कुछ और मित्रों ने भी बिना लागलपेट के अपने हिस्से का सच कहा, लेकिन मुझे जानना था कि वे मित्र क्या सोचते हैं जो नित्य, बल्कि क्षण-प्रतिक्षण अपनी राजनीतिक जागरूकता का परिचय देते हैं। कुछ मित्र तो यहाँ राष्ट्रीय अखबारों के सम्पादक-पत्रकार हैं तो कुछ नामी-इनामी लेखक, मैं चाहता था कि वे साफ-साफ बतायें कि उनकी दृष्टि में कौन दल कितना खराब है या कितना अच्छा? फिर पहले के स्टेटस को साझा करते हुए मैंने लिखा कि "इस देश में कोई एक पार्टी बहुत खराब है या दो पार्टियाँ बहुत खराब हैं? या तीन या सब? सब खराब हैं तो सिर्फ एक या दो सरकार न बनायें, बाकी बनायें, ऐसा क्यों? क्या कोई पार्टी सचमुच किसी सिद्धान्त और विचारधारा इत्यादि की बहुत पक्की है या सब अवसरवाद या व्यवहारवाद की विचारधारा के साथ? ऐसे में कहने के लिए लेखकों और पत्रकारों के पास पूरा सच क्या है? इस माध्यम पर रोज राजनीतिक टिप्पणियाँ दिखती हैं, पर उनमें पूरा सच क्यों नहीं देख पाता? सब एक खेल नहीं है तो और क्या? कोई अभिव्यक्ति का खेल खेलने में माहिर है तो कोई विचार का खेल खेलन में माहिर है तो कोई व्यवहार का? सब खेल ही है, तो कहीं हम खुद, जाने-आनजाने इस खेल में शामिल तो नहीं? सोचता था कि मित्रों के बीच समस्या रखने पर विकल्पों की बारिश होगी, पर दिग्गज पत्रकारों और लेखकों ने रास्ता दिखाया ही नहीं? कितना अच्छा होता कि वे बताते कि सबसे खराब पार्टियों का क्रम ये है और अच्छा पार्टियों का क्रम ये है, पर अफसोस कि महाजन मौन हैं। कुछ मित्रों ने जरूर अपनी राय दी है। कैसे कहूँ कि ये बड़े भोले लोग हैं, जो बिना किसी लागलपेट के कुछ कहते हैं।

मित्रो, इस पीड़ा को साझा करने की वजह सिर्फ यह है कि उन लोगों को अपना रुख पहले से साफ रखना चाहिए जो आज या कल किसी लेखक के किसी दल से या किसी दल के नेता से जुड़ने या उसके हाथ से कोई पुरस्कार इत्यादि लेने पर पर सबसे पहले नाक-भौं सिकोड़ेंगे। उन्हें चाहिए कि बताएँ कि कौन-सा दल खराब है और कौन-सा अच्छा या कम अच्छा? क्यों कोई एक पार्टी सत्ता में न आये कि और क्यों दूसरी कोई पार्टी सत्ता में आए? क्या हमें एजेण्डे के आधार पर नहीं सोचना चाहिए? क्या हमें सिर्फ भ्रष्टाचार के आधार पर सोचना चाहिए? आज की तारीख में कौन-सी पार्टी है जो गरीब और अमीर के बच्चे को एक छत के नीचे पढ़ाई ओर दवाई देना चाहती है? क्यों अलग-अलग दुनिया है? क्यों कुछ स्त्रियाँ गैस के चूल्हे पर खाना बनायें और भारत की शेष स्त्रियाँ गीली लकड़ी के धुएँ में अपनी आँखें फोड़ें? साहित्य के अँधेरे के खिलाफ लड़ना जितना जरूरी है, उतना ही समाज के अँधेरे के खिलाफ लड़ना भी जरूरी है।

आजादी की लड़ाई के दिनों में लेखक की जो भूमिका थी, क्या आज वह भूमिका नहीं होनी चाहिए? फिर सक्रिय राजनीति से परहेज क्यों? लेखक संगठन भी इस दिशा में अपनी नयी भूमिका तय कर सकते हैं, बशर्ते वे लेखकों के पुरस्कार और चर्चा की राजनीति को छोड़ दें और समाज को सुन्दर बनाने और राजनीति की दुनिया में बदलाव लाने के लिए अपने ग्राहकों से मुक्त हों। बहरहाल बड़े लेखकों और पत्रकारों को किसी एक नेता या पार्टी का विरोध या समर्थन करने की जगह अपने हिस्से का पूरा सच जरूर कहना चाहिए।

# जब तक लेखक नैतिक रूप से बहुत दुर्बल रहेंगे

कविताएँ पृथ्वी की सबसे सुन्दर शुभकामनाएँ हैं। आखिर कविता शुभकामना नहीं तो क्या पृथ्वी के विनाश की कामना है, देश और समाज को नष्ट करने का उपक्रम है? जाहिर है कि कविताओं की भूमिका निर्माण की भूमिका है, विनाश की नहीं। जिस कविता में ऐसी पवित्र आत्मा का वास हो उसके रचयिता को किस भूमिका में होना चाहिए, कविता की प्रतिष्ठा की भूमिका में या अपनी प्रतिष्ठा के उपक्रम में? असल में यह सब जो कह रहा हूँ, बीते कल के क्रम में कह रहा हूँ। कल पेशावर में क्रूरता की सारी हदें पार कर जिस तरह 132 बच्चों और कुछ बड़ों को हिंसा के बड़े उदाहरण के रूप में पेश किया गया, वह मनुष्यता के माथे पर कलंक की बड़ी और खूब काली बिन्दी है। हो सकता है इस भाषा में आपको गुस्सा कम दिखें, लेकिन गौर करेंगे तो पायेंगे कि गुस्से का रुख दूसरी तरफ है। मेरे लिये कविता मनुष्यता की सेवा है, अन्याय का प्रतिकार है, पृथ्वी को हिंसामुक्त करने का संकल्प है, लेकिन यह सब बड़ी-बड़ी बातें हैं। मैं इस वक्त बड़ी बात करने की कोशिश में नहीं हूँ, बस कुछ छोटी और बुनियादी बातें सोच रहा हूँ। राज्य किसलिए होता है? राजनेता किसलिए होते हैं? सत्ता की कुर्सी पर हुमुचकर बैठने और युगों-युगों तक बैठे रहने के लिए? साहित्य किसलिए होता है? लेखक को महाकरोड़पति बनाने के लिए? लेखक किसलिए होते हैं? अमर होने के लिए या नाम और इनाम के लिए इस पार्टी या उस पार्टी, इस संगठन या उस संगठन और गुट में आत्मसर्मपण करने के लिए? ऐसे लेखक बुरे राजनेताओं और राजनीतिक पार्टियों या संकीर्ण विचारधारा के संगठनों का विरोध करते हुए कितने सुन्दर लगेंगे? कितने भले? कितने नैतिक? कितने मजबूत?

कोई कहेगा कि धर्म हिंसा को बढ़ाने के लिए है, उसे खत्म कर दिया जाये। कोई कहेगा कि साधु-सन्त स्वर्ग का टिकट देंगे, कोई कहेगा कि हिन्दू राष्ट्र बनायेंगे, कोई कहेगा कि सिर्फ भाजपा बुरी है और कांग्रेस अच्छी है, लेकिन हद यह तो यह कि कुछ लेखक भी ऐसा कहते हैं। सन्दर्भ रायपुर का लें तो बात साफ हो जायेगी। अभी दो दिन पहले एक मित्रसूची के एक मित्र की वॉल पर हिन्दी के एक कवि और आचार्य के बीच हुए संवाद को देखकर बहुत दुःख हुआ। जब हमारा साहित्य यहाँ पहुँच गया है तो भाई लोग धर्म और राजनीति को कहाँ रहना चाहिए था? हिंसा और असमानता इत्यादि को

दूर करने के लिए आपकी समझ यह है कि भाजपा बुरी है और कांग्रेस अच्छी, क्या यह ठीक है? क्या दोनों सत्तालोलुप दल नहीं हैं? सत्ता हथियाने की कोशिशों में किसके हाथ पवित्र हैं भाई? मैं जानना चाहता हूँ कि देश के नेतृत्व के लिए क्या अब बड़े राष्ट्रीय चरित्र और व्यक्तित्त्व वाले राजनेताओं की जरूरत नहीं है? राष्ट्र, समाज से जुड़े विषयों पर आज किन-किन राजनेताओं से गम्भीर चर्चा के लिए लेखक जी लोग प्रस्तुत हो सकते है? किन्हें अपने से अधिक विचारशील पाते हैं? नाम बताये। मेरा इशारा जाहिर है कि नेतृत्व के लिए प्रस्तुत छोटे कद और कम विचारपूँजी के राजनेताओं की ओर है। बोलिये आप किस दल में शामिल होना पसन्द करेंगे? लेखक जी आप किस राजनेता को अपना नेता कहेंगे? नाम लें? जब आप दोनों में से किसी दल में शामिल होना पसन्द नहीं करेंगे तो कोई एक अच्छा कैसे? आखिर आप बड़े और व्यापक विकल्प के लिए क्यों नहीं सोचते हैं? आप बेशक बुरें लोगों का विरोध कीजिए, लेकिन इसके लिए आपको खुद थोड़ा अच्छा होना पडेगा। दस फीट लम्बे रावण के सामन पाँच फीट का ही सही एक राम खड़ा करना होगा। मैं तो कहता हूँ कि साहब इस बुरे समय की राजनीति में एक फीट का भी राम चलेगा। आप एक फीट भी छोड़िये लेखक जी, छह इंच का बताइये तो भी चलेगा। सवाल तो यह कि खुद आपकी लम्बाई कितनी है? आप साहित्य में खुद तो एक इंच के भी राम हुए नहीं और ज्ञान देने के लिए विकल हैं। साहित्य की नौटंकी छोड़िये। राजनीति और समाज और मनुष्यता के अँधेरे में साहित्य का दीया जलाने के लिए सोचिए। रायपुर हो पेशावर, पूरा सच बोलिये। मैं तो बहुत परेशान और हैरान होता हूँ कि भाई हमारे अपने देश को राजनेताओं ने मुश्किल में डाल दिया है या लेखकों और संस्कृतिकर्मियों के पाखण्ड ने?

मित्रो समाज और दुनिया को सुन्दर और हिंसामुक्त बनाने के लिए मनुष्यता के विकास की जरूरत है। आप नेताओं के देश के विकास के झांसे में हैं। ये घोटाले, ये भ्रष्टाचार, ये नैतिक पतन, ये गुंडागर्दी और खासतौर से दहशतगर्दी खत्म करने के लिए साहित्य और संस्कृतकर्म से जुड़े लोगों को समाज और देश और दुनिया के सामने एक आदर्श प्रस्तुत करना होगा। यह सब कैसे होगा। यह सब कैसे होगा? कम से कम तबतक यह सम्भव नहीं है जब तक लेखक नाम और इनाम के स्वार्थ को तज नहीं देता। लेखक साहित्य के धर्म के साथ छल करेगा तो एक राजनेता देश और समाज के साथ छल क्यों नहीं करेगा? कोई धार्मिक व्यक्ति धर्म के साथ धोखाधड़ी क्यों नहीं करेगा? एक लेखक, शिक्षक से बड़ा शिक्षक होता है। एक सच्चा शिक्षक हमेशा एक आदर्श होता है। अन्त में जोर देकर कहता हूँ कि यह समाज तब तक सुन्दर नहीं होगा और इस समाज में तबतक करुणा का प्रसार नहीं होगा, जब तक लेखक और संस्कृतकर्मी नैतिकरूप से बहुत दुर्बल रहेंगे।

# मोढ़े की परिक्रमा

प्रिय विमलेश, उन प्रतिभाओं के साथ यह दिक्कत अक्सर होती है, जिन्हें धारा के विरुद्ध चलने की बीमारी होती है। धारा के संग बहनेवाली प्रतिभाएँ सुख की नींद सोती हैं और यश के सूर्योदय में जागती हैं। जैसे मुहावरा है कि कुछ लोग मुँह में सोने का चम्मच लेकर पैदा होते हैं, उसी तरह कहते हैं कि कुछ लोग अपने भाग्य में लट्ठ लेकर पैदा होते हैं। आज हिन्दी के अधिकांश लेखक, जिनमें उच्चशिक्षा संस्थानों के शिक्षक भी शामिल हैं, धारा के साथ सुखपूर्वक जीवन जीते हैं। तानिक-सा यश, तनिक-सा पुरस्कार और तनिक-सी चर्चा का सुख, उनके जीवन का उद्‌देश्य है, उनकी रचना का ध्येय है। ऐसे लेखक मर जाने बाद कुछ भी नहीं छोड़ना चाहते हैं, ये जीते जी अपना श्राद्ध करके जाना चाहते हैं। साहित्यिक श्राद्ध का आशय पण्डिज्जी वाला कर्मकाण्ड नहीं है, दूसरा कर्मकाण्ड है, साफ-साफ बता दूँ कि यह कर्मकाण्ड अपने ऊपर किताब लिखवाने और पत्रिकाओं का अंक निकलवाने का है। हमारे बीच के कई लोग ऐसा खूब करते हैं। चाहे किसी पण्डिज्जी पर किताब सम्पादित करनी हो चाहे किसी बाऊसाहब पर। एक आलोचक ने तो यहाँ से साठ का होने पर बाकायदा एक पत्रिका का अंक ही निकलवाया, एक ने अपने काम पर एकाधिक किताब छपवायी। सबके नाम हैं, पर मेरा उद्‌देश्य किसी को अपमानित करना नहीं है, सिर्फ प्रवृत्ति को बताना भर है। कहना यह कि ये लोग बहुत डरे हुए लोग होते हैं और ऐसे लोगों के साथ सिर्फ और सिर्फ डरे हुए लोग होते हैं, सब यहाँ देखा हुआ है। ऐसे ही लोग उच्चशिक्षा संस्थानों में भी होते हैं। इसीलिए उच्चशिक्षा संस्थानों को प्रतिभाओं काल कब्रगाह कहा जाता है।

कोई चाहे तो यहाँ से लेकर देश के अनेक हिस्सों का उदाहरण सामने रखकर सीधे किसी कवि का नाम लेकर कह सकता है कि अमुक जी भी प्रोफेसर रह चुके हैं और अच्छे कवि कैसे हैं? तो मैं विनम्रतापूर्वक कहूँगा कि भाई अच्छे कवि तो लाखों में है, यह पूछिए कि बड़े कवि हैं? मैं अपनी समझ के आधार पर आज जब राजधानी के प्रथम पंक्ति के तीन कवियों को देखता हूँ तो उन्हें बड़े कवि के रूप में नहीं देख पाता हूँ। हाँ अच्छे और मजे हुए कवि हो सकते हैं। बड़े कवि मुझे इनसे पहले की पीढ़ी में दिखते हैं। यह उल्लेख सिर्फ इसलिए कि कह सकूँ कि कवि का जीवन जितना बड़ा होता है, उसमें टकराने का भाव जितना होता, उससे वह कवि बड़ी कविता की दीवार फाँद पाता है। जीवन में कोमलता और पग-पग पर समर्पण जितना अधिक होगा, कविता ओज से उतनी ही दूर

होगी। यह ओज कवि स्वभाव का जब अंग हो जाता है, तब उसकी कविता में ठीक से भिनता है। कहीं-कहीं तो मुहावरे में झलकता है। वीरगाथाओं का ओज मुझे सच्चा ओज नहीं लगता। जैसे दिहाड़ी पर ओजप्रदर्शन किया गया हो। जीवन का खुरदुरापन अच्छी कविता के लिए जरूरी है। जाहिर है कि मँजी हुई कविता के लिए जरूरी नहीं है। मँजी हुई कविता तो अतिशय अभ्यास और बाहर की कविताओं की नकल से खूब बन सकती है।

असल में विमलेश, कहना यह है कि अपनी संस्था के माहौल से दुखी होकर दूसरी जगह जाने के लिए हड़बड़ी में नहीं सोचना चाहिए। जाना ही चाहते हो तो ऐसी जगह जाओ, जहाँ कुछ कर सको। यह सब कहने के लिए भूमिका जरूरी है, इसीलिए कुछ संकेत किया है। इशारा यह कि आज का समय उन प्रतिभाओं के लिए बहुत बुरा समय है जो अपनी गर्दन तनी हुई रखना चाहते हैं, उन प्रतिभाओं के लिए यह समय बहुत अच्छा है जो गर्दन ही नहीं कमर भी झुकाने की कला में पारंगत हैं, क्या पता ये पहले से सीखकर आते हों कविता की दुनिया में। आज साहित्य से जुड़े जितने भी संस्थान हैं, सब बीमार हैं। क्यों कोई अच्छा लिखकर फलाना-फलाना जी का जूता साफ करें? इस सम्पादक, उस अध्यक्ष या उस आलोचक का चरणामृत पिये? क्या दावे के साथ आज कोई प्रकाशक या सम्पादक कह सकता है कि अपने समय की सभी अच्छी कृतियों को छापा है? जिस भाषा के साहित्य में लेखकों को प्रकाशकों की पतलून साफ करनी पड़े, उस भाषा के लेखक सीना फुलाकर चलने के योग्य हैं?

लेखक ही नहीं, उच्चशिक्षा संस्थानों के अधिकांश प्राध्यापक भी अपने विभागाध्यक्षों की पतलून साफ करने से मना नहीं कर पाते हैं। सीधे-सीधे कड़े ढंग से यह कहने का आशय यह है कि पढ़ने और पढ़ाने का पेशा भी उतना ही गन्दा है जितना दूसरे पेशे। तनिक भी यहाँ कम नहीं है। बड़े-बड़े मार्क्सवादी भी वही करते हैं जो मोदी की पार्टी की समर्थन करते हैं। मेरा एक छोटा उपन्यास ही है—'अथ ऊदल कथा', जिसका नायक ऊदल ढूँढ़ता ही रह जाता है, उसे लड़ाई में साथ देने के लिए बड़े भाई के रूप में कोई आल्हा नहीं मिलता है। सब-के-सब रणछोड़दास मिलते हैं। या सत्ता के गैंग में शामिल लोग मिलते हैं। 'गुरु सीरीज' की कविता तो पढ़ने और पढ़ाने की दुनिया का दस्तावेज है ही। असली दस्तावेज है, कोई नकली दस्तावेज नहीं। इससे पहले कि तुम्हें अपनी एक कविता "एकता का पुष्ट वैचारिक आधार" पढ़वाऊ, यह बताना जरूरी समझता हूँ कि तीन बार स्कूटर से गिरा हूँ और अगर हेलमेट नहीं रहा होता तो आज बात नहीं कर रहा होता। जाहिर है कि दफ्तर के हिन्दी पुत्रों से मिला तनाव ही था, जिसकी वजह से तीन बार जाने का दुर्योग बना। तब से आज तक तनाव अहर्निश। अब गाड़ी चलाता हूँ। कुछ बचे रहने के लिए। यह सब कहता नहीं, लेकिन इसलिए कह रहा हूँ कि यह न समझो कि लेखक हो तो पढ़ने-पढ़ाने की दुनिया में हिन्दी के बुरे लोग हार लेकर स्वागत करेंगे। ऐसे ही बुरे लोग साहित्य की सत्ता को भी प्रिय होते हैं, ये बुरे लोग इसलिए साहित्य की सत्ता को प्रिय होते हैं कि इनकी जुबान पर कोई अप्रिय शब्द आ ही नहीं सकता है, ये

किसी भी सत्ता को यह नहीं कह सकते कि सत्ता जी आपकी धोती या पाजामें में छेद है। कहना भी हुआ कभी तो कहेंगे कि वाह क्या डिजाइन है! तो प्रियवर कहना यह कि यह कहनेवाले कहीं भी रहेंगे तो सुखपूर्वक रहेंगे जो कह सकेंगे कि वाह क्या डिजाइन है! जो यह कहेंगे कि यह डिजाइन नहीं छेद है मान्यवर, उनके सिर हर जगह दीवारों से टकराते रहेंगे। मैं तो अक्सर लड़कियों को मना करता हूँ कि तुम कविता मत लिखो, लिखना है तो आलोचना लिखो। कविता और कहानी दोनों क्षेत्र आज लड़कियों के लिए बहुत असुरक्षित हैं। ऐसा इसलिए कि आज सम्पादक, आलोचक, प्रकाशक, सब सन्देह के घेरे में हैं। बहरहाल यह दूसरी बात है इस पर फिर कभी। यहाँ सिर्फ इतना ही कि उच्चशिक्षा संस्थानों में हिन्दी की दुनिया सन्देह के घेरे में नहीं, बल्कि सीधे-सीधे अँधेरे में है। शेष फिर, लो पढ़ो—

एकता का पुष्ट वैचारिक आधार

एक वीर ने उन्हें तब घूरा
जब वे सच की तरह कुछ बोल रहे थे।
एक वीर ने उन्हें तब टोका
जब वे किसी की चमचम खाये जा रहे थे।
एक वीर ने उन्हें तब फटकारा
जब वे किसी मोढ़े की परिक्रमा कर रहे थे।
असल में
एक वीर ने दम कर रखा था
उनकी उस अक्षुण्ण नाक में
जिसे तखते-ताउस की हर गन्ध
एक जैसी प्यारी थी।
एक दिन वे एकजुट हुए
क्योंकि एकता का पुष्ट वैचारिक आधार उनके सामने था।
पाठ्यक्रम समिति की उस बैठक में
लिया उन्होंने निर्णय
कि 'सच्ची वीरता' को
जीवन से निकाल दिया जाय।
सच्ची वीरता! बराबर अध्यापक पूर्ण सिंह का महत्त्वपूर्ण निबन्ध।
(दूसरे संग्रह 'जल में' से)

# पुरस्कार का जो खेल आपके बुजुर्गों ने खेला है

मुझे अपने समय के उन बच्चों से कुछ नहीं कहना है, जिन्हें बहुत कम उम्र में कविता का कोई पुरस्कार मिल जाता है। जो कुछ कहना है उन बच्चों के उन सम्मानित चाचा जी लोगों से कहना है, जो कड़ी मेहनत करने की उम्र में ऐसे बच्चों को कविता के स्वर्ग का टिकट जैसा कोई खिलौना देने लगते हैं।

क्यों भाई हमारे समय के कविता के बच्चों के नये-नये चाचा जी लोग, यह सब क्या हो रहा है? क्यों हो रहा है? वही-वही सब वैसे जैसा आपके बचपन में आपके और दूसरों के साथ हुआ? साहित्य का उद्‌देश्य की तरह कोई महत्त्वपूर्ण निबन्ध, पुरस्कार का उद्‌देश्य पर किसी ने तब से लेकर आज तक लिखा है या नहीं? पर इन चाचा जी लोगों से जरूर जानना चाहता हूँ कि भाई आपने खुद इसके पक्ष में कुछ अब तक अकाट्य कहा है या नहीं? कहा है तो क्या? कविता का यह बच्चा या कोई दूसरा पुरस्कार आखिर क्यों? नहीं रहता यह पुरस्कार तो कविता का नुकसान क्या हुआ होता? आप खुद नहीं आये होते कविता की धरा पर तो वे कौन-सी कविताएँ लिखने से रह जातीं? क्षमा करेंगे कि मैं इतना कड़ा प्रश्न कर रहा हूँ। शायद तनिक अशालीन भी, पर बहुत से बच्चों के बाप या चाचा अपने बच्चों के साथ न्याय न होने पर मारपीट कर लेते हैं, मैं तो एक कड़ा प्रश्न भर कर रहा हूँ। आप कह सकते हैं कि आपके पास तो सिर्फ एक बेटा है और वह हिन्दी का विद्यार्थी नहीं है, फिर किन बेटों की बात कर रहा हूँ? अरे भाई हमारे समय में कविकर्म में लगे जितने भी किशोर-युवा और खासतौर से अपुरस्कृत कविता के बेटे हैं, मैं उन सबका स्वयंभू अभिभावक हूँ। कोई चाहे तो मुझे भी उनका चाचा जी कह सकता है।

आप पुरस्कार प्रदाता साहित्यकार आखिर क्यों किसी एक किशोर को जन्म लेते ही कविता के पुरस्कार का झुनझुना देंने के लिए बेचैन रहते हैं? आखिर क्यों? वह पुरस्कार दिये बिना आलमारी में तहा कर रख दिया जाये तो कौन-सी आफत हिन्दी कविता पर आ जायेगी? मुश्किल उसके लिए भी कम नहीं होती, जिसे पता बाद में चलता है कि इस पुरस्कार का कोई अर्थ नहीं है। कई बार हम, मूर्खतापूर्ण तो नहीं कहूँगा, पर कहूँगा कि व्यर्थतापूर्ण ढंग से अण्टशण्ट किसी भी कविता को उठाकर पुरस्कृत कर दिया जाता है। यह नहीं देखते कि हम जिस युवा कवि को यह दे रहे हैं, उसकी कविता की प्रकृति

का उसके कवि जीवन की प्रकृति से कोई साम्य है भी या नहीं? प्रेम, प्रकृति, अड़ोस-पड़ोस, पशु-पक्षी, घर-संसार के सुख-दुःख कुछ नहीं, सीधे विमर्श, राजनीति और इन्किलाब। कहीं कुछ सहज नहीं। मेरे कहने का यह आशय यह नहीं कि किसी किशोर कवि की महान् कविता को कविता का बच्चा पुरस्कार दें, कहना यह कि दें ही क्यों? क्या अपने समय में किसी एक कालखण्ड में सिर्फ एक किशोर कवि श्रेष्ठ होता है या कोई एक कविता सबसे अच्छी होती है? कोई महामूर्ख होगा जो कहेगा कि हाँ। इसलिए या तो आप पचास पुरस्कार एक जैसे महत्त्व के शुरू कीजिये। पचास किशोर कवियों को एक साथ दीजिए। हौसला इस तरह बढ़ाइये अपने समय की युवा कविता का। एक को छोड़कर शेष पचास उससे अच्छा लिखनेवाले बच्चों के हौसले को तोड़िये मत। शेष बच्चों में निराशा और कुण्ठा तो बाद में आएगी, पर आप अपने जिस भतीजे को पुरस्कार देने के लिए व्यग्र होते हैं, ऐसे बच्चे तो जैसे ही पुरस्कार पाते हैं, अपने आँख की रोशनी खो देते हैं। रोशनी को साहस के अर्थ में भी ले सकते हैं। एक बार एक ऐसे ही पुरस्कार पानेवाले युवा लेखक ने जो मेरे बहुत प्रिय भी हैं, मेरा बड़ा सम्मान करते हैं, यह अलग बात है कि उन्हें कभी सार्वजनिक रूप से मेरे बारे में एक शब्द या मेरे किसी कहे पर एक बार भी हाँ कहने का अवसर आज तक पता नहीं क्यों नहीं मिला, मुझसे कभी कहा था कि सर अमुक पुरस्कार जब से मुझे मिला है, सब मुझे स्टार समझने लगे हैं। मैं यह नहीं कहता उस प्रियवर ने मुझसे ऐसा इसलिए ऐसा कहा होगा कि मैं उन्हें स्टार समझूँ ऐसा वह नहीं सोच सकते, पर जिस भी वजह से ऐसी बात उनके दिमाग में आयी, यह उनके लिए तब से लेकर आज तक नुकसानदेह है। मैंने शुरू में कहा कि पुरस्कार आँख की रोशनी हर लेते हैं। कम उम्र के पुरस्कार खासतौर से। जो पुरस्कार देता है, उसे हम जीवन भर के लिए महान् लेखक समझ लेते हैं, कभी उसकी कविता की सीमाओं के बारें में विचार ही नहीं कर पाते हैं। यह हर दौर के पुरस्कारों के साथ होता है। जहाँ हम अपने समय के किसी एक को महान् समझने के खेल में शामिल होते हैं वही बाकी कविता को खुली आँख से देखना बन्द कर देते हैं। पुरस्कार को मैं आधुनिक विचार नहीं मानता। पुरस्कार को मैं प्रगतिशील विचार नहीं मानता। मेरी दृष्टि में पुरस्कार सामन्ती विचार है, साम्राज्यवादी विचार है, साहित्य विरोधी विचार है। इस विशिष्टतावाद को खत्म करने के लिए कोशिश कीजिये, इसे पुष्ट करने के लिए नहीं। इसलिए आज बेहद जरूरी है कि दृश्य को दूसरी ओर से भी देखिये। समझदारी की बात यह कि पुरस्कार जब खुद अप्रासंगिक होने लगें तो सम्मानजनक ढंग से उन्हें बन्द कर देना ही बेहतर।

अभी जिस बच्चे को पुरस्कार मिला है, मैं उसे कतई कम या खराब नहीं कहता। वह भी बच्चे ही हैं, उनके पास भी एक बहुत कोमल दिल है, मैं भला उनके दिल को चोट पहुँचाने के लिए क्यों कुछ कहूँगा। ऐसा हरगिज नहीं कर सकता। भला पैंतीस साल के युवा और साठ के पास मैं, अन्तर तो कुछ बेटे और अभिभावक जैसा ही होगा। मुश्किल यह कि मैं उनका भी अभिभावक हूँ जिन्हें मिला और उनका भी जिन्हें नहीं मिला। बल्कि दूसरे वर्ग में बच्चे अधिक हैं। किसी पढ़ने में तेज पर गरीब बाप के बच्चे को, पढ़ने में

तनिक कमजोर राजा साहेब के बच्चे की पोशाक और मुंह में मिठाई कैसी दिखती है, कभी पूछ कर देखिये। पूछकर देखिये कभी किसी गरीब जनता से किसी बाहुबली और धनबली जनप्रतिनिधि के बारे में? कविता की दुनिया को भी राजनीति की दुनिया की तरह भ्रष्ट और अँधेरी मत बनाइये।

बच्चों से नहीं, हाँ कहना है तो अपनी उम्र के आसपास के लोगों से, कुछ बाद के लोगों से भी कि आज विचार और विमर्श और महान्याय के महाप्रकाश के इस युग में कविता की दुनिया में कहाँ क्या गड़बड़ है, यह कितने कवियों को पता है? पता है तो किस उम्मीद में आँख बन्द करके बैठे हैं? क्यों तमाम कवियों को लगता है कि यह कविता का नया स्वर्ण काल है। जानता हूँ कि आज अधिकांश कवियों का प्रयोजन कविता की राजधानी को अपने वश में करना है। राजधानी के मठों, प्रकाशन केन्द्र प्रमुखों, बड़े अखबारों और बड़ी पत्रिकाओं और उनके सम्पादकों को पटाना आज के अधिकांश कवियों की पहली प्राथमिकता है। सच तो यह कि ऐसा कुछ भी छिपा नहीं रह जाता है। सबकों सब पता चल जाता हे। विचार के स्तर पर इन्किलाब की बात करनेवाले तमाम लेखक दिल्ली से तालमेल के लिए उछल-कूद करते साफ दिख जाते हैं। एक भी चेहरा छिपता नहीं। चाहे चुप हो या भूमिगत या दृश्य पर अतिसक्रिय।

बहरहाल, मैं बात युवा कवियों, की नहीं, बल्कि कविता के किशोरों के बहाने उनके चाचा जी लोगों से कर रहा था। कहना यह है कि भाई आप अपने बच्चों के लिए उल्टा-पुल्टा करोगे तो मैं भी बच्चों के लिए जो एक को छोड़ हमेशा सब अपुरस्कृत मेरे बच्चे होंगे, उनके लिए कुछ उल्टा-पुल्टा तो मेरे मन भी आयेगा। आपके साथ जो खेल आपके बुजुर्गों ने खेला है, वही खेल इन बच्चों के साथ न करें तो बेहतर।

# असमय प्रशंसा के विष से बचना जरूरी है

एक उम्र होती है, जब कवि अपनी हर नयी कविता पर रीझकर चाहता है कि दूसरे भी उसे उतना ही प्रेम करें, पर इस प्रेमविरोधी और लेनदेन पर आधारित साहित्य की मौजूदा दुनिया में उस कवि की भावनाओं को उचित मान देने की चिन्ता बहुत कम लोगों में मिलेगी। ऐसे भी लोग मिलेंगे जो अपने आसपास के या दूर के किसी कवि की हर कविता को अद्वितीय कहेंगे। मेरे शहर में ही मेरे एक अत्यन्त प्रिय और आदरणीय के साथ लम्बे समय तक कुछ ऐसा ही होता रहा। ऐसे में होता यह है कि हम जिस कवि को ठोकर खाने की उम्र में ही प्रशंसा के फूलों की शय्या सुलभ करा देते हैं तो वह कविता में संघर्ष करने की जगह सीधे लेट जाता है। अर्थात् लम्बे समय तक छोटे बच्चों की तरह लेटे-लेटे खाना खाने और किताब पढ़ने का काम करने लगता है। ऐसे बच्चे बाद में पछताते हैं, पर कवि कभी नहीं पछताते। वे अन्तिम क्षण तक अपनी कविता को श्रेष्ठ समझते रहते हैं। कई कवि तो एक अक्षर तक बदलने से साफ मना कर देते हैं, मना क्या, कोई कह कर तो देखे, सीधे कहनेवाले के दाँत तोड़ देते हैं। बहरहाल यह जिस तरह के कवियों के बारें में कह रहा हूँ, यह हमारे समय के सभी युवा कवियों पर लागू नहीं है। यहाँ यह साफ कर देना जरूरी है कि एक अच्छे कवि के जीवन में उसके लिए कविता का संघर्ष अन्तिम क्षण तक बना रहता है। पहले भी कई बार कह चुका हूँ कि कवि का आत्मसंघर्ष इकहरा नहीं होता है। एक ओर वह जीवन में संघर्ष करता है तो दूसरी ओर कविता में। नये कवियों का जन्म जाहिर है कि साहित्य के आधुनिककाल के इस पुरस्कार युग में हुआ है, इसलिए उनके लिए आत्मसंघर्ष का वह अर्थ नहीं हो सकता है जो पहले था, आज शायद उनके लिए आत्मसंघर्ष का अर्थ पुरस्कार, चर्चा इत्यादि के लिए की गयी मैराथन दौड़ है। इस अँधेरे में खुशी की बात यह कि सारे युवा कवि ऐसे नहीं हैं।

कई युवा कवि हैं, जिनमें कुछ ऐसे भी हैं जिनसे मेरा तनिक रिश्ता है, काफी अच्छा कर रहे हैं। कभी-कभी मन करता है कि इन कवियों के बारें में विस्तार से कुछ कहूँ, लेकिन अपनी मुश्किलें इतनी हैं कि इस समय की कविता पर कोई सीरीज लिखने की कोशिश अभी कम से कम तीन-चार साल तक हरगिज-हरगिज नहीं कर सकता। कभी समय मिला तो जरूर अपने समय के तोपों की सफाई भी करूँगा, उनके गोले-बारूद सब देखूँगा

और अपने समय के युवा कवियों की कविताई और जीवन की अच्छाई पेपर कुछ कहने की कोशिश भी करूँगा।

फिलवक्त, उन मित्रों से कुछ कहने का मन है, जो इस समय की और खासतौर से इस माध्यम पर कमतर कवियों या कवयित्रियों की जयकार से आहत होते हैं। किसी की जयकार से भला कोई दूसरा आहत क्यों होगा? यह प्रश्न वाजिब है। इसका जवाब भी कम वाजिब नहीं है कि परेशानी की बात भला क्यों नहीं होगी कि काम अच्छा दूसरे करें और नाम कम अच्छा करनेवाले का हो? कोई बच्चा पढ़ने में अच्छा हो और नम्बर कम अच्छे को ज्यादा मिले तो क्या वाकई उस बच्चे को दुख नहीं होना चाहिए जो ज्यादा अच्छा है? अरे भाई कविता में भी वही बात है। कापियों के मूल्यांकन में तो तनिक ईमानदार लोग सिफारिशवाले को जितना अधिक नम्बर देते हैं, बहुत अच्छा लिखनेवाले को उससे कम हरगिज नहीं देते हैं। कम-से-कम ऐसे शिक्षक इन बूढ़े आलोचकों और कवियों से बेहतर हैं। बूढ़े उन लेखकों के लिए कह रहा हूँ जो साठ के पास हैं या उससे अधिक उम्र के हैं और देश-विदेश में यश खा या चर रहे हैं।

हिन्दी से जुड़े शिक्षा केन्द्रों के सतही यथार्थ पर केन्द्रित कुछ कवितानुमा प्रतिक्रियाएँ देखने को मिलीं। मुझे पहली नजर में वे कविताएँ कविता नहीं लगीं, इसका मतलब यह नहीं कि उक्त कविताएँ कविता नहीं थीं। बस, इतनी अच्छी नहीं लगीं कि उन्हें अच्छी कविता की तरह सराह सकूँ। वैसे इतनी बुरी भी नहीं थीं कि उनकी निन्दा करूँ। एक नये कवि से उस जमीन पर लिखी गयी बहुत अच्छी कविताओं और कहानियों जैसी रचना की माँग भी उचित नहीं है

मैं तो बस, कहना यह चाहता हूँ कि वह प्रशंसा, प्रशंसा नहीं, जिससे प्रशंसित का अहित हो और दूसरों को पीड़ा पहुँचे। ऐसी प्रशंसा विष के समान होती है। शुरू में जिस आदरणीय कवि का उल्लेख किया है, उनके साथ ऐसा ही हुआ। उनके प्रिय शिष्यों ने ही उनकी हर लिखी-अधलिखी कविता को श्रेष्ठ या अद्वितीय इत्यादि कहा और जिस कवि को कविता में संघर्ष करते हुए आज काफी अच्छा काम कर गुजरना चाहिए था, वह हो नहीं सका। दुख मुझे इसलिए है कि एक कवि के रूप में मैं उन्हें कोई पैंतीस साल से जितना प्रेम करता रहा, उतना ही इस क्षण करता हूँ। उनके बारे में कुछ कहने के लिए यह सब नहीं कह रहा हूँ। यह सब अपने समय के युवामित्रों के लिए कह रहा हूँ। कहना चाहता हूँ कि सही समय पर प्रशंसा राकेट का काम करती है और गलत समय पर बिगड़ैल घोड़े की तरह रेस के दौरान न सिर्फ उठाकर पटक देती है, बल्कि अंग-भंग भी कर देती है। इसलिए प्रशंसा या महत्त्व की की चाह में क्षण-प्रतिक्षण चिन्तित रहनेवाले मित्रो, यह सब छोड़ो, ऐसी बुरी लत से दूर रहो। तुम्हें बड़ा काम करना है। अपने समय के भ्रष्ट आलोचकों और कवियों से प्रशंसा की चाह मत करो। कविता के शब्द एकदिनी अखबार की तरह नहीं होते हैं कि जो आज है वही उसे पढ़ेगा। कविता कवि का दूसरा जीवन है, जो उसके पहले जीवन के खत्म होने के बाद शुरू होता है।

# सिपाही की कविता मेरी कविता से अच्छी है

एक पुलिस के सिपाही ने साहित्य के एक सिपाही का मन छू लिया है। दरअसल, मैं भले नौकरी हिन्दी के प्रोफेसर की करता हूँ, पर मन से साहित्य का सिपाही हूँ। इसीलिए सिपाही की बात पर इस तरह फिदा हूँ कि कहना चाहता हूँ कि हिन्दी के प्रोफेसर साहबान की सोच और दृष्टि और अनुभव जगत कुछ ऐसा ही होना चाहिए। यह नहीं कह रहा हूँ कि इस सिपाही को हिन्दी का प्रोफेसर बना देना चाहिए और असंवेदनशील प्रोफेसर साहबान को सिपाही की बात सबके सामने रखने के लिए एक बार फिर बात अपनी कविता से, पर अपनी कविता को बेहतर बताने के लिए नहीं, बल्कि कमतर कहने के लिए। इस कविता को काफी पहले कभी मेरे एक गुरु और आलोचक ने देखते ही रीझकर कहा था कि मैं इसका उल्लेख छपने के पहले ही कर रहा हूँ। मुझे पता नहीं कि उन्होंने इसका उल्लेख कहीं किया था या नहीं। असल में उन्होंने कहा तो मैं बस इस बात से खुश हुआ कि उन्हें पसन्द आयी, अमर होनेवाली बात मेरे दिमाग में नहीं आयी, नहीं तो उनसे बाद में पूछता कि आपने कहीं कुछ लिखा या नहीं। मैं इस कविता को लिखने के बाद उस समय इस बात से बेहद खुश था कि मेरी जानकारी में महिला पुलिस पर इससे अच्छी कविता नहीं है। शायद यह मेरी नासमझी रही हो, हो सकता है कि हिन्दी में महिला पुलिस पर इससे अच्छी कविताएँ उस वक्त रही हों और मुझे जानकारी न रही हो। बहरहाल बात को आगे बढ़ाने के लिए 'वर्दी में' शीर्षक अपनी उस कविता को यहाँ देना जरूरी है–

कई थीं
डयूटी पर थीं
कुछ तो बिल्कुल नयी थीं
अँट नहीं पा रही थीं वर्दी में
आधा बाहर थीं आधा भीतर था
एक की खुली रह गयी थी खिड़की
दूसरी ने औटाया नहीं था दूध
झगड़ कर चला गया था तीसरी का मरद

चौथी का बीमार था बच्चा कई दिनों से
पाँचवी जो कुछ ज्यादे ही नयी थी
गपशप करते जवानों के बीच
चुप-चुप थी
छठीं को कहीं दिखने जाना था
सातवीं का नाराज था प्रेमी
रह-रह कर फाड़ देना चाहता था उसकी वर्दी।

इस कविता को लिखने के बाद मुझे इस बात की तसल्ली थी कि मैंने उनके दुःख को न सिर्फ समझा और अनुभव किया, बल्कि समाज से साझा किया। इस तरह अपना काम किया। कवि अपना ही नहीं, दूसरे के दुःख को भी अपनी चिन्ता और संवेदना के केन्द्र में रखता है। यह अलग बात है कि कुछ कवि दुःखी होने का नाटक करते हैं और नाम-इनाम से सुखी होने के जुगाड़ में लगे रहते हैं। आलोचक भी और-और चीजों में फँसे रहते हैं बहरहाल बाकी कवि और आलोचक जो कर रहे हैं, वे जाने। अपने हिस्से की बात मैं कह रहा हूँ। मैं कह रहा हूँ कि मेरी यह कविता सिपाही सतीश कुमार पाण्डेय की बात से कमतर है। कई बार कविता अपना रूप बदल कर किसी बड़े सच को लिबास पहनकर हमारे सामने प्रकट होती है। मैं बाहर था, सिपाही सतीश ने एक सन्देश से मेरा ध्यान खींचा और उनकी वाल पर गया। वाल पर अंकित उनकी बात ने मेरे दिल को छू लिया। मुझे लगा कि यह सिर्फ एक बात नहीं कविता है। सच तो यही है कि किसी कविता में कोई बात नहीं तो फिर वह कविता कैसे कविता हुई? खैर सिपाही सतीश की वह बात जस-का-तस–

"धूप में लाचार खड़े सिपाही का दर्द लिख रहा हूँ, प्यास के मारे बादलों को निहारते आँखों का पानी लिख रहा हूँ। अफसर, नेता कि यातनाएँ, बेदना, घुटन से किस तरह मजबूर है, सिपाही की कहानी लिख रहा हूँ। माना कि सब भले नहीं हैं इनमें भी, मगर जो हैं उनका दर्द लिख रहा हूँ। मन करता है इनके महबूब के पायल कि आवाज लिखूँ, इनके छोटू और गुड़ियाँ का दुलार लिखूँ, पर सुनता हूँ फिर होगा इनका ट्रान्सफर बताओ। मैं कैसे इनके महबूब का प्यार लिखूँ बच्चों का दुलार लिखूँ। जिन्दगी मुफलिस में गुजरती है इनकी फिर भी ओठों की मुस्कान लिख रहा हूँ। तीस रूपये में महीने भर की चमकती वर्दी की कहानी लिख रहा हूँ। चार सौ रू. में मिलनेवाले मकान भत्ते कि कहानी लिख रहा हूँ। पुलिस आफिस में बाबुओं की मनमर्जी और उनके शोषण का दर्द लिख रहा हूँ। चोर भागे मोटरसाईकिल से सिपाही दौड़ाये साईकिल से, ऐसे मिलनेवाले साईकिल भत्ते की कहानी लिख रहा हूँ। धूप में लाचार खड़े सिपाही का दर्द लिख रहा हूँ, प्यास के मारे बादलों को निहारते आँखों का पानी लिख रहा हूँ।"

मैं जिन मित्रों का ध्यान खींचने के लिए यह सब लिख रहा हूँ, वे मेरी इस बात से सहमत होंगे कि कविताएँ कभी जीवन से बड़ी नहीं होतीं। कवि भी कभी पाठक से बड़ा नहीं होता। आज का आलोचक तो खैर क्या होता है! मैं नामवर जी को कुछ नहीं

कह रहा हूँ। क्योंकि उन्होंने काशी नाथ सिंह को सवाल का जवाब देते हुए कहा था कि फणीश्वर नाथ रेणु क महत्त्व को देर से समझा, यह भूल हुई। ऐसे आलोचक आज और कहाँ? अहंकार में डूबा हुआ आलोचक अपनी बेईमानी के लिए कभी तनिक भी लज्जित नहीं होता है। आलोचक कहे या न कहे कि उसकी आलोचना से दूसरे की कविता अच्छी है, पर मैं कहता हूँ कि सतीश की कविता मेरी कविता से अच्छी है। मैं किसी उचित सदन का सदस्य होता तो सतीश के दर्द को सिर्फ सतीश जैसे लाखों सिपाहियों के दर्द के रूप में नहीं, बल्कि उत्तरप्रदेश के शासन और समाज को बेहतर बनाने की कुंजी के रूप में देखता। यह ठीक है कि पुलिस में सब अच्छे नहीं होते हैं, लेकिन वे ऐसे हैं तो उसकी वजह क्या है, क्या यह देखना हमारा फर्ज नहीं? व्यक्तिगत रूप से मैंने अच्छे और खराब दोनों तरह के लोगों को देखा है। मेरे मित्र ही नहीं, शिष्य भी पुलिस में हैं। कुछ ऐसे हैं जिन पर नाज है। हाँ, अलबत्ता सतीश ने कान्स्टेबिल वर्ग के लोगों की जिस पीड़ा का चित्र खींचा है, उसके भीतर प्रवेश करने पर हमें उनके मनोविज्ञान और दर्द का पूरा पता मिलता है। अपराध मुक्त कैसे हो यह समाज, इसके लिए कई स्तरों पर काम करने की जरूरत है। आये दिन होनेवाली घटनाओं की रोकथाम के लिए हमें पुलिसतन्त्र को जवाबदेह और अधिक कुशल बनाने के लिए बड़े पुलिस सुधार की जरूरत है। उनकी नौकरी की सेवा-शर्तों और स्थितियों में बड़े बदलाव की जरूरत है। उन्हें अच्छे वेतनमान और खुशहाल जीवन के लिए जरूरी सुविधाओं की उतनी ही जरूरत है, जितनी दूसरों को। यह कितनी बड़ी विडम्बना है कि वे साइकिल से मोटरसाइकिलवाले अपराधी का पीछा करें? तेज वाहन का पीछा खटारा जीप से करें? पुलिसतन्त्र को पूरी तरह से आधुनिक बनाने का समय आ गया है, उन्हें अनावश्यक राजनीतिक हस्तक्षेप से मुक्त करने का भी समय आ गया है। पुलिसतन्त्र को एक हद तक पारदर्शी बनाने का भी समय आ गया है। पुलिस के लोग भी आदमी हैं, महँगी गाड़ियों में बैठे नेता जी को ही नहीं, सिपाही जी को भी भयानक गर्मी में ठण्डा पानी पीने का हक है। वे भी आदमी हैं, मशीन नहीं। उनका भी परिवार है, बच्चे हैं। उनके पास भी एक अदद दिल है, जो रोता है। मेरा दिल भी उनके दिल के साथ रो रहा है। आलोचकों को छोड़कर जिनके पास भी दिल होगा, सतीश की बात से रो पड़ेगा। हम पुलिस से उम्मीद करते हैं कि हमारे आँसू पोछें तो भला हम उनके आँसुओं को नजरअन्दाज कैसे कर सकते हैं?

# स्वतन्त्रता क्या मनुष्य और पशु में भेद नहीं करती है?

पिछले दिनों हुई एक खुदकुशी ने एफबी की दुनिया को भीतर से मथ दिया है। जिन्होंने इस दुनिया को सहसा छोड़कर जाने का फैसला किया, वे मेरे मित्र नहीं थे। मेरी मित्र सूची के कुछ मित्रों के मित्र थे। वे जो भी थे, अच्छे या बुरे, मैं उन्हें ठीक से जानता नहीं था, फिर भी उनकी खुदकुशी और उसके बाद लोगों की प्रतिक्रिया से दुःखी था। कोई उन्हें निर्दोष बता रहा था तो कोई कह रहा था कि खुदकुशी दोषमुक्त होने की गारण्टी नहीं! आज की दुनिया बहुत खुल गयी है, शायद इतनी कि जरा-जरा-सी बात पर भी विरोध का स्वर मुखर हो जाता है। यह अच्छी बात है। स्वागतयोग्य, पर इस खुलेपन की क्या हर बात स्वागत योग्य है?

पता नहीं क्यों, मुझे लगता है कि इधर कुछ खुलापन अधिक ही खुल गया है। लगता है कि अतिआधुनिकता का कोई नया क्षितिज यौन स्वाधीनता के रूप में हमारे समय में नये विचारसूर्य की तरह उदित हुआ है। जैसे कई हजार साल पुरानी सभ्यता और संस्कृति में ऐसी कोई चीज कभी थी ही नहीं और यह पहली बार हो रहा है। हो सकता है कि सचमुच इसमें कुछ बहुत नया हो। मनुष्यों की यौन स्वतन्त्रता और पशुओ की यौन स्वतन्त्रता में क्या अच्छा और क्या बुरा है, यह मेरे अध्ययन का विषय कभी नहीं रहा है। कविता में भी मैंने कभी बिहारियों की कविता को पसन्द नहीं किया है, आज के हिन्दी के राजधानी के एकाधिक डॉनों में से एक कवि चाहे बिहारी के नाती ही क्यों न हों, उनकी कविता को भी स्त्रीदेह के शब्दानुवाद की वजह से पसन्द नहीं करता। खैर, यह और बात है। यहाँ खुदकुशी वाले व्यक्ति के उभयपक्ष की सहमतिवाले तर्क को फर्श पर रखकर देखना चाहता हूँ। आखिर पुरुष क्यों विवाहेतर सम्बन्ध के लिए अधिक व्यग्र रहता है? इस रिश्ते के लिए हमारे यहाँ विवाह जैसी संस्था क्यों बनी? आजकल, कभी-कभार लिव-इन रिलेशन जैसी बातें क्यों सामने आ रही हैं? यदि यह कोई बहुत तार्किक, स्वास्थ्यवर्द्धक और उच्च मूल्यों को प्रतिष्ठित करनेवाली चीज है तो इसे ही क्यों न विवाह की जगह अनिवार्य बनाने को कानून बना दिया जाये? यदि बुद्धिजीवी बन्धुओं को लगता है कि इससे समाज एक कदम और आगे जायेगा, तो उसे आगे क्यों नहीं ले जाना चाहिए? क्या अपवाद को समाज की मुख्यधारा मान लेना चाहिए?

अगर पितृसत्तात्मक समाज को मातृसत्तात्मक बनाना जरूरी है तो उसे बनाने की दिशा में कानूनी पहल क्यों नहीं? पिता का नाम अभिलेखों से हटाकर माँ का नाम क्यों न दर्ज किया जाये? वह भी क्यों, पशुओं की तरह बच्चे पैदा करके दूध पीने की उम्र के बाद उन्हें छोड़कर चल देने की परम्परा क्यों नहीं शुरू की जाये? स्वतन्त्रता का यह संसार क्या कम आकर्षक होगा? सौ फीसदी स्वतन्त्रता। यौन सम्बन्ध बनाइये और तुरन्त भूल जाइए कि कुछ हुआ है। जैसे चाट की दुकान से बाहर हो जाते हैं, जाइये मंच पर खड़े होकर आराम से भाषण दीजिये। विचार झाड़िये। अगर यौन क्रिया इतनी स्वतन्त्र है, तो फिर भ्रष्टाचार करने या घूस लेने की स्वतन्त्रता क्यों नहीं? और यह स्वतन्त्रता भी कोई मूल्य है या स्वभाव का अंग? कोई कानून-वानून? स्वतन्त्रता क्या मनुष्य और पशु में भेद नहीं करती है? आखिर पशुओं की दुनिया में कोई विचार या मूल्य का संसार है क्या? पशुओं के संसार में सेक्स का सम्बन्ध सन्तानोत्पत्ति की भावना से जुड़ा है? मनुष्यों को वस्त्र पहनने की परतन्त्रता आखिर क्यों, नंग-धड़ंग रहने की स्वतन्त्रता क्यों नहीं? मनुष्य क्यों एक घर बनाये, बच्चों को पढ़ाये-लिखाये, शादी-ब्याह करे? यह सब करनेवाले बेवकूफ हैं? इसी विधि से पढ़-लिखकर बुद्धिजीवी बननेवाले लोग, कोई और समाज बनाना चाहते हैं या स्वतन्त्रता को, स्वतन्त्रता के लिए प्राण देनेवाले दीवानों से अधिक समझते हैं तो अपने लिये एक अलग दुनिया क्यों नहीं बना लेते?

बहरहाल, आज मीडिया ने ऐसे तमाम मुद्दों को सामने लाकर तमाम पीड़ित स्त्रियों को न्याय दिलाने के लिए उम्दा कोशिश भी की है। कई प्रभावशाली लोग कानून की पकड़ में आ सके तो मीडिया भी कहीं-न-कहीं श्रेय पाने की स्थिति में दिखती है। मीडिया का काम सिर्फ सच को जस-का-तस दिखा देना ही नहीं होना चाहिए और न एक पक्ष बन जाना चाहिए, बल्कि एक शिक्षक की तरह दण्ड और पुरस्कार की आँख से चीजों को देखते हुए बनते-बिगड़ते समाज को भी गौर से देखना चाहिए। देखना चाहिए कि समाज को क्या नुकसान पहुँचानेवाली बात है और क्या उसे फायदा पहुँचानेवाली है? मेरे कहने का आशय यह नहीं कि दो जन विशेष परिस्थिति में जैसे विवाह सम्बन्ध टूट गया हो या अधिक उम्र के कारण एक साथी दुनिया से चला गया हो और बच्चे न हों तो अकेलेपन की स्थिति में या ऐसे ही कोई बड़ा कारण हो तो किसी हमउम्र को जीवनसाथी की तरह साथ रखने में बुराई नहीं दिखती है, लेकिन इस तरह की गतिविधि को विवाह जैसी संस्था के विकल्प के रूप में देखना या हर उम्र के लिए उचित बताना या महिमामंण्डित करना मुझे कुछ ठीक नहीं लगता।

यह एफबी का संसार कई उम्र के लोगों का संसार है, कई समाजार्थिक और बौद्धिक स्तर के लोगों का संसार है, ऐसे लोगों का भी संसार है, जो अपने माता-पिता को कम और बाहर के विचार की दुनिया के आधुनिक या उत्तर आधुनिक माता-पिता को अधिक देखते हैं। कभी-कभी लगता है कि एकदम चुप रहना चाहिए। वैसे भी इस विषय पर कुछ कहना नहीं चाहता था, लेकिन किसी तरह कुछ कह गया।

# हिन्दी मेरी माँ है

भाषा की निर्मिति में सांस्कृतिक अवयवों की भी कम भूमिका नहीं होती है। प्रकृति, समाज, धर्म, अर्थ, राजनीति और इन सबसे बढ़कर लोकविश्वास और लोकजीवन की परम्परा की शक्ति, ये सब भाषा की रचना में सहायक होते हैं। भाषा का भी एक जीवन होता है। भाषा के भी मनुष्य से रिश्ते होते हें। भाषा ही मनुष्यों में रिश्ते बनाती है। रिश्ते आसमान से पैदा नहीं होते हैं। जिस भाषा का जीवन नहीं होता है, वह भाषा मर जाती है। वह भाषा केवल पुस्तकालयों की शोभा बन कर रह जाती है। भाषा की रचना भले ही मनुष्य करता है, लेकिन एक ऐसी स्थिति भी आती है कि जब भाषा मनुष्य को और अच्छा मनुष्य बनाती है। जैसे मनुष्य ने भाषा को निरन्तर समृद्ध किया है। भाषा मोटे तौर पर दो तरह की होती है। मैं यहाँ ज्ञान-विज्ञान और अध्ययन के माध्यम के रूप में भाषा की बात नहीं करूँगा। बल्कि उन दो रूपों की बात करूँगा, जो एक तो साधारण जीवन में रोजी-रोटी और सरकारी कामकाज तथा सामाजिक व्यवहार का माध्यम है, दूसरे वह भाषा जिसका प्रयोग लेखक लोग करते हैं अर्थात् जो सर्जनात्मक भाषा है।

यह बात-चीत भी किसी बड़े भाषा विमर्श के लिए नहीं है, बल्कि एक छोटी-सी सफाई है कि मैं हिन्दी को माँ जैसा कुछ क्यों कहता हूँ। बल्कि कुछ लोगों को हिन्दी का बेटा कहता हूँ या कहता हूँ कि ये हिन्दी के बेटे नहीं हैं। कभी-कभी जब समय विपरीत होता है या परिस्थितियाँ विपरीत होती हैं तो एक बाप को भी अपने बेटे के सामने सफाई देनी पड़ती है। कहते हैं कि इधर मूल्यों में क्षरण बहुत हुआ है। हर क्षेत्र में हुआ है। राजनीति, धर्म, वाणिज्य, साहित्य, सब जगह। सो भाषा में भी बहुत-कुछ खराब हुआ है। कविता की भाषा में पत्थर कूटने का जो काम शुरू हुआ है, उसे देखकर स्वर्ग में बैठे हुए पुरखों की आत्मा खूब तृप्त हो रही होगी। बहरहाल कविता की भाषा पर कभी आगे बात करेंगे। यहाँ नये कवियों के भाषा विवेक पर कुछ कहना है। इसलिए कहना है कि यह बता सकूँ कि में "हिन्दी के बेटे" जैसे पद का प्रयोग क्यों करता हूँ? शमशेर बहादुर सिंह नाम के एक कवि हिन्दी में हुए हैं, इस तरह इसलिए कह रहा हूँ कि कुछ नये कवियों को शायद यह मालूम नहीं होगा कि उन्होंने "चाँद का मुँह टेढ़ा है" संकलन की भूमिका में मुक्तिबोध को मर्द कवि कहा है। सवाल यहीं से शुरू हो जाता है कि उन्होंने ऐसा

क्यों किया? मर्द कवि कहने की क्या जरूरत थी? वह तो कहिये कि अभी कट्टर विमर्शवादियों ने अभी ध्यान नहीं दिया है वर्ना शमशेर को मर्दवादी कहकर स्त्रीविरोधी घोषित कर देते। तो हाँ, मर्द की जगह बहादुर या वीर या लड़ाका इत्यादि क्यों नहीं कहा? मर्द ही क्यों कहा? असल में नये कवियों को भी पता होना चाहिए कि शमशेर कविता की भाषा के जादू के जानकार थे। यों यह हर कोई जानता है कि शब्द की तीन शक्तियाँ होतीं हैं, अभिधा, लक्षणा, व्यंजना। मर्द शब्द को अभिधा में लेनेवाले शमशेर के साथ अनर्थ कर देंगे। ठीक वैसे ही जैसे जब मैं कहता हूँ कि, 'हिन्दी के बेटे' तो सीधे-सीधे माँ-बेटे के स्थूल सम्बन्ध में भाषा के इस पद को देख कर अनर्थ कर देंगे। अभी बताता हूँ...

पहले यह कि यह माँ का पद भी भाषा ही नहीं जीवन, समाज, सभ्यता, संस्कृति का शीर्ष पद है। आदिशक्ति ही नहीं सभी देवियों को भी माँ कहते हैं और परमेश्वर को भी पिता ही कहते हैं। और-तो-और नदियों को माँ कहते हैं। धरती को माँ कहते हैं। गाय को माँ कहते है। गाय को ही नहीं, बैल, भैंस, बकरी, कुत्ता आदि पशुओं को भी गाँव में बाबू-भैया, दीदी-बहिनी, मौसी इत्यादि सम्बोधन देते हैं। कई स्त्रियाँ तो गाय, बकरी आदि की असमय मृत्यु पर पारिवारिक सम्बोधन देते हुए विलाप करती हैं। कई घरेलू कुत्तों को बहुत पढ़े-लिखे और मेरी तरह बेवकूफ लोग भी बेटा कहते हैं। कई बच्चे भैया कहते हैं। आखिर जो अपनी माँ के पेट से पैदा नहीं हुआ है, उसे हम भैया क्यों कहते हैं? और तो और हम जिस ऑटो में बैठकर सफर करते हैं, उसके ड्राइवर को भाई साहब या बेटा या भैया क्यों कहते हैं? किसी बुजुर्ग को देखकर चाचा क्यों कहते हैं? गाँव में छोटी जाति या बड़ी जाति के लोगों को समान रूप से चाचा, चाची, भैया आदि से सम्बोधित क्यों करते हैं? इसलिए! इसलिए!! इसलिए!!! कि यह भावनात्मक संलग्नता है। यही सामाजिकता है। यह भावनात्मक श्रृंखला ही एक मजबूत समाज की रचना करती है। आशय यह कि थोड़ी देर के लिए अभिधा में भी 'हिन्दी के बेटे' को ले लें तो भी संलग्नता के स्तर का पता चलता है। भावनात्मक जुड़ाव की तीव्रता का पता चलता है। हालाकि ऐसा कुछ न भी हो तो सीधे-सीधे शब्द की शक्ति की ओर ध्यान केन्द्रित करूँगा।

जब मैं किसी को हिन्दी को बेटा कहता हूँ तो आशय यह कि हिन्दी के प्रति उसकी निष्ठा और ईमान का स्तर वही है जो एक माँ के प्रति एक बेटे का होता है। जब यह कहता हूँ कि 'वे हिन्दी के बेटे नहीं हैं' तो आशय ठीक वही है जैसे कोई कहे कि अमुक देशभक्त नहीं है। अर्थात् गद्दार है। हिन्दी हो या देश दोनों के लिए बात एक ही है। असल में यह माँ जैसा पद या दूसरे पारिवारिक पद हमारे सम्बन्धों के स्तर ही नहीं, भावनात्मक और मूल्यपरक निकटता और मजबूती को भी दर्शाते हैं। आखिर हम किसी को पत्नी क्यों कहते हैं, पारिवारिक सहायक क्यों नहीं कहते हैं या पार्टनर क्यों नहीं कहते हैं? गुरु को गुरु क्यों कहते हैं, शिक्षणकर्मी क्यों नहीं कहते हैं? आपको आपके दफ्तर में कोई क्लर्क क्यों नहीं कहता है? आपके उपनाम से क्यों सम्बोधित करता है? वही भावनात्मक निकटता का आधार। पर 'हिन्दी के बेटे नहीं हैं' कहते हैं तो उसके पीछे की

ध्वनि तो सीधे 'हिन्दी के गद्दार' की ही है। आखिर मातृभाषा पद क्यों है? फिर हिन्दी को माँ कहने से पहरेज क्यों? हिन्दी या दुनिया की कोई भी भाषा कोई फुटबाल है? मातृभाषा या सर्जनात्मक भाषा के साथ यह नासमझी क्यों?

सच तो यह है कि मेरे लिये हिन्दी, जीवन में परिवार और सभी सम्बन्धों का भी आधार है। सांस तो है ही। मुझ पुरस्कार के लिए हिन्दी में काम नहीं करना है। हिन्दी मेरे लिये ऑफिस की कोई फाइल नहीं है बच्चों, हिन्दी मेरे लिए कोई सिगरेट या शराब का प्याला भी नहीं है। हिन्दी मेरे लिये माँ है।

# बुखार में अखबार

परसों रात से बुखार है, पढ़ना-पढ़ाना फिलहाल परसों तक बन्द। उसके बाद चंगा हो जाने की उम्मीद है। कम्प्यूटर भी छू नहीं रहा था, लेकिन कल बहुत दिनों बाद, बल्कि सच तो यह कि कई सालों बाद मेरा हॉकर आखिर जनसत्ता ले ही आया और कुछ कहने से अपने को रोक नहीं पा रहा हूँ। जनसत्ता की तारीफ में कुछ नहीं कहना है, मेरी तारीफ से न तो वह और अच्छा हो जायेगा और बुराई करने से न तो और खराब हो जायेगा। जनसत्ता के बहाने शुद्ध पूँजीसत्तावाले (खुल्लमखुल्ला व्यावसायिक) अखबारों के बारे में कुछ कहना है। हालाँकि जनसत्ता भी पूँजी से जुड़ा अखबार है। बात जनसत्ता से ही करूँगा कि एक लम्बे समय के बाद उसको देखकर आँखों को सुख मिला? कोई कह सकता है कि अखबार भी क्या ऐसे होते हैं कि जिन्हें देखकर आँखों को सुख मिले? जरूर ओम थानवी से गणेश पाण्डेय के रिश्ते अच्छे होंगे, इसलिए जनसत्ता की तारीफ कर रहे हैं। मित्रो, ओम जी से मेरा कोई रिश्ता नहीं है। कुछ कभी उनमें भी है। मैं जनसत्ता की तारीफ कतई नहीं कर रहा हूँ, मैं तो उन अखबारों की बुराई करना चाहता हूँ, जिन्हें देखते ही आँखों में मिर्ची लगती है। जैसे तोते को मिर्ची पसन्द है, आज के पाठकों को भी आँखों में मिर्ची की तरह लगनेवाले अखबार क्यों बेहद पसन्द हैं? कहीं सारे-के-सारे हिन्दी अखबारों के पाठक तोता तो नहीं हो गये हैं?

मित्रो, जैसे मुहावरा है कि पेट के रास्ते दिल तक पहुँचा जाता है, उसी तरह आँखों के रास्ते भी दिमाग तक पहुँचा जाता है। कोई अखबार, समाचार, विचार और विमर्श का जो परिसर पाठक के लिए उपलब्ध कराता है या अपनी प्रस्तुति उस पर केन्द्रित करता है, तो उसे देखकर अच्छा लगता है। वह कितने रंगों में इससे कोई फर्क पड़ता, वह कितना सलीके का है, इससे फर्क पड़ता है। दिनमान तो श्वेत-श्याम था, उसे उस समय के पाठक कितना महत्त्व देते थे? राजनीति के बारे में तनिक भी जागरूक रहनेवाले पाठक के लिए बेहद जरूरी पत्रिका थी, आज वैसी एक भी पत्रिका नहीं है। उस दौर के शोध-छात्रों और सिविल सेवा के प्रतियोगियों के लिए अनिवार्य पत्रिका थी, यह उसका अतिरिक्त गुण था। आज रंग तो हजार हैं, पर वह बात नहीं, जो उसमें थी। साप्ताहिक हिन्दुस्तान और धर्मयुग का महत्त्व भी बहुत अधिक था। अखबारों में भी तब के अखबार इस तरह नहीं हुए थे। इधर व्यवसायिकता ने विचार और संवेदना को अखबारों से दूर किया है। उत्तेजना

तो मिल सकती है, संयम और विवेक सम्पादकों में सिरे से गायब है। जनसत्ता शुरू से ही एक खास तरह के पाठकों के बीच लोकप्रिय रहा है। जाहिर है कि ये पाठक, सामान्य पाठकों की तुलना में कुछ अधिक विचारसम्पन्न रहे हैं। तब अखबार हर कोई नहीं खरीदता था, आज मोबाइल की तरह चाय की गुमटी से लेकर हर कोई खरीद सकता है। जिसे देखो वही अखबार पढ़ता है, पर पढ़ता क्या है या पढ़ना क्या चाहता है? मुहल्ले के नेताजी की फोटो देखना चाहता है या मुहल्ले के कवि जी की या आलोचक जी की फोटो देखना चाहता है? क्या वह जानता है कि जिसकी तारीफ आज के अखबार में पत्रकार ने छापी है, उसमें कोई नुक्स नहीं है? क्या सचमुच उस व्यक्ति ने अपने क्षेत्र में ढंग का कोई काम भी किया है या खबर लिखने और फोटो छापनेवाले ने बेईमानी या बेवकूफी की है? क्या अखबारों का पाठक कभी सोचता है कि जिनकी फोटो अक्सर पत्रकार छापता है या जिनके बारे में निरन्तर खबरें छापता है, उनकी कोई कमी कभी क्यों नहीं छापता है? अखबारों का प्रसार इधर खूब बढ़ा है, क्या इसलिए कि लोग बिना यह जाने अखबार पढ़ते हैं कि वे इस अखबार को क्यों पढ़ते हैं?

मैंने मिर्ची की तरह आँख में लगनेवाले अखबारों की बात की है। बताता हूँ कि क्या है जो आँखों को चुभता है? आज के युवा पाठकों ने पहले के अखबारों को नहीं देखा है, पहले की पत्रिकाओं को नहीं देखा है, लेकिन वे आज जनसत्ता को कभी देखें तो क्या यह फर्क नहीं कर पायेंगे कि उनके शहर का अखबार सब कितना खराब छापता है? शायद वे फर्क नहीं कर पायेंगे, उनके लिए मुश्किल होगा। हाँ, विचारसम्पन्न युवा पाठक जरूर फर्क कर सकते हैं। मेरे शहर के कई अखबार मेरी आँख में मिर्ची की तरह लगते हैं। यह अखबार ऐसे हैं जैसे कोई ऐसी दुकान हों जिसमें हवाई जहाज से लेकर सुई तक सब रखा हो या केंचुए से लेकर डायनासोर तक सब रखा हो या सब बौने-ही-बौने लोग हों या सब अगड़मबाइस हो। जैसे ये अखबार न हों, किराने की दुकान का पर्चा हो चाहें तो ये सब मेरी इस बात से नाराज होकर मेरा नाम तक अपने अखबार में...क्षमा करें, बस दो मिनट, श्रीमती जी का आदेश है कि कल से कुछ खाया नहीं है तो पहले जरा-सा गरमागरम खिचड़ी हो जाये...हाँ तो मैं कह रहा था कि चाहे कोई मेरा नाम अपने अखबार में न छापे, पर क्या इस डर से यह कहना बन्द कर दूँगा कि तुम्हारा अखबार बुखार की खिचड़ी नहीं है जो फायदा करे। यह तो पाठक की रुचियों को ही नहीं, उनके विचार और विवेक तन्त्र को ध्वस्त करने की चीज है। हाँ-हाँ, अफीम भी कह सकते हैं, स्थानीयता का अफीम। हाँ, वही मुहल्लेपन का अफीम! आँचलिकता बुरी चीज नहीं है, पर प्रतिमान वही बनेंगे जो आपके अँचल का श्रेष्ठ हो आपका अखबार उसे ही बड़ा या श्रेष्ठ बताये जो सचमुच अपने लेखन या कार्यों से बड़ा या श्रेष्ठ हो, हरगिज-हरगिज गधे को घोड़ा या चूहे को शेर की तरह नहीं छाप सकते, आप ऐसा करते हैं तो आप भी उतने ही बेईमान हैं, जितने राजनीति के लोग। जिन अखबारों को देखता हूँ, सब बस दो मिनट में देखकर फेंक दिये जाते हैं। बस अपने दफ्तर से जुड़ी खबरें और कुछ सूचनाएँ। क्या एक अखबार का परिसर सिर्फ यही है? इधर कई राष्ट्रीय अखबारों ने अपने चरित्र को क्षेत्रीय बना लिया

है। अंचल विशेष की छोटी से छोटी चीजों को प्रमुखता से छापना। न छापने लायक चीजों को भी प्रमुखता से छापना।

जिस अखबार के सम्पादक में इतना विवेक न हो कि वह प्रति सप्ताह सम्पादकीय पेज पर अपनी फोटो पैण्ट की मियानी तक का छापता हो, ऐसे सम्पादक से और उम्मीद भी क्या की जा सकती है। ऐसे सम्पादकों के स्थानीय सम्पादक कैसे-कैसे होंगे? ऐसे ही सम्पादकों का समय है यह। ऐसे सम्पादक क्या छापेंगे? सच तो यह कि इन्हीं वजहों से अब अखबार का एक-एक अक्षर चाटने वाले पाठक नहीं मिलेंगे, वे पढ़ें या सम्पादक जी की पैण्ट की मियानी तक फोटो देखें। आज की तारीख में अखबार में छपी रंगीन फोटो चाटनेवाले लोग मिलेंगे। जब अखबारों में साहित्य और विचार का ढंग का परिसर नहीं है, तो पढ़ें तो क्या? खबरें भी पहले चैनल पहुँचा देते हैं, उनका भी कोई खास आकर्षण नहीं। आखिर क्या बात है कि देर से आने पर भी जनसत्ता आज अच्छा लगा? इसका अर्थ यह नहीं कि आज का जनसत्ता अच्छा है या बहुत अच्छा है, मैं ऐसा कुछ भी नहीं कहूँगा, मैं बस इतना कह सकता हूँ कि रेड़ का पेड़ है। जहाँ कोई पेड़ नहीं होता है, वहाँ रेड़ का पेड़ ही बड़ा होता है। जनसत्ता में साहित्य जब मंगलेश जी देखते थे, तब भी उसकी सीमा थी। सब अच्छी कविताएँ नहीं होती थीं। आज भी जनसत्ता में काफी विमर्श और साहित्य ऐसा है, जो नखदन्त विहीन होता है अर्थात् जिनमें कोई जोखिम नहीं होता। राजनीति का सच फटकार कर कहना जैसे अखबार की नैतिकता है, उसी तरह अपने समय के साहित्य का सच कहना भी अखबार की नैतिकता है। संसद में जानेवाले दागी लोगों की ही नहीं, साहित्य और कला की अकादमियों की भी आलोचना करना एक अच्छे अखबार के लिए उतना ही जरूरी है। वह अखबार जो अपने साहित्य के परिसर के लिए जाना जाता हो, उसके लिए तो और भी जरूरी है। कहना और भी है, पर बुखार में अधिक बड़बड़ाना ठीक नहीं। अन्त में यह कि मेरा बुखार तो दो दिन में ठीक हो जायेगा, पर हिन्दी के इन अखबारों और पाठकों का बुखार कब जायेगा?

# माँ नाम की किताब कभी पीछा नहीं छोड़ती

मित्रो, यह समय यों तो अपने-आप में ही विचार और जीवन के विलक्षण द्वैत की वजह से, विचार से विश्वास के उठने का है, जिसके लिए कोई अन्य कारण ढूँढने की जरूरत नहीं है, फिर भी कुछ और बातें हैं, जहाँ ध्यान आप-से-आप जाता है। कई बार देखने में आता है कि कट्टर मार्क्सवादी, एक समय के बाद मठ और मन्दिर की शरण में चले जाते हैं। अचानक उन्हें दक्षिणपन्थी संगठनों से प्रेम हो जाता है।

बायें बाजू से प्रेम करनेवाले प्रोफेसर लोग तक, पगहा तुड़ाकर दायीं ओर हरे चने के खेत में निकल जाते हैं। कई दृढ़ प्रगतिशील अपने बच्चों के शादी-ब्याह में पियरी धोती पहनकर वह सब करते हैं जो गैर मार्क्सवादी करते हैं। बड़े-बड़े वैज्ञानिक अपने मिशन की सफलता के लिए बाकायदा अनुष्ठान करते हैं। पूजा और विज्ञान के परिसर में? बहुत से लोग रक्षा-सूत्र पहनते हैं। बहुत सारी बातें हैं। यह सब तो फिर भी कुछ कम है। बहुत से लोग गरीब होकर चोरी करते हैं, बहुत से लोग अमीर होकर चोरी करते हैं, क्या मार्क्सवादी और क्या गैर मार्क्सवादी? बहुत से लोग दूसरे की सम्पत्ति, हिस्सा, कुर्सी, यश, पुरस्कार इत्यादि लूट लेते हैं। जहाँ अच्छे को बैठना चाहिए वहाँ बुरा बैठ जाता है। तमाम लोग विचार के आधार पर संगठन बनाते हैं और विचार से दगा करनेवाले लोगों को उसमें शामिल कर लेते हैं। आयोजनों में कविता पाठ या कहानी पाठ कराते हैं।

जल, थल और वायु सेना की तरह लेखकों की तीन-तीन सेनाओं जैसे तीन लेखक संगठनों के रहते हुए साहित्य की अकादमियों में दक्षिणपन्थी कैसे पदारूढ़ हुए, कैसे सब अपने हाथ में ले लिया? क्या कर रहे थे ये सब? साहित्य का भाड़ झोंक रहे थे या साहित्य के दरबारों में चम्पी कर रहे थे? क्या इन नासमझों के एक बूँद पानी में या बिना पानी के ही डूब मरने के लिए काफी नहीं है? कहने का आशय यह कि पतित कोई भी हो सकता है, बुरा होने से रोकना किसी किताब के हाथ में नहीं है! दुनिया-भर में 'पूँजी' ही नहीं, महान् धर्मों से जुड़ी बड़ी पूज्य किताबें भी हैं, पर क्या दुनिया से बुराई खत्म हो गयी?

एक दिन एक युवा लेखक ने मार्क्स का हवाला देते हुए कहा कि मार्क्स ने एक मजेदार बात कही थी—एक व्यक्ति के तौर पर कोई सर्वहारा उतना ही पतित हो सकता है, जितना कोई अन्य व्यक्ति और कोई पूँजीपति भी एक भला मनुष्य। सर्वहारा

पतित-से-पतित हो सकता है, पर हम उसके साथ हैं तो इसलिए कि वह मुक्तकामी है। आज हमारे समय का बड़ा सवाल तो उन लोगों से जुड़ा है जो लोग इन आम लोगों को रास्ता दिखाने का धन्धा करते हैं। जहाँ तक मैं समझ पाता हूँ, जनता के भ्रष्ट होने से समाज और व्यवस्था भ्रष्ट नहीं होती है, राजा या नायक के भ्रष्ट होने से समाज या व्यवस्था भ्रष्ट होती है। बिना राजा या नायक के बदले कोई बड़ा और सार्थक बदलाव मुश्किल है। जिस देश की राजनीति के समकालीन चरित्र और आदर्श भ्रष्ट होंगे या जिस समय के बदलाव के नायक और गायक भ्रष्ट होंगे, वहाँ जनता भी क्या भला कर सकती है? आज ग्रामसभा के प्रधान से लेकर राजधानी के प्रधान तक सब सरकार हैं, सब नायक हैं, सब राजा हैं। जो सरकार में नहीं हैं या सरकार में जाने की उम्मीद में नहीं हैं, सब जनता है। यह जनता भ्रष्ट नहीं है। मैं कहता हूँ कि यह जनता भ्रष्ट नहीं है, बड़े कष्ट में है। बहुत छली गयी है। बहुत मार खायी है। इसे अपनों ने बहुत ठगा है। यह बैलगाड़ी पर बैठकर चाहे मोटर पर सवार होकर ठगे जाने के लिए गीत गाते हुए आती-जाती है। इस जनता की लाख कमी सिर्फ यह है कि यह उम्मीद का दामन कभी नहीं छोड़ती। अपने दुश्मन से भी अच्छे की उम्मीद करती है। जैसे हिन्दी के पाठक हिन्दी के गन्दे से गन्दे लेखक से भी उम्मीद नहीं छोड़ते। विचार, सिद्धान्त, आदर्श कब कहाँ दगा देने लगें, कोई नहीं जानता। विचार, सिद्धान्त, आदर्श भी नहीं जानते कि वे कब ऐसा करने लगेंगे या कौन उनसे यह गन्दा काम कराने लगेगा, कौन नायक, कौन लेखक, कौन गुरु, कौन शिक्षक, कौन पत्रकार? कई बार व्यक्तिगत जीवन में छले जाने के बाद साधारण जन तो धर्म या प्रभु की शरण में जाते ही हैं, कई प्रगतिशील जन भी छले जाने के बाद या अकेलेपन की वजह से किसी शक्ति की खोज में निकल पड़ते हैं। सच तो यह कि जनता प्रायः प्रभुओं के नाम पर छली जाती रही है। हजारों किस्से हैं। चैनल सब दिखाते हैं। सब-कुछ। इसके बाद भी मनुष्य जाये तो कहाँ जाये? आज की तारीख में जनता के कम और विशिष्टजनों तथा समाज और देश के नायकों के पतन के किस्से से यह संसार ज्यादा अटा पड़ा है। मनुष्य के सामने भव सागर को पार करने की नहीं, निराशा के इस महासागर को पार करने की समस्या है।

दसअसल यह सब कहीं-न-कहीं मनुष्य के स्वभाव और चरित्र से जुड़ी बातें हैं। कई बार कोई घटना आपके जीवन में किताब से भी ज्यादा प्रभाव डालती है। आपका बचपन आपके भविष्य की किताब को लिखता है। बचपन में जो संस्कार माँ के दूध की घुट्टी के साभ भीतर जाते हैं, कभी बाहर नहीं होते, जीवन-भर साथ रहते हैं। कभी मुखर होकर तो कभी छिपकर। ऐसे उदाहरण भी हैं, जिसमें एक किशोर बहुत पहले अर्थात् अपनी तरुणाई में राहुल सांकृत्यायन की दर्शन-दिग्दर्शन पढ़कर जीवन और जगत् को बिल्कुल नये नजरिये से देखता है, पर जब आगे जीवन में मुश्किलें आती हैं, कोई मददगार नहीं होता है, न विचार, न लोग, तो फिर से वह अपने बचपन के संस्कारों के अरण्य में चला जाता है। भारतीय माँ नाम की किताब अपने बच्चों को शुरू से ही प्रभु के पाठ पढ़ाती है। प्रभु होते ही इसलिए हैं कि रोज रक्षा करें, रोज मुश्किलों से बचायें। कोई संकट

और कोई विफलता न आने दें। भारतीय माँ के प्रभु कोई आइसक्रीम खिलाने के लिए थोड़े होते हैं। मैं यहाँ की बात कर रहा हूँ, कहीं और की नहीं। माँ की किताब जीवन-भर पीछा नहीं छोड़ती, आप उसे पलटकर देखें या नहीं, पर वह किताब आपके पीछे लगी रहती है। शायद इसीलिए कई लोग वैज्ञानिक सोच और विश्वास विकसित कर लेने के बाद भी, 'व्यक्तिगत जीवन में' छोटे या बड़े संकट के आने पर वापस माँ की किताब के पास लौट जाते हैं। यह लोग शायद बुरे लोग नहीं होते हैं। क्या करें आखिर जब विचारधारा का पहाड़ सिर पर लेकर घूमने वाले लोग ही इनकी पीठ में छुरा भोकने लगें, दगा करने लगें? ऐसे लोगों को लगता है कि प्रभु कुछ करें या न करें, कम-से-कम विचारधारायें प्रभुओं की तरह उनके साथ दगा तो नहीं करेंगे, पीठ में छुरा तो नहीं भोंकेंगे।

विचार की किताब जीवन के अरण्य में अब तक हमें बचाने में किसी हद तक विफल दिखती है, लेकिन इसका आशय यह नहीं कि नुक्स विचार की किताब में है, शायद विचार की किताब पढ़ाने वालों में ही नुक्स है। माँ की किताब को पढ़ाने वाले की जरूरत नहीं, उसे तो बच्चा अपनी बचपन की आँख से ही बहुत अच्छे से पढ़ लेता है।

# आपकी सदिच्छा का सम्मान करता हूँ

आप मेरे शुभेच्छु हैं। आपकी सदिच्छा का सम्मान करता हूँ। मैं मानता हूँ कि वे नहीं बदलेंगे, या कुछ नहीं बदलेगा और यह भी मानता हूँ कि मैं यह सब कर भी नहीं पाऊँगा। मैं तो साहित्य का बहुत छोटा कार्यकर्त्ता हूँ। आपने खुद कहा है कि मुझे अपना काम करना चाहिए, मैं सिर्फ अपना काम कर सकता हूँ और वही कर रहा हूँ।

पृथ्वी पर सबके लिए थोड़ी-सी जगह होती है। राजा के लिए बहुत तो रंक के लिए भी जरा-सी। पृथ्वी पर चोर भी रहते हैं तो साव भी। क्या सब चोर ही रहते हैं? सब राजा-वजीर ही नहीं होते हैं, कुछ कारिन्दे और कुछ चौकीदार भी होते हैं। आखिर एक चौकीदार का भी तो काई धर्म होता है या नहीं? क्यों वह अँधेरी रात में खाली सड़क पर लट्ठ खड़खड़ाता है और आवाज लगाता है? जब उसका काम महान् पूँजीपतियों जितना रुपया कमाना नहीं है तो वह लट्ठ ही खड़खड़ायेगा? समाज में अमन-चैन और हिफाजत रहे, इसलिए कुछ लोग राजा नहीं बनते हैं, सिपाही बनते हैं, ट्रैफिकवाला बनते हैं, फौज में जाते हैं, कुछ लोग समाजसेवी बनते हैं...आप तो जानते हैं कि मुझमें राजा बनने की इच्छा कभी नहीं थी, जिन्दगी-भर सुई की नोंक बराबर थोड़ी-सी जगह यहाँ की हिन्दी की दुनिया में पाने के लिए लड़ाई की। आप ही बताएँ, किस आँखवाले राजा के राज्य में ऐसा होता रहा है कि दरबारी, नौकर-चाकर जैसे लोग स्वाभिमानी प्रजा के सिर पर पैर रखकर चलते थे, उसका तनिक साफ-सुथरा अँगरखा फाड़ देते थे? आशय यह कि बुनियादी तत्त्व जीवन में कभी नहीं बदलता है। दरबारी, दरबारी होते हैं और विद्रोही, विद्रोही। क्या स्वतन्त्रता आन्दोलनों के दिनों में यहाँ अंग्रेजों के दलाल नहीं थे? इसे भी छोड़िये, जिसका जो काम है, वह वही करता है। बाघ का काम गधा नहीं कर सकता और मोर का काम हाथी नहीं कर सकता है। वीर का काम कायर नहीं कर सकता और दीवाने का काम कोई धंधेबाज नहीं कर सकता।

मुझे महान् काम नहीं करना है। रामचरितमानस नहीं लिखना है। मुझे कविता का विश्वविजय नहीं करना है? मुझे कबीर, सूर, तुलसी, जायसी, निराला, रामचंद्र शुक्ल, हजारी प्रसाद, रामविलास इत्यादि नहीं बनना है, जिन्हें यह सब बनना है, क्या कर रहे हैं या अब तक किया क्या है? मुक्तिबोध ने कहा है जीवन क्या जिया? मर गया देश, अरे जीवित रह गये तुम? इन कथित महान् लोगों के रहते आखिर पूर्वांचल में हिन्दी तो मर ही गयी न? असल में इन बेईमानों को हिन्दी की चिन्ता कहाँ थी? इन्हें तो अपने

सरदार को अमर करने की चिन्ता थी। इनकी समझ पत्थर से आगे कहाँ जाती? पत्थर पर लिखा गया अमुक पद तो अमर हो गये, यह है इनकी समझ। जिन नासमझों को यह सब करना है, करें। यह मेरा काम नहीं है। जैसे वे मेरा काम नहीं कर सकते हैं, वैसे ही मैं उनका काम या उनकी तरह काम कैसे कर सकता हूँ।मैं यह नासमझी कैसे दिखा सकता हूँ कि फूल-मालाओं से लाद कर कहूँ कि आप अमुक अकादमी के अध्यक्ष हो गये हैं तो आपने जग जीत लिया है, क्या आप खुद यह कह सकते हैं कि अमुक प्रधानमंत्री हो गये तो गाँधी, नेहरू, लोहिया इत्यादि हो गये हैं? जाहिर है कि किसी पद पर पहुँचना एक लोकतान्त्रिक प्रक्रिया है, बौद्धिक या साहित्यिक उपक्रम नहीं। मैंने तो यहाँ के लोगों को अनेक छोटे-मोटे या बड़े-बड़े लोगों के सामने साष्टांग होकर पूजा करते देखा है, देखा तो आपने भी है, भला मैं या जो न चाहे वह यह सब कैसे करें, अपना मैं करूँगा।

मैं जानता हूँ कि मेरे कहने से कुछ नहीं होगा, दुनिया जैसे है, वैसे ही चलेगी। आपके मुहावरे में कहूँ तो सब ऐसे ही चलेगा। आप तो साहित्य के एक कथित बड़े पुरस्कार-व्यास-की चयन समिति इत्यादि में रहे हैं, आप निकट से जानते हैं कि आज ऐसे पुरस्कारों की पात्रता और महत्त्व क्या रह गया है। मैं साहित्य के इस पक्ष को लेकर आपकी बात से सौ फीसदी सहमत हूँ कि साहित्य में सब ऐसे ही चलेगा, लेकिन निवेदन यह कि शुरू में अंगेजों को हटाना भी तो असम्भव था या नहीं? बाल-विवाह और बेमेल विवाह और सती प्रथा इत्यादि बुराइयो को दूरे करने की कोशिश भी तो आखिर हुई या नहीं? किसी हद तक कुछ बुराइयाँ, खत्म या कम हुईं। यह भी सच है कि भ्रष्टाचार की बुराई, जातिवाद की बुराई, दहेज की बुराई, स्त्री-हिंसा इत्यादि की समस्या जस-की-तस है तो क्या इसके खिलाफ आवाज न उठायें?

छोड़िये यह सब, दुनिया से पूँजीवाद का नाश नहीं होगा, साम्प्रदायिकता खत्म नहीं होगी, धार्मिक कट्टरता ऐसे ही रहेगी तो क्या इन्हें हटाने की कामना भी जिन्दा न रहे? जो लोग बेहतर दुनिया का स्वप्न देख रहे हैं, वे अपनी आँखें साहित्य अकादमी के गुसलखाने में जमा करे दें? इसे भी छोड़िये, कुछ लोग इस देश को यह जानते हुए भी कि सौ बार भी जन्म लें तो ऐसा नहीं होगा, फिर भी इसे हिन्दू राष्ट्र बनाने की बात करते हैं तो कुछ लोग यह जानते हुए कि सिर्फ उनके कहने से धर्मनिरपेक्षता का विचार मूर्त रूप नहीं लेगा, क्यों धर्मनिरपेक्षता की वकालत करते हैं? वे यह सब पाखण्ड कर सकते हैं तो क्या मैं साहित्य के घर को तनिक साफ-सुथरा करने की बात नहीं कर सकता? क्या साहित्य में सुधार की बात सचमुच नासमझी है? चलिये, साहित्य के घर को भी छोड़िये, खुद को तनिक बचाकर नहीं रख सकता हूँ?

आप जानते है कि मेरा एक छोटा-सा उपन्यास है- 'अथ ऊदल कथा'। मैं यहाँ जिंदगी भर तरसता ही रहा कि कोई मेरा आल्हा बने, बना कोई? मैं आज खुद आल्हा हूँ। मैंने बस युवा अवस्था में ही नाम-इनाम की नन्हीं-सी इच्छा को अपनी इन्हीं कलम पकड़नेवाली उँगलियों से मसल दिया और आल्हा बन गया। जो ठीक समझता हूँ। कहता

हूँ। अपने छोटे भाइयों को आगाह करता हूँ, उनके आँसू पोंछता हूँ, यही मेरा साहित्य में सबसे बड़ा काम है। जो हो सकता है करता हूँ। अनुमति दे तो अपनी एक कमजोर कविता से बात खत्म करना चाहूँगा। कमजोर कविता का जिक्र इसलिए कि मैं रचना को उस तरह नहीं देखता जिस तरह हिन्दी के विद्वान् देखते हैं। हिन्दी के विद्वान् सिर्फ अच्छी और महान् रचना को अच्छी नजर से देखते हैं, मैं एक खराब रचना को भी अच्छी नजर से देखता हूँ। देखता हूँ कि तमाम राख में कहीं कोई चिंगारी है या नहीं? है तो मेरा ध्यान जायेगा। मेरी इस कविता में कवि जीवन का थोड़ा-सा बारूद है, कला का पहाड़ नहीं—

मैंने अपना काम किया
मैंने अपना काम किया

छोड़ो किसने क्या किसके संग किया
चींटी की गति को देखा सप्रेम
किसी नीम की छाल चूमकर पूछा दर्द
पास दिखा जब कोई सच्चा जैसा
कँधे पर रख दिया हाथ

जहाँ जरूरत थी बोला टूटा-फूटा
विद्या के मन्दिर में झाड़ू नित्य दिया
खुद को रखा साफ बचाकर मुश्किल से
धूल फेंकने वाले थे तमाम
कुछ को तो गरियाया खूब
कुछ को लेकिन माफ किया

जीवन के सर्कस में स्कूटर से गिरा गजब
फिर भी न मरा
पहली बार भिड़ा बकरी से
बिजली के खम्भे फाट पड़ा अगली बार
उसके बाद
सिर दे मारा हिन्दी की बिल्डिंग पर
रहा तनावों में अक्सर
अलबत्ता
खुद पर हँसने का खेल नहीं कर पाया

जाने-अनजाने में
ऐसे ही कुछ इक्का-दुक्का काम किया

किसने खाया किसका हबर-हबर
किसने फेंका किसपर छिपकर अप्रकाश
धाट किया किस विधि से
जीवन की कविता में किसने फ्रॉड किया
छोड़ो भी
जिसने जो भी किया
किया उसे यों दूर चुटकी से
देखो जी मैंने अपना काम किया

अन्त में यह कि साठ की उम्र में न मैं खुद को बदल जाऊँगा, न वे। वे जो कर सकते हैं करते रहें, मुझसे जो हो पाएगा करता रहूँगा। मैं अच्छी तरह जानता हूँ कि आप मेरा मंगल चाहते हैं आप चाहते हैं कि कविताएँ निरंतर लिखता रहूँ। कोशिश करूँगा कि आगे कुछ अच्छी कविताएँ जरूर लिखूँ। गद्य को निराला ने जीवन संग्राम की भाषा कहा है, इससे दूर नहीं हो पाऊँगा।

# कविता को अच्छी कविता बनाने की कोशिश

'स्वर एकादश' की वजह से कई कवियों ने ध्यान खींचा है। संकलन में संकलित कवियों के स्वर की विविधता ने ही नहीं, बल्कि तीव्रता ने भी चौंकाया है। इनमें कई ऐसे कवि हैं जो काफी समय से लिख रहे हैं। अलग-अलग अवसरों पर उनकी कविताओं ने पहले भी ध्यान खींचा था। पर यहाँ ठहर कर और एक साथ कई कविताओं की रोशनी के बीच देखने पर इनका महत्त्व बढ़ जाता है। भूमिका में ठीक ही कहा गया है कि इनके स्वर अलग-अलग हैं। हर कवि के स्वर की निजता कविकर्म की बुनियाद है। जो कवि अपने कविता-संसार में अपनी निजता की रक्षा नहीं कर पाते हैं, वे अपनी कविता को नकली कविता की जमात में पहुँचा देते हैं। अच्छे कवि विचारधारा के आग्रह के बावजूद कविताई में अपनी छाप रखते हैं। विचारधारा ही नहीं, संवेदना के स्तर पर भी हर मजबूत कवि अपनी निजता को बचाये रखता है। तभी उसकी कविता नकल होने से बचती है। इस संग्रह की कविताओं में अपने परिवेश के प्रति जो लगाव है, दरअसल वह कवि जीवन का कविता के प्रति स्वाभाविक व्यवहार है। प्रकृति, समाज, रिश्ते, प्रेम इत्यादि से इस संकलन के कवियों की कविता का परिसर बनता है। एक खास बात, अपनी धरती से जुड़ाव की है। इस संकलन के कुछ कवियों में तो लोक संवेदना और काव्य संवेदना के बीच एक झीना-सा आवरण रहता है। कई बार लगता है कि यही कविता की असली दुनिया है। पर दरअसल यह सिर्फ लोक की ताकत नहीं है, लोक को कवि जीवन में जीने की ताकत हैं। शहरी जीवन पर लिखी तमाम कविताएँ कवि के जीवनानुभव की विपन्नता की वजह से इसीलिए सिर्फ एक काव्य प्रवृत्ति बन कर रह जाती हैं। अपना प्रभाव खो देती हैं। जिन कविताओं में जीवनानुभव की तीव्रता को काव्यानुभव में बदलने की ईमानदार कोशिश होती है, वे चाहे लोक संवेदना की कविताएँ हों या कस्बाई या शहरी जमीन की, अपनी शक्ति और सौन्दर्य का अनुभव कराती हैं। इन कवियों में कई कवि पचास पार के हैं, इसलिए कम-से-कम मैं उन्हें युवा कवि नहीं कह सकता। उनकी कविताएँ भी कविताई की दृष्टि से युवा कविता से भिन्न हैं। अपनी कविता की बनावट और बुनावट, दोनों स्तरों पर ये प्रभावित करते है। मुखातिब होते ही अपनी कविता की बाहों में भर लेते हैं। अपने प्रेम और अपने दर्द, अपने एकान्त और अपने संघर्ष का साथी बना लेते हैं।

अग्निशेखर की कविताओं को पहले भी देखने का अवसर मिला है। पर इस बार खास यह कि कोई ग्यारह कवियों की पंक्ति में क्रम ही ऐसा और अच्छा था कि सबसे पहले उन्हें ही देखा। कश्मीर राजनीति में भले ही एक सौदा रहा हो जिसे राजनीति करनेवालों ने अपने-अपने नफे-नुकसान के नजरिये से देखा हो, पर साहित्य में कश्मीर को कभी इस नजरिये से नहीं देखा गया है। कश्मीर उसी तरह वहाँ के लोगों के लिए जीवन का आधार है जैसे हमारे लिये पूर्वांचल या अवध या दूसरे अँचल। अपनी धरती से लगाव का क्या मतलब है, यह बताने की चीज नहीं है। अपनी धरती से बिछुड़ने का दर्द भी कितना दुःख देता है, कहने की बात नहीं। पर जब यह जीवनानुभव कविता का हिस्सा बनता है तो कविता कैसे हमारे अन्तस्तल में रच-बस जाती है, कैसे हमारे विचार-स्फुलिंग जाग जाते हैं, कैसे हम एक गहरी बेचैनी से भर उठते हैं, कैसे हम उस दर्द के पहाड़ पर अपना सिर पटक देना चाहते हैं, कैसे हम देर तक स्तब्ध रहते हैं, यह सब एक अच्छी कविता 'पुल पर गाय' से पता चलता है—

सब तरफ बर्फ है खामोश
जले हुए हमारे घरों से ऊँचे हैं
निपते पेड़
एक राह—भटकी गाय
पुल से देख रही है
खून की नदी
रँभाकर करती है
आकाश में सुराख
छींकती है जब भी मेरी माँ
यहाँ विस्थापन में
उसे याद कर रही होती है गाय
इतने बरसों बाद भी
नहीं थमी है खून की नदी
उस पार खड़ी है गाय
इस पार है मेरी माँ
और आकाश में
गहराता जा रहा है
सुराख।

दो-दो माँएँ हैं इस कविता में। एक गाय, एक माँ। गाय धरती माँ है। कश्मीर है। जिसके दर्द की आवाज से आकाश में सुराख हो रहा है और बढ़ता ही जा रहा है सुराख। अर्थात् दर्द की आवाज और तेज होती जा रही है। कविता इससे आगे कहती यह है, इस

विडम्बना से साक्षात्कार कराती है कि आसमान से अमन की जगह हिंसा ही बारिश जारी है। गाय माँ की भटकती हुई आत्मा भी बन जाती है। गाय एक हिन्दू परिवार की आवाज भी बन जाती है। कई अर्थच्छवियाँ हैं, इस कविता में। यह कवि की खूबी है कि वह अनेक अर्थच्छवियों को अस्पष्ट होने से बचाता है। अग्निशेखर की और भी कविताएँ इस संकलन में हैं, दिल्ली में पुश्किन, पीजा बर्गर और नाजिम हिकमत, बिरसे में गाँव, याद करता है बच्चा, तेरी डायरियाँ, माली। इन कविताओं में संवेदना की बारीक बुनावट के भीतर विचार का एक कोड़ा भी है, जो हमारे समय के यथार्थ से मुठभेड़ करता है। जैसे अग्निशेखर कश्मीर की जगह जम्मू में हैं, उसी तरह केशव तिवारी प्रतापगढ़ की जगह बाँदा में हैं। पर यह दर्द उतना बड़ा नहीं है। इसलिए कि केशव बाँदा मे रह कर भी एक प्रतापगढ़ बना लेते हैं। कहना चाहिए कि बाँदा में रच-बस जाते हैं। वहाँ के लोक का हिस्सा हो जाते हैं। वे यह भूल जाते हैं कि अपने जनपद में नहीं हैं। जहाँ हैं वहीं उनका जनपद हो जाता है। केशव की कविता में जन के पद की और जनपद की, दोनों की गूँज है। यही बात केशव में मुझे काफी अच्छी लगती है। कई जनवादियों को इधर हिन्दी कविता और आलोचना में विलक्षणतावादी होते इतना देखा है कि लगता है कि वे हैं तो शुद्ध विलक्षणतावादी पर अपनी प्रगतिशीलता की दुकान बचाये रखने के लिए संगठनों मे शामिल हो गये हैं। वे जनविरोधी भाषा में जनवादी कविताएँ और आलोचना लिखते है। कविता और आलोचना के इस अकाल में इधर के कवियों में केशव अच्छे लगते हैं। इसलिए कि जो लिखते हैं वह जीते हैं। जीवनानुभव के धनी कवि केशव की कुछ कविताओं पर एक छोटे-से नोट में पहले भी कह चुका हूँ कि कुछ नये कवि शोर बहुत करते हैं और काम कम। कुछ कवि चुपचाप अपना काम करते हैं। शायद ऐसे ही कवि हैं केशव तिवारी। केशव की कविताओं से मिलकर बहुत अच्छा लगा। हमारे समय और जीवन और खासतौर से लोकजीवन की भूमि पर रची साफ-सुथरी कविताएँ भला किसे अच्छी नही लगेंगी। केशव की कविताएँ इसलिए भी अच्छी लगती हैं कि इनमें जीवन की सहजता और लय की तरह कविता का जीवन भी बहुत सहज और आत्मीय है। केशव के लोक की एक बड़ी विशेषता है कि केशव का लोक अपने परिसर का विस्तार करता है। अपने अंचल से बाहर जहाँ-जहाँ लोक है, लोक के जन हैं सब केशव की कविता में रच-बस जाते हैं। जीवन जहाँ भी है, सुख-दुःख की डोर के बीच तना है। 'कल रात' का छत्तीसगढ़िया मजदूर भी केशव की कविता की आत्मा का सहचर बन जाता है–

'सोचता हूँ जैसे मैं अवध  
और बुन्देलखण्ड को चाहता हूँ  
मेवाती मेवात को  
भोजपुरिया भोजपुर को चाहता होगा  
कल रात बतिया रहा था  
दोस्त के ईंट भट्ठे पर

सपरिवार काम करने आये एक छत्तीसगढ़िया मजदूर से
वह शराब में डूबा बता रहा था अपने लोगों की बदमाशी
कैसे अपने ही लोगों ने लिखाया झूठा मुकदमा
सयानी होती बिटिया पर कसे छींटे
कई-कई बार बोला वह
एक रोटी खाकर भी न छोड़ता देश
रोटी ही नहीं ये वजहें भी थीं सब छोड़ने की
बोला सालों से नहीं गया दुर्ग और न जाना चाहता है
चलते-चलते मैंने कहा—
कल मैं जा रहा हूँ दुर्ग
तुम भी तो पाटन के लिए उतरते होगे वहीं
जाने क्या छुपा था उसकी
नाराज आँखों के बीच
कि अचानक छलकने लगा बाहर
शराब के नशे में शिथिल
उदास आखों को इस तरह रोते मैंने
देखा पहली बार।'

इस कविता में एक लोकमन को ही नहीं, कवि की आत्मा के साथ अपनी आत्मा को भी रोते हुए देख रहा हूँ। मजदूर तो कविता के भीतर रो रहा है। हम बाहर। यह कविता की ताकत है। कश्मीर कहाँ नहीं है। जुल्म ढानेवाले कहाँ नहीं हैं। कभी रोटी की वजह से तो कभी बेदखल करने की वजह से, विस्थापन का क्रम चलता रहता है। जीवन का यह क्रम हर जगह है। लेकिन सच्चाई यह कि हम जहाँ जाते हैं और जिन्दगी के बीस-तीस साल गुजारते हैं, वह जगह हमारी भी हो जाती है। हम उस जगह के हो जाते हैं। स्वर एकादश में केशव की कुछ और अच्छी कविताएँ हैं—दिल्ली में एक दिल्ली यह भी, रातों में कभी-कभी रोती थी मरचिरैया, बिसेसर। सभी कविताएँ अच्छी हैं। सब के बारे में कहने का अवकाश नहीं है। अग्निशेखर और केशव तिवारी के बाद बाकी कवियों में जिन कवियों ने ध्यान खींचा है, बिना क्रम के मैं उनके नाम लेना चाहूँगा। कवि की उम्र का कविता के अच्छे होने या यादगार होने से कोई सम्बन्ध नहीं है। मुझे अच्छा यह लगा कि हिन्दी की पारंपरिक शिक्षा न लेनेवाले कई कवि जिन्होंने इतर विषयों मे डिग्री ली है, उनकी कविताएँ पानी की तरह तरल, सहज और सरल हैं। इतनी पारदर्शी और इतनी कोमल कि पूछिये मत। सीधे हृदय को छू जाती है। इन कवियों में सबको एक जैसे महत्त्व का कह पाना मेरे लिये मुश्किल है। कविताएँ सभी कवियों की अच्छी हैं, पर मेरे लिये सभी कवियों की सभी कविताओं को उल्लेख के लिए पसन्द कर पाना मुश्किल है। सन्तोष चतुर्वेदी, महेश पुनेठा, भरत प्रसाद, सुरेश सेन निशान्त, राज्यवर्द्धन, राजकिशोर राजन और

कमल जीत चौधरी की कुछ कविताएँ काफी पसन्द आयीं। जबकि काव्यभाषा की दृष्टि से अधिक ध्यान खींचा है सन्तोष कुमार चतुर्वेदी, राजकिशोर राजन, महेश पुनेठा और कमलजीत चौधरी ने। अधिक उम्र के कवियों की भाषा तो अच्छी है ही। इसलिए उनका नाम नहीं ले रहा हूँ। पर ध्यान देने की बात यह कि काव्यभाषा अच्छी होने के बावजूद किसी कविता के उल्लेखनीय बनने की और भी वजहें होती हैं। विषय का चुनाव और कविता की बनावट और बुनावट और फिर कविता को एक निश्चित परिणति तक ले जाने का हुनर, इन सब कई बातों पर मेरा ध्यान जाता है। सन्तोष चतुर्वेदी की कविताओं ने इन्हीं खूबियों की वजह से खासतौर से ध्यान खींचा है। सच तो यह कि इधर हिन्दी की पारम्परिक पढ़ाई न करनेवाले कई कवियों ने अपनी प्रतिभा और कविता के प्रति दीवानगी की वजह से अच्छा काम किया है या अपनी कविताई के प्रति भरोसा पैदा किया है। सन्तोष, महेश, राज्यवर्द्धन आदि शायद ऐसे ही रचनाकार हैं। सन्तोष कुमार चतुर्वेदी की 'पानी का रंग' कविता को देखकर मै दंग था। जैसे एक-एक शब्द से छन कर बह रहा है कविता का पानी। सन्तोष की कविता का पानी, जीवन का पानी है, सार है, अर्थ है—

'अनोखा रंग है पानी का
सुख में सुख की तरह उल्लसित होते हुए
दुःख में दुःख के विषाद से गुजरते हुए
कहीं कोई अलगा नहीं पाता पानी से रंग को
रंग से पानी को कोई छननी छान नहीं पाती
कोई सूप फटक नहीं पाता
और अगर ओसाने की कोशिश की किसी ने
तो खुद ही भीग गया आपादमस्तक...

महेश चन्द्र पुनेठा की अपनी पहली ही कविता 'प्रार्थना' से अपनी कविताई और खासतौर से काव्यसंवेदना के प्रति भरोसा पैदा करते हैं—

'विपत्तियों से घिरे आदमी का
जब नहीं रहा होगा नियंत्रण परिस्थितियों पर
फूटी होगी उनके कण्ठ से पहली प्रार्थना
विपत्तियों से उसे बचा पायी हो या नहीं प्रार्थना
पर विपत्तियों ने अवश्य बचा लिया प्रार्थन को।'

पर महेश की कोई आठ कविताओं में मुझे एक नयी दुनिया के निर्माण की तैयारी इसलिए ज्यादा अच्छी लगी कि कवि में कविता के नये क्षेत्रों में जाने का साहस है। आटा

गूँधती स्त्रियों के बहुत से चित्र कविताओं मे मिल जायेंगे। पर तेरह बरस के बेटे को आटा गूँधते हुए देखना और उस पूरे प्रसंग में किसी सपने को पकते हुए देखना, देखते बनता है। कविता में इधर नये चरित्रों की मौजूदगी कम हुई है। लेकिन अभी भी कई कवि स्मृतियों के बहाने ही सही जीवन को भासमान करनेवाले चरित्रों को लेकर आ रहे हैं। राजकिशोर राजन अपनी पीढ़ी के कवियों में ध्यान खींचते हैं। इस पीढ़ी के कवि सचमुच अच्छा लिख रहे हैं। राजन की 'सुनैना चूड़ीहारिन' एक ऐसी ही उम्दा कविता है। राजन का संग्रह भी देख चुका हूँ। सम्भावनाशील कवि हैं राजन। नोट की सीमा है, इसलिए राजन की कविता का अंश नहीं दे रहा हूँ। राजन से उम्र में छोटे पर उतने ही सम्भावनाशील कवि कमलजीत चौधरी की भी कविता का अंश नहीं दे पा रहा हूँ। कमलजीत चौधरी की भाषा ध्यान खींचती है। छोटी-छोटी पंक्ति में टटके बिम्ब हैं। भरत प्रसाद भी अपनी कविता की ताजगी की वजह से ध्यान खींचते हैं। ताजगी सिर्फ नये विषयों की खोज में नहीं होती, कभी-कभी पुराने विषयों की नयी कहन में भी ताजगी दिख जाती है, 'रेड लाइट एरिया' एक ऐसी ही कविता है—

सब-कुछ लुट जाने के बावजूद
उसकी आँखों में अभी कितना पानी शेष है
यकीन नहीं होता कि वह अभी भी
हँस सकती है, रो सकती है, नाच सकती है, खुश हो सकती है
सबसे आश्चर्यजनक यह कि वह अभी भी प्यार कर सकती है
खैर मनाइये आपके आदमी होने से अभी उसका विश्वास नहीं उठा है'

इन कवियों की सभी कविताओं में कविता होने का भरपूर अहसास भी जिन्दा है। निशान्त की 'गुजरात' कविता ने गुजरात को पिछले दिनों की साम्प्रदायिक घटनाओं के परिप्रेक्ष्य में देखते हुए भी उस धरती में भरोस के बीज का अंकुरण किया है। भले ही बेटे के गुजरात जाने के सन्दर्भ विशेष की वजह से। पूरी कविता अपनी लम्बाई ही नहीं बल्कि गहराई से भी पाठक को बाँधकर रखती है। सम्पादक राज्यवर्द्धन की यह चिन्ता स्वाभाविक है कि समकालीन हिन्दी कविता में 'अमूर्तन की प्रवृत्ति बढ़ी है तथा अबूझ बिम्बों की बाढ़ आयी हुई है। कविता जो कहना चाहती है, वह पाठकों तक ठीक-ठीक सम्प्रेषित नहीं हो पा रहा है।इस नजरिये से 'स्वर एकादश' को देखें तो कहना होगा कि राज्यवर्द्धन का यह प्रयास अपने उद्देश्य में सफल है। यह तो पक्का है कि इस संकलन में सम्प्रेषण का संकट नहीं है। लेकिन मित्रो, जितना जरूरी है किसी कविता को अबूझ बनने से बचाने का उपक्रम उतना ही जरूरी है किसी कविता को अच्छी कविता बनाने की कोशिश। एक पहिए में जरा-सा नुक्स होगा तो दूसरा ठीक से काम नहीं कर पाएगा। अभी इस रास्ते पर काफी काम बाकी है। अन्त मे कवियों से यह कि पसन्द करनेवालों के भरोसे पर ध्यान देंगे और इनाम बाजों की संगत से बचेंगे तो आगे अपनी कविता को और बेहतर करेंगे। बेहतर की उम्मीद है।

# आलोचक के नोट्स

**अच्छी कविता और अच्छी आलोचना का दोस्त बनिएः**

महान् तो जब अभी राजधानी की पहली पंक्ति के कवि जी लोग नहीं हुए तो राजधानी के सबसे बड़े कैम्प से निकले पीछे के तमाम कवि महान् कैसे हो जायेंगे? ऐसे कवि एक नहीं, कई-कई कवि हैं, जिन्हें असमय महान् घोषित किया जा रहा है। कभी इनाम से कभी चर्चा-सर्चा से, कभी आयोजनों में कुर्सी इत्यादि देकर, कभी अकादमी में स्वागत-सत्कार करके। मेरे विचार से ऐसा करके और इसे साहित्य का महत्त्वपूर्ण समझकर हम उन कवि मित्रों का ही नुकसान करते हैं, चाहिए यह कि अभी हम उन्हें अच्छा या बहुत अच्छा मान लेते और उन्हें कुछ और महत्त्वपूर्ण करने देते और बाद में वक्त नाम की साहित्य सत्ता को महान् घोषित करने का काम करने देते।

इधर इस माध्यम पर कई अच्छे कवि-आलोचक हैं। इनमें कुछ युवा भी हैं, लेकिन युवा इसलिए नहीं लगा रहा हूँ कि अभी एक कवि जी की नाराजगी युवा कवि लगाये जाने पर देख चुका हूँ। किसी ने उन्हें युवा कवि कहा और उन्होंने बाकायदा नाराजगी जाहिर की। मैंने तो सोच लिया है कि कोई सचमुच का किशोर कवि या आलोचक होगा, जिसके नाराज होने का डर होगा तो उसे भी युवा कवि-आलोचक नहीं कहूँगा। उसे श्रीमान जी, एक आदमी, आदरणीय इत्यादि कह कर बात करूँगा। इस माध्यम की विशेषता है कि यह बहुत जल्दी लेखक को परिपक्व बना देता है। युवा लोग भी बहुत अच्छी-अच्छी बात करने लगते हैं और काव्यशास्त्र की गूढ़ बातों की चर्चा शुरू कर देते हैं। यों कम अच्छी कविता या आलोचना लिखने में कोई बुराई नहीं है, तनिक अटपटा है तो सिर्फ खराब कविता को महान् कविता कहने में। एक छोटा-सा उदाहरण देना चाहता हूँ। असल में इधर हिन्दी कविता और खासतौर से काव्यालोचना दिल्ली कैम्प से इतना अधिक प्रभावित है कि जिसे वहाँ से सनद मिल जाये, फिर उसकी कविता को आँख मूँद कर देखना शुरू कर देती है। ऐसे कई कवि हैं, जिनकी कविता पर आँख मूँदकर बात की जाती है। इनामी और गैरइनामी, दोनों तरह के कवि इसमें शामिल हैं। हाँ, तो मैं एक उदाहरण देना चाहता था। चलिए सिर्फ दो पंक्ति में आये कुछ पद देखिये—'धर्म-धुरन्धर साँड़' और 'अधर्म की गायें' इसका जिक्र इसलिए कि युवामित्र इन पंक्तियों मे व्यंग्य के धागे से रचे गये रूपक को किसी और तरह से देखते हैं, जबकि सीधे-सीधे कवि धर्मविरुद्ध

आचरण करनेवाले साधुओं और साध्वियों पर व्यंग्य करता है और अन्दर जाने पर वह दृश्य भी देख सकते हैं जो न तो उचित है और न अच्छी कविता के योग्य, लेकिन मैं इसमें अच्छी कविता इसलिए नहीं देख पा रहा हूँ कि अगली पंक्ति में संघ और शाखाएँ भी है। यह पढ़ते ही लगता है कि यह अच्छी कविता बन सकती थी लेकिन सीधे-सीधे संघ और शाखा कहते ही प्रचार कविता का उदाहरण बन जाती है। साम्प्रदायिकता के विरोध में लिखी गयी प्रचार कविता। खाकी हाफपैण्ट और लाठी इत्यादि कहकर कविता को प्रचार बनने से रोक सकते थे। यों कविताएँ तो इंदिरा का नाम लेकर भी लिखी गयी हैं, लेकिन क्या ऐसी कविताएँ अविस्मरणीय हैं? सौ साल बाद याद में रहने वाली? जवाहरलाल और कांग्रेस पर भी कविताएँ लिखी गयीं लेकिन आगे का सच सबको मालूम है।

आज कविता के बारे में सच कहना खतरे से खाली नहीं है। हर आग्रही या दुराग्रही दिमाग में जो विचार या समझ या स्वार्थ लेकर बैठा है, उस पर उँगली तो दूर डलिया बीननेवाली एक सींक भी उठते नही देख सकता है। तुरन्त बहस के लिए कूद पड़ेगा। जामाना इतना खराब है कि ऐसे लोग बहस को मारपीट से कम समझते ही नहीं। ऐसे लोग यह नहीं मान सकते कि एक समय में या एक युग में या एक दौर में बहुत से कवि काम करते हैं। अधिकांश अच्छे होते हैं या कम अच्छे होते हैं। जैसे ही कोई किसी एक को कविता का राजकुमार कहकर बात करता है, साहित्यिक हिंसा हो जाती है। राजे-रजवाड़े और प्रीवीपर्स इस देश में कब को बन्द हो गया है, लेकिन हिन्दी साहित्यवाले अभी भी कविता और आलोचना का राजा-महाराजा और राजकुमार इत्यादि घोषित करते रहते हैं। मुझ पर कोई फर्क नहीं पड़ता, लेकिन मेरे बाद के लोगों पर फर्क पड़ता है, इसलिए कुछ-कुछ कहता रहता हूँ। असहमति के साहस से वंचित लेखक अपने काव्यविवेक की खिड़की ठीक से खोल नहीं पाते। हमारे समय के साहित्य के फलाना उस्ताद या फलाना डॉन या फलाना सम्पादक या फलाना-फलाना और सबसे बड़े फलाना ने फलाना कवि को महत्त्वपूर्ण कह दिया है, इसलिए उसके पीछे-पीछे दौड़ पड़ना उचित नहीं है। पहले चर्चित कवि की कविता की गाँठ खोलिये, उसे अपनी आँख की रोशनी से देखिये, फिर जँचे तब कहिये कि फलाना कवि वाकई बहुत अच्छा है या महान् है इत्यादि। आज की तारीख में बहुत चर्चित कवियों की पाँच श्रेष्ठ कविताओं के नाम बताने में बहुत दिक्कत हो जायेगी। अच्छा हो कि पहले चर्चित कवि के सच को जानिये और जो लोग चर्चा और सूची इत्यादि की राजनीति कर रहे हैं उन्हें पहचानिये। सबसे बढ़कर यह कि पहले अपने आप को पहचानिये कि आप किसके चाकर हैं? कविता के या आलोचना के या धन्धेबाजों के? अच्छी कविता और अच्छी आलोचना के दोस्त बनिये दोस्तो।

(नोट—1. यह सब बहस या चर्चा की गरज से नहीं कहा है। 2. सिर्फ देखें गौर करें, बस। 3. किसी कवि का नाम नहीं लिया है तो इसलिए कि किसी कवि के प्रति अनादर का भाव यहाँ नहीं है। थोड़े से कवि और आलोचक हैं, किसी को दुःखी करना हमारा काम नहीं होना चाहिए। हमारा काम साहित्य के अँधेरे में बस एक दीया जलाना

होना चाहिए। उम्मीद है कि आप किसी कवि या आलोचक का नाम लेकर मुझे दुःखी नहीं करेंगे।)

## कवि सूची

जब मैं किसी युवा लेखक को अपने समय के आलोचक और सम्पादक की बेईमानी या अक्सर निकलने वाली मूर्खतापूर्ण सूचियों (मूर्खतापूर्ण क्यों, यह त्रिलोचन जी बता गये हैं) और चर्चा इत्यादि से दुःखी देखता हूँ तो असहज हो जाता हूँ। आज के कुछ अति महत्त्वाकांक्षी पुराने और नये लेखकों की यह सोच कितनी प्रगतिशील है कि सिर्फ वही आगे रहें, अगली पंक्ति में वही बैठें, मंच पर आसन उसके लिए हो, बाकी लेखक बाकी लेखकों की तरह सामने रहें? पंच लोग माफी दें तो कहूँ कि, ऐसे लेखक पुरस्कार के काबिल नहीं, दुत्कार के काबिल होते हैं। साहित्य, फिल्म इण्डस्ट्री नहीं है भाई कि यहाँ स्टार और सुपर स्टार होंगे। कविता की चटाई पर सबको एक साथ बैठाओ, नहीं तो आपकी कविता या आलोचना की चटाई एक दिन उठ जायेगी। उस दिन जरूर उठ जायेगी, जिस दिन जयकार करनेवाले आपके विद्यार्थी, शोध छात्र, गैंग के सदस्य इत्यादि नहीं रहेंगे। दुःखी लोगों से कहना चाहता हूँ कि साहित्य के सुखी लोगों के हाथ अपने समकालीन लेखकों के रक्त से सने हैं। ऐसे सुखी लोग ईर्ष्या नहीं, दया के पात्र हैं, मेरी बात और है कि इनके लिए मेरे पास जितनी दया है, उससे कहीं अधिक लम्बी नाराजगी है। यह दुःखी होने का समय नहीं है। भीतर से बहुत मजबूत होने का समय है।

## कविता की चोरी

कविता की चोरी स्नातक उपाधि के बराबर है, और सफाई के साथ चोरी स्नातकोत्तर उपाधि जैसी चीज। अपने समय के बड़े कवियों की नकल करना सीधे पीएच.डी. की उपाधि के समकक्ष है। कई कवि तो कविता की नकल की डिग्री लेकर कहाँ-से-कहाँ पहुँच गये। कविता की चोरी करनेवाला बेचारा पकड़ा जाने पर उपहास का पात्र बनता है और कविता की नकल करनेवाले नाम और इनाम दोनों पाते हैं। यह हिन्दी साहित्य के कानून का कमाल है कि एक अपराध दण्ड दिलाता है और दूसरा पुरस्कार। असल में साहित्य के कानून की किताब में नकल की धारा के ठीक नीचे एक उपधारा है, जिसमें नकल और प्रभाव के बीच बहुत बारीक या कह लें कि खुर्दबीन से दिखनेवाला फर्क दिया गया है। ताकि ज्यादा-से-ज्यादा लोगों को दण्ड से बचाया जा सके। यह अलग बात है कि जाननेवाले जानते हैं कि बड़े अपराधियों के बचने के रास्ते दूसरे होते हैं। राजनीति में भी तो छोटे अपराधी नीचे रह जाते हैं और बड़े कहाँ-से-कहाँ पहुँच जाते हैं। बहरहाल राजनीति से क्या लेना-देना। आज के जमाने में जैसे राजनीति अच्छी नहीं, उसी तरह साहित्यनीति।

## एक अनपढ़ आदमी भी जैसे रुपया पहचान लेता है

शब्दों के बारे में हमेशा यह ध्यान रखना है कि एक भी शब्द ऐसा न हो जो अपने अर्थ को पाठक तक पूरा-का-पूरा पहुँचा न पा रहा हो। शब्द से उसके आशय का पूरा शरीर न सही कम-से-कम उसका हाथ बाहर इतना निकला हो कि पाठक उसे थाम सके। कई

बार ऐसा होता है कि कवि अपने शब्दचयन में खूब मगन रहता है पर शब्द पाठक से संवाद नहीं करते। इसलिए कवि को हमेशा पाठक की ओर भी बैठकर अपने शब्द को देखना चाहिए। वैसे यह सब जो कह रहा हूँ बहुत साधारण बात है। अनुभव से भी कवि इसे सीख लेता है। एक अनपढ़ आदमी भी जैसे रुपया पहचान लेता है, कविता के साधारण पाठक भी प्रायः अच्छी कविता को पहचान लेते हैं।

नहीं, भाई। बुरी कविता अधिक छपने की वजह से अच्छी कविता नहीं दब रही है, बल्कि बुरी कविता और औसत कवियों को प्रमोट करने के धन्धे की वजह से अच्छी कविता दब रही है। आज आलोचना जिस संकट से गुजर रही है, वह सिर्फ कविता और आलोचना के विवेक का संकट नहीं है, बल्कि आलोचना के सामने साहस की कमी का संकट सबसे ज्यादा है। दुर्भाग्यवश मैंने अपने समय की कविता पर सबसे ज्यादा लिखनेवाले आलोचक को नजदीक से देखा है कि वे किस तरह दिल्ली दरबार से लाटरी निकलने के बाद उस कवि को गोद में ले लेते थे। एक आलोचक अपने समय की कविता में अपने लिये एक अदद अलग से उम्दा कवि नहीं चुन सकता है तो यह अच्छी कविता और अच्छी आलोचना दोनों की हार है। वैसे हो सकता है कि मेरा सोचना गलत हो और दूसरे लोग जो कर रहे हैं, वही सही हो।

**नये लेखक की कमजोरियों पर हँसें नहीं**

काफी पहले मेरी एक कहानी छपी थी—पतंग। विद्यानिवास जी ने रविवार्ता में छापा था। उसमें घरेलू नौकर के रूप में काम करनेवाले एक ऐसे बच्चे की कथा है जिसके पढने लिखने की ललक पर घर के किसी भी व्यक्ति का ध्यान नहीं जाता है। एक दिन दो दिन तीन दिन वह ककहरा लिखता है, कोई नहीं देखता है तो वह बच्चा अपनी कापी के लिखे हुए पन्ने फाड़कर एक धागे में बाँधता है और मेनगेट पर लटका देता है, इस उम्मीद में कि अब तो भइया जी लोग उसके लिखे को देखेंगे और शाबाश कहेंगे, पर होता है उल्टा। सुबह-सुबह भइया जी का पारा पतंग की तरह लहराते कापी के उन पन्नों को देखकर सातवें आसमान पर पहुँच जाता है...पूरी कहानी को याद करके सुनाने का प्रयोजन नहीं है। कहना सिर्फ यह है कि आज बहुत से युवा यश के बन्दरबाँट या रेवड़ी की तरह अपने लोगों को देने की बीमारी का दंश झेल रहे हैं। वे चाहते हैं कि उनकी किताब भी ज्यादा बिके और प्रकाशक खुश होकर छापें और आलोचक नाम और इनाम दें। असल में इस कामना के मूल में या तो लेखक की बालसुलभ इच्छा हो सकती है या दूसरे हमउम्र लेखकों को मिलनेवाली इस तरह की कामयाबी या बहुत जल्द अपने से पहले की पीढ़ी जैसा बन जाने की इच्छा या जल्दी से खुद कहानी बन जाने की बड़ी इच्छा। कई बातें हो सकती हैं, पर जो बात नहीं हो सकती है वह यह कि ऐसे लेखक उन लेखकों को भी देखें जिनकी एक भी किताब नहीं छपी है या छपी है तो किसी वजह से उजाले में नहीं है। क्या ऐसे लेखकों को रातोंरात अमीर हो जाने की तरह रातोंरात मशहूर हो जाने की इच्छा को थोड़ा कम नहीं करना चाहिए। ऐसे लेखकों को यह सोचना चाहिए कि हिन्दी के तमाम लेखक अपने समय के बाद जाने गये, बल्कि कहना चाहिए कि पूजे

गये। मुक्तिबोध का पहला संग्रह कब आया था? आज के बड़े कवि दिल्ली से गोरखपुर तक और गोरखपुर से अपने गाँव तक विश्वकवि की मुद्रा में घूमते हैं, यश की चाँदी का जूता पहनकर चलते हैं और सोने जैसी तनावमक्त मुस्कान बिखेरते हैं, शायद इसीलिए नये लेखक भी बहुत हड़बड़ी में हैं। इन्हें चाहिए कि अपनी कमजोरियों से मुक्त हों और दूसरे मित्रों को भी चाहिए कि ऐसे लेखकों पर हँसे नहीं, बल्कि बड़े प्यार से कन्धे पर हाथ रखकर समझायें कि मित्र पहले साहित्य में अपने नायक ठीक से चुन लो, कविता और कहानी में तुम्हारे नायक आज के अमुक-ढमुक पाजामा छाप या धोती छाप है तो तुम्हारा रास्ता आगे बन्द है, साहित्य की बन्द गली में रहना चाहते हो या आगे जाना चाहते हो? आगे जाना है कि दूसरे रास्ते पर चलो। यह सब कहना जरूरी नहीं था, लेकिन यह जरूरी था कि एकबार प्यार से कहकर देख लूँ। भला मैं अपने समय के बच्चों का मजाक कैसे उड़ा सकता हूँ? कभी उन पर गुस्सा हो सकता हूँ पर मजाक तो हरगिज नहीं उड़ा सकता। हमउम्र या आसपास के दोस्तों को भी चाहिए कि मजाक बहुत हुआ, प्यार से कन्धे पर हाथ रखें और कहें कि चलो उठो, हाथ-मुँह धुलकर लिखने बैठ जाओ...लिखो कि लिखे बगैर रह नहीं सकते। अच्छा लिखो बस।

**कविता के भाई लोग**

त्योहार खुशी और उम्मीद को जाहिर करने के लिए होते हैं, किसी को दुःख देने के लिए नहीं। कल रात भाई लोगों ने और कुछ दूसरे लोगों ने और कुछ बच्चों ने खूब पटाखे और रॉकेट-सॉकेट छोड़े और अपने उल्लास के विश्वयुद्ध जैसे शोर और बारूद की गन्ध से पूरे ब्रह्माण्ड को हिला दिया था। मोहन श्रोत्रिय जी की चिन्ता को शामिल करके कहूँ तो जैसे यह समय और यह दुनिया कल रात बूढ़ों—बीमारों और मनुष्येतर प्राणियों के लिए नहीं थी, जैसे कुछ भाई लोगों ने इसका अपहरण कर लिया था या इसे उठाकर अपनी जेब में रख लिया था। रोशनी की असंख्य लड़ियोंवाले उनके इस महाशब्दकोश में प्रातः, सूर्य और चिड़िया और कलरव जैसे शब्द थे ही नहीं। ऐसे लोग भी कल रात बहुत सक्रिय थे जिन्हें यह पता था कि उनकी और बच्चों की खुशी की सीमा क्या है, निश्चय ही ये लोग त्योहार को उसकी सुन्दरता और संगीत से जोड़कर रखनेवाले लोग हैं, लेकिन चिन्ता की बात यह कि भाई लोग भले लोगों पर क्यों भारी पड़ते हैं, दिक्कत कहाँ है? सरकार, समाज के प्रसिद्धजन, प्रतिनिधि और धर्माचार्य या हमारी शिक्षा, आखिर खोट कहाँ है? हम किसी उत्सव को सभ्य नागरिक की तरह क्यों नहीं मनाना चाहते हैं, क्यों हमारे दिमाग में सामाजिक विचलन का पुर्जा हमेशा सक्रिय रहता है? रात की रोशनी के महाप्रकाश में हम भूल जाते हैं कि तमाम घर और जन ऐसे भी हमारे आसपास होते हैं, जिनके यहाँ एक मामूली जुगनूँ की रोशनी जितनी रोशनी हो पाती है, जिनके बच्चों के पास न कीमती मिठाइयों के हजार डिब्बे होते हैं और न पटाखों की फैक्ट्री, वे सिर्फ अपनी आँखों और कान से त्योहार मनाते हैं। हम जब अपने बीमार पड़ोसी और बुजुर्ग या अपने पालतू पशु-पक्षी का खयाल नहीं रखते तो गरीब बच्चों के बारे में क्या सोचेंगे? कविता के भाई लोग भी तो केवल इनाम के पटाखे के बारे में सोचते हैं...

## श्री बड़े कवि का नगरागमन

साहित्य के कथित बड़े प्रायः नगरागमन एवं प्रवास में जिन्हें सम्मुख देखना चाहते हैं, वे निश्चित रूप से वे होते हैं जो उन श्री बड़े पर सौ-पचास पृष्ठ काले कर चुके होते हैं या इस काला करने के काम लगे होते हैं। वैसे कहना तो नहीं चाहिए, लेकिन सच कहे बिना रहा भी नहीं जाता कि इस काले कारनामे में लगे हुए लोगों को हर समय एक श्री बड़े की जरूरत होती है, जिसकी प्रतिनिधि कविताएँ सम्पादित करें, जिसके समग्र पर किताब सम्पादित करें और अनेक बार लेख लिखें और आलोचना की चमचम बनायें। मीठा इतना कर दें कि चीटें भी लज्जित हों। मेरी पीढ़ी के लोग ऐसा करते हैं तो उन्हें करने दें ऐसा, क्योंकि वे इसके अलावा कुछ और कर नहीं सकते। नये लोग आलोचना की नयी इमारत तामीर करने के काम में लगें तो बेहतर।

## साहित्य की न्यायपालिका

दुर्भाग्य यह कि साहित्य में कोई न्यायपालिका नहीं है, जो दण्ड दे। अकादमियाँ भी साहित्य के न्याय का मन्दिर नहीं, बल्कि पुरस्कारपालिका हैं। हद तो यह कि कोई भी छुटभैया इन संस्थाओं का प्रमुख हो सकता है। दरअसल न्यायपालिका की निर्मिति में धन्धेबाजों की भूमिका नहीं है, लेकिन साहित्य के इन प्रतिभा से अधिक चर्चित या पुरस्कृत बेईमानों की निर्मिति में भ्रष्ट आलोचकों और प्रकाशकों का गठजोड़ काम करता है। खैर समय और पाठक नाम की संस्थाएँ हैं जो देर-सबेर न्याय करती हैं। एक ओर हमउम्र लोग हैं तो दूसरी ओर नीलकमल जैसे युवा लेखकों की एक नयी जमात है, जो कम नहीं है। ये कहीं से भी कम होते तो इनके इतने चाहनेवाले नहीं होते। मै भी चाहता तो हूँ कि ये ऐसे ही टुकड़ा-टुकड़ा तीखा सच अपने समय के साहित्यिक परिदृश्य पर कहते रहें। मैं जिस शहर का हूँ यहां भी अपने जमाने का एक इकलौता तिरस्कृत कवि मौजूद है, जिसके अपमान की लम्बी फेहरिस्त है। हर शहर में ऐसे कुछेक सिरफिरे मिल ही जाते हैं। ये अपने समय के सजायाफ्ता लेखक होते हैं। साहित्य का सच फटकार कर कहने की सजा आप सब को तो मालूम ही है।

दरअसल साहित्य की सरकार और अदालतों का काम जिनके हाथों में है वे लोग अकादमी-सकादमी समेत तमाम संस्थानों के आयोजनों में कविता पढ़ने और भाषण देने के लिए किसी भी दरबारी, छुटभैये इत्यादि को बुलाकर उपकृत ही नहीं करते, उन्हें बराबर दाना-पानी और इनाम-सिनाम भी देते हैं और सच बोलनेवाले स्वाभिमानी लेखकों को गली के कीट-पतंग से अपमानित कराते रहते हैं। वे सोचते है कि ऐसा करने से स्वाभिमानी लेखक का मनोबल टूट जायेगा, वह डिग जायेगा। अलबत्ता ऐसा होता नहीं है। साहित्य की सत्ताओं को अँगूठा दिखानेवाले ये लेखक सच बोलते ही रहते हैं। यह जानते हुए भी कि सच बोलना खतरनाक है। कल्बे कबीर कहते है कि कविता तिरस्कृत कवि पर रीझती है। डरते नहीं हिन्दी के पुरस्कृत कवि कहीं एक साथ इस बात से खफा न हो जायें कि उनके कहने का आशय तो यह है कि पुरस्कृत कवि प्रायः फिसड्डी होते हैं, दूसरी ओर नील कहते हैं कि सार्वजनिक जीवन में आय से अधिक सम्पत्ति का वही अर्थ है जो

साहित्य में प्रतिभा से अधिक पुरस्कार/सम्मान का होता है। जाहिर है कि नील को भी डर नहीं है कि पुरस्कृत लेखक उन्हें तिरस्कृत कर सकते हैं। सच तो यह है दोस्तो कि हर शहर में ऐसे एकाध तिरस्कृत लेखक मिल जायेगे, जिन्हें पुरस्कार की लालसा नहीं है और साहित्य का सच फटकार कर कहना ही उनके भीतर के लेखक की ड्यूटी है।

एक स्वाभिमानी लेखक के लिए खतरा हर शहर की साहित्य की सत्ता या उसके नवरत्नों से होता है। वे स्वाभिमानी लेखकों के पीछे जानवर छोड़ देते हैं। ऐसे मामलों में वे किसी के भी पीछे सियार, कुत्ता, गधा और बाजदफा तो सांड़ छोड़ देते हैं। यकीन मानिये यह सब कहना जोखिम भरा हो सकता है। क्योंकि साहित्य में बचाने के लिए कोई पुलिस नहीं है, कोई कानून या न्यायालय नहीं है। गैंग हैं। डॉन हैं। वैसे तिरस्कृत लेखकों की भी एक लम्बी जमात है। आज नहीं तो कल या अगले साल या उसके अगले के अगले साल साहित्य में न्याय की लड़ाई या साहित्य की भ्रष्ट सत्ताओं के विरुद्ध संघर्ष का दृश्य कैसा होगा, इसकी कल्पना कम दिलचस्प नहीं है। वैसे क्या यह भी कम दिलचस्प है कि ढूढ़िये तो हर शहर में आज कम-से-कम कोई एक लेखक "दिल से कबीर" या "कबीर का दास" मिल जायेगा।

(नोट- मैं कल्बे कबीर से कम परिचित हूँ लेकिन उनकी कुछ बातें पसन्द आती हैं, इसीलिए उनका जिक्र है।)

**जहाँ लेखकों में बहुत डर है :**

इस माध्यम -नेट- पर आया था तो हिन्दी की उस बुरी दुनिया से ऊब कर, जहाँ लेखकों में बहुत डर, बहुत अविवेक और बहुत अधैर्य था, जहाँ ईर्ष्या बहुत थी, द्वेष चरम पर था, जहाँ दो पैसे की रचनात्मक पूँजी में यश का हिमालय और पुरस्कार की मैली गंगा पाने का लोभ था, पर यहाँ भी वही डर, वही तिकड़म, वही सब-कुछ देखकर मन बहुत दुःखी है। बस, कुछ लोग हैं, कुछ ही लोग हैं, उगलियों पर गिन सकते हैं, जो बेहतर हैं, जिनके साथ संवाद अच्छा लगता है, शेष वही हैं। एक-दूसरे की कमीज फाड़ते युवा लेखकों को देखकर बहुत दुःख होता है, हिन्दी की जिस शक्ति को हिन्दी के बुरे लोगों से लड़ना था, वे सब आपस में लड़ रहे हैं। यह यश, प्रतिष्ठा, मेरी कमीज से तेरी कमीज क्यों अच्छी जैसा भाव, मुझे दुःखी करने के लिए काफी है। आज कितने युवा लेखक हैं जिन्हें मौजूदा समय के कवियों में पहले की पीढ़ी की नकल पर एतराज हो? वे उस नकल को पकड़ने में दिलचस्पी रखते हों, उस नकल को हतोत्साहित करने के लिए कुछ लिखते हों? नये को पहचानने की कोशिश करते हों? किसके पक्ष में हैं? कविता के या कवि के? यह दुर्भाग्यपूर्ण है कि वे अपनी आँख और ईमान के दरवाजे को खोलने के लिए तनिक भी कोशिश नहीं करना चाहते हैं। बस वाह-वाह, हुआँ-हुआँ। एक चलता हुआ रास्ता है, उसी पर चलते जाना है। महाजनों के पीछे-पीछे। यही रास्ता तो वहाँ भी है, जहाँ से ऊबकर आया हूँ। मन बहुत दुःखी है, इस माध्यम से कुछ समय के लिए अवकाश लेने का मन है। पता नहीं क्यों ऐसा लगता है कि दुनिया के खत्म होने के बहुत पहले ही एक दिन हिन्दी की यह दुनिया एकदम से खत्म हो जायेगी। लेखक नाम की संस्था

पूरी तरह मर जायेगी...शायद कुछ बच्चों को यह बात अच्छी न लगे, फिर भी यह तो बताना पड़ेगा कि अवकाश क्यों चाहिए। अलबत्ता यह चाहूँगा कि इस बीच अपनी पीढ़ी के गम्भीर मित्रों और कुछ युवा मित्रों से संवाद बना रहे।

*असुविधाजनक कवि को*
*कवितापाठ के लिए बुलाया नहीं जाता।*
*(जैसे मुन्शीछाप आलोचक होते है,*
*उसी तरह मुन्शीछाप कवि भी होते हैं।*
*ये चाहे जितना नामी-इनामी हों।)*
*नोट : नये लेखको लिखो,*
*ऐसे ही हमेशा मठों और धन्धेबाजों के खिलाफ लिखो।*

*क्या गजब है,*
*कबीर ने कभी पाण्डे को बहुत डाँटा*
*और आज पाण्डे कबीर पर फिदा है!*
*(यह अलग बात है कि हिन्दी के कुछ आचार्य आज*
*कबीर का धन्धा कर रहे हैं। कबीर के नाम पर अशरफियाँ बटोर रहे हैं।)*
*नोट : इतना जानता हूँ कि कबीर पर बोलनेवाले को*
*कबीर की तरह जीना भी चाहिए। बस।*

*समाज में विनम्रता का जो अर्थ है,*
*साहित्य में ठीक वही नहीं है।*
*(साहित्य में विनम्रता का मतलब*
*अच्छा नहीं समझा जाता है।)*
*नोट : थोड़ा खुरदुरापन लेखक के जीवन*
*और/या उसके लेखन में जरूरी है।*

कविता की दुनिया में महत्त्व मंच का नहीं, विश्वविद्यालयों का नहीं, उस कागज का होता है, जहाँ कविता अपने एकान्त में बची रहती है, युवा मित्रो कागज पर तुम्हें अच्छी-से-अच्छी कविता कहने से, नाच-नाच कर यहाँ-वहाँ कविता पढ़नेवाला कोई भी कविताबाज रोक नहीं सकता है।

साहित्य का एक सीधा रास्ता है, जिसे कुछ लोग नहीं चुनते हैं, बाकी सब दौड़ पड़ते हैं।

(जाहिर है उन्हीं कुछ मूर्ख लोगों में इस पंक्ति को लिखनेवाला और इसे पसन्द करनेवाले हैं।)

नोट : असल में टेढ़े रास्तों पर चलने का अपना ही मजा होता है.

बिना कभी मिले किसी लेखक के बारे कोई मत बना लेना, मिलने के बाद गलत तो साबित होता ही है, सारी नाराजगी धरी-की-धरी रह जाती है, कभी-कभी ही सही, ऐसा भी होता है.

तय करो कि पाठक के लिए लिखना है कि निजी आकांक्षाओं को पूरा करने के लिए।

(एक लेखक के रूप में हमारा मूल्यवान या टूटा-फूटा जो भी काम है, वह पाठकों के लिए है या खुद के लिए उसकी कीमत वसूल करने का जरिया?)

**पत्रकारिता का स्तर :**

पहले भी इस शहर के एक अखबार के साहित्यिक अज्ञान के बारे में निवेदन कर चुका हूँ पर उस अखबार का सम्पादकीय नेतृत्व जैसे साहित्यिक रूप से निरक्षर बने रहने के लिए अभिशप्त है। मेरे एक विभागीय बन्धु आज बहुत दुःखी थे, उन्होंने कहा कि साहित्य से जुड़े प्रसंगों में उक्त अखबार क्यों विश्वविद्यालय के हिन्दी विभाग के कुछ आचार्यों से ही सदैव बात करता है और उनके वक्तव्य छापता है, बदल-बदल कर दूसरे आचार्यों के भी वक्तव्य क्यों नहीं छापता है? विभागीय बन्धु की पीड़ा से दुःख मुझे भी हुआ कि आखिर वे भी तो विश्वविद्यालय में प्रोफेसर हैं, उसी तरह कक्षा में पढ़ाते हैं, विद्यार्थियों को उतना ही नया या पुराना देते हैं, फिर उनकी उपेक्षा क्यों? शहर के कुछ लेखकों ने भी एकाधिक बार ऐसा कुछ कहा है। आखिर अखबार जिनके वक्तव्य छापता है, वे बृहस्पति तो नहीं है। मुझे लगा कि जरूर पत्रकार के पास समझ नहीं होगी, उसे साहित्य के बारे में रत्ती-भर पता नहीं होगा। कई बार साहित्य और कला इत्यादि देखनेवाले पत्रकार कम समझ रखते हैं, लेकिन स्थानीय सम्पादक की जिम्मेदारी होती है कि उसके अधीनस्थ पत्रकार या प्रशिक्षु पत्रकार ऐसी गलती न करें जिससे सम्पादकीय नेतृत्व पर प्रश्न उठे। कई बार स्थानीय सम्पादक भी इतर योग्यताधारी होते हैं।

कोई तीन दशक पूर्व मैं भी पत्रकार रह चुका हूँ इसलिए निवेदन कर रहा हूँ। साहित्य और पत्रकारिता का नाभिनालबद्ध रिश्ता हिन्दी गद्य के निर्माणकाल से ही रहा है। आजादी की लड़ाई के दौरान तो रहा ही है। इसलिए यह अपेक्षा तो की ही जायेगी कि हिन्दी के सम्पादक को हिन्दी साहित्य की बुनियादी समझ अनिवार्य रूप से हो। किसी भी अखबार के सम्पादक का दायित्व है कि वह जाने कि उसके शहर के हिन्दी विभाग के किस अध्यापक या लेखक का काम साहित्य में किस कोटि का है? किसका काम अधिक है और किसका कम? ठीक वैसे ही जैसे हिन्दी विभाग का कोई आचार्य जब किसी स्थानीय सम्पादक का कभी कोई अग्रलेख इत्यादि नहीं पढ़ता है तो जान जाता है कि सम्पादक औसत होगा, उसे लिखना नहीं आता होगा। कई बार तो लिखना देखने पर पता चल जाता है कि किस कोटि का सम्पादक है।

यह सब इतना कहने की जरूरत नहीं थी कि यदि इससे बड़ी गलती नहीं दिखी होती। चलिए यह क्षम्य है कि सम्पादक को साहित्य की समझ न हो तो वह यह न जाने कि किस अध्यापक का या शहर के किस लेखक का काम सबसे अधिक या अच्छा है, लेकिन यह तो उसे हर हाल में जानना ही चाहिए कि हिन्दी विभाग का अध्यक्ष कौन है? आज जिस पृष्ठ को देखकर विभागीय बन्धु को पीड़ा हुई, उसी पृष्ठ पर हिन्दी विभाग के अध्यक्ष का सही नाम नहीं लिखा गया है, दूसरे का नाम लिख दिया गया है। एक अर्थ में सीमाएँ दोनों तरफ हैं। बहरहाल अन्त में इतना ही कि अखबार को अपने पाठकों को दुःख पहुंचाने से बचना चाहिए, आखिर विश्वविद्यालय का कोई भी आचार्य उनका पाठक हो सकता है, यह जरूरी नहीं कि वे जिसका वक्तव्य छापते हैं, सिर्फ वही उनका पाठक हो। जिस अखबार का प्रधान सम्पादक प्रायः अपनी मियानी तक फोटो छापेगा, उस अखबार के सम्पादकीय विभाग से कितने विवेक की उम्मीद की जा सकती है?

साहित्य से जुड़े कुछ ऐसे भी नाम इस शहर में हैं, जिन्हें आचार्यों से बहुत कम नहीं समझना चाहिए। मैं जब एक अखबार के सम्पादकीय विभाग में कार्यरत था तो मुझे यह पता था कि रेलवे में क्लर्क के रूप में काम करनेवाले कवि देवेन्द कुमार बंगाली विश्वविद्यालय के किस-किस अध्यापक से बेहतर थे। (जानता तो यह भी हूँ कि बंगाली जी न होने के बावजूद आज भी यहाँ की किन-किन तोपों से बेहतर हैं।) आज यहाँ की पत्रकारिता में यह विवेक नहीं दिखता है।

अखबार में भूल होती है, सुधार भी होता है। आखिरी बात यह कि मैंने अपने लिये कुछ नहीं कहा है, मैं तो यहाँ आयोजन इत्यादि से दूर रहता हूँ कम-से-कम ऐसे पत्रकार कभी भूलकर भी मेरा कोई वक्तव्य अपने अखबार के लिए न लेंगे।

(नोट : इसे किसी सम्पादक या पत्रकार के व्यक्तिगत असम्मान के रूप में न लें, सिर्फ एक पाठक के दुख से जुड़ी सहानुभूति के रूप में देखें।)

## पुरस्कार के सच से मुँह न चुराएँ, विरोध करें

असल में मुझे लगता है कि साहित्य के बेईमान महाजनों के पीछे रहने की इच्छा ही साहित्य के भ्रष्टाचार के विरुद्ध कुछ कहने से रोकती है। किसी में अकादमी पाने की इच्छा हो सकती तो किसी में अकादमी जाने की। जिस लेखक में साहित्य का सच कहने का साहस नहीं होगा, जाहिर है कि वह कमजोर और अविश्वसनीय लेखक होगा। सिर्फ पुरस्कारों के पीछे राजनीति और प्रबन्धन कला को जानकर साहित्य के इस काले पक्ष की अनदेखी उचित नहीं है। एक मित्र ने कहा कि "किसी को कोई सम्मान मिलता है तो दूसरे लोग कुण्ठित हो जाते हैं और आंय-बांय बकने लगते हैं। कुण्ठित लोगो को सन्तुष्ट करने के लिये सामूहिक विवाह की तरह सामूहिक पुरस्कार समारोह आयोजित होने चाहिये...ताकि लोगों को साहित्य में परम गति प्राप्त हो सके...हिन्दी में नाना और दादा तरह के पुरस्कारों की मण्डियाँ है फिर भी लोगो के दुःख नहीं दूर हो रहे है।" एक और मित्र ने भी इसी सुर-में-सुर मिलाया। असल में साहित्य की सत्ताओं का भय सभी दिशाओं में व्याप्त है। मेरी दृष्टि में पुरस्कार-विरोध एक जरूरी साहित्यिक आन्दोलन है, किसी

कुण्ठा की उपज नहीं. पुरस्कारों के समर्थन में खड़े मित्रों को एकबार पुरस्कारों के साहित्यिक और सामाजिक सरोकारों, महत्त्व, साहित्य की विधाओं के उन्नयन, उद्देश्य, दुष्प्रभाव आदि पर विचार कर लेना चाहिए। विचार के क्रम में वे किसी मूल्यवान निष्कर्ष तक पहुंचें तो उसे विरोध करनेवालों तक जरूर पहुँचाना चाहिए। पुरस्कार विरोध को साहित्यिक आन्दोलन के रुप में न देखना, अपने समय के सच से मुँह चुराना है। जब हम राजनीति के छोटे से छोटे धब्बे और राजनीति की बड़ी से बड़ी सत्ता की आलोचना बुलन्द आवाज में करते हैं तो साहित्य की भ्रष्ट सत्ता के प्रति ऐसी नरमी क्यों भाई?

**ये साहित्य के जमींदार साहब लोग फासिज्म हटा पायेंगे**

एक लेखक ने किसी को लक्ष्य करके कहा कि ऐसे लोग मुक्तिबोध को सुरक्षा कवच के रूप में लेते हैं। आशय यह था कि मुक्तिबोध का नाम लेनेवाले ऐसे लोग साहित्य के बुरे लोग हैं। मुझे लगा कि भाई होता ही है कि बुरे लोग तो मन्दिर में भी जाते हैं, खूब पूजा करते हैं। फिर लगा कि भाई क्या कई कमजोर लेखक मार्क्सवाद का और लेखक संगठन का इस्तेमाल सुरक्षा कवच के रूप में नहीं करते हैं? लिखते हैं खराब और लूटना चाहते हैं, सारे जहाँ का यश और इनाम? जाहिर है कि सब ऐसा नहीं करते हैं, कुछ ही सही अच्छे लोग भी होते हैं।

सवाल यह है कि खुद मार्क्सवाद और अपने लेखक संगठन का इस्तेमाल सुरक्षा कवच के रूप में इस्तेमाल करनेवाले लोग मुक्तिबोध का नाम लेने वाले लोगों पर इतना भड़क क्यों रहे हैं? कैसे-कैसे लोग हैं आज,आलोचक, कवि वगैरह की कुर्सी पर बैठ कर मुक्तिबोध और मार्क्सवाद से दगा करते हैं? आज किस शहर में नहीं हैं ऐसे लेखक, लेकिन इस माध्यम पर ऐसे बिना ईमानवाले लेखक कम हैं और पहचान में आ जाते हैं। तुरंत। पुरस्कार इत्यादि के पीछे भागनेवाले भी कम हैं। ज्यादातर लेखक सीधे-सादे और साहित्य में व्याप्त बुराई का विरोध करनेवाले हैं। यह अलग बात है कि साहित्य की बुराई का विरोध करनेवाले को आज की तारीख में, इस माध्यम पर मौजूद मुकुटधारी लेखक, नासमझ, कुण्ठित और पिछड़ा इत्यादि कहते हैं। असल में ऐसा वही लोग कहते हैं जिनके सिर पर छोटा-मोटा, असली-नकली कोई भी मुकुट होता है। देश में जमींदारी उन्मूलन तो बाकायदा एक्ट बनाकर हुआ, लेकिन इन लोगों की साहित्यिक जमींदारी का उन्मूलन दूसरी तरह से होगा। साहित्य में अपने समय का मुकुट, बाद में बहुत आसानी से धूल-घूसरित होता रहा है। आज नहीं तो कल, साहित्य में भी न्याय तो होता ही है।

सुरक्षा कवच के रूप में न जाने किन-किन चीजों का इस्तेमाल करनेवाले साहित्य के ये जमींदार साहब लोग क्षमा करें तो एक छोटा-सा प्रश्न करना चाहूंगा कि क्या पुरस्कारखोर लेखक सचमुच इस देश से फासिज्म हटा पाएंगे या उसे जरा-सा टस से मस कर पायेंगे?

**लेखक संगठन और महिला अध्यक्ष**

कुछ कहना नहीं चाहता, लेकिन चुप रह भी नहीं सकता? एक लेखक ने क्या खूब तंज किया है कि भारत रत्न पुरुषों को अधिक मिला है, सो पुरुषों के लिए आरक्षित है।

अरे भाई पहले इस पर तो विचार कर लेते कि आप जिस लेखक संगठन में हैं, उसमें महिलाएँ कितनी बार राष्ट्रीय अध्यक्ष बनी हैं?

## एक उठी हुई उँगली का दर्द

जहाँ सौ हाथ जोड़कर खड़ें हो, वहाँ किसी एक की उठी हुई उँगली का दर्द वही समझ सकता है जिसके पास जुड़े हुए हाथ नहीं बल्कि एक अदद स्वाधीन और सक्रिय उँगली भी हो। आज एक स्वाधीन कवि की उठी हुई उँगली को देखकर बहुत अच्छा लगा। दूसरी ओर साहित्य की सत्ता और साहित्य की कुप्रथा के पक्ष में खड़े लोगों को देखकर काफी निराशा हुई। कैसे-कैसे पक्षधर होते हैं। जिसका पक्ष लेंगे और जिस बात के लिए पक्ष लेंगे, उसका पूरा सच नहीं देखेंगे। बस पक्ष में बोलना है तो आँख मूँदकर बोलेंगे। हिन्दी के हाल में घोषित एक पुरस्कार को लेकर कुछ लोगों ने विरोध में कुछ कहा तो कुछ लोग खफा हो गये कि पुरस्कार का विरोध क्यों? अभी एक मित्र ने कहा कि पुरस्कारों पर उँगली उठना स्वाभाविक है तो इसे भी कुछ लोगों ने सही नहीं माना। मैं तो हैरान हूँ, पुरस्कार के इस नशे को देख कर। पीनेवाले बोतल चुराकर पियें या चोरी के पैसे से पियें या तू मुझे व्यासछाप पिला मैं तुझे अकादमीछाप पिलाऊँ की तर्ज पर पियें, लेकिन बुराई की इस शराब का नशा उनसे ज्यादा देखनेवालों पर चढ़ा हुआ है। अरे भाई पहले पुरस्कार के पीछे का सच जान लो, फिर किसी को उँगली उठाने से मना करना।

कुछ युवा मित्र, वरिष्ठ लोगों पर आँख बन्द करके भरोसा कर लेते हैं। वरिष्ठ भी पुरस्कारों के लेन-देन में खुशी-खुशी शामिल होते हैं। वरिष्ठता का अर्थ शुचिता नहीं है। हाँ, वरिष्ठ हों या कनिष्ठ हर जगह बहुत अच्छे लेखक भी हैं तो बहुत खराब भी। पुरस्कार के होने के औचित्य कहना यह है कि ये पुरस्कार हिन्दी की रक्षा के लिए या विधाओं के उन्नयन के लिए नहीं हैं। जब पुरस्कार नहीं थे तो बहुत खराब लिखा गया है? या तब लेखक जिन्दा नहीं रहते थे? आज लेखकों को पुरस्कार की जरूरत किसलिए है? पुरस्कार अच्छा लिखने की कोई चुनौती नहीं पैदा करते हैं, उल्टे साहित्य में भ्रष्टाचार फैलाते हैं। कई बार मुझे लगता है कि पुरस्कार साहित्य में वांछित सफलता का शार्टकट है या औसत लेखन का राजपथ। मैं तो इसे साहित्य के अन्धविश्वास के रूप में भी देखता हूँ। बेमेल विवाह, बालविवाह या छुआछूत इत्यादि जैसी कुप्रथा के रूप में। इसीलिए पुरस्कारों पर उठी हुई हर उँगली अपनी लगती है। अभी एक मित्र ने पुरस्कृत लेखक पर अपने विचार व्यक्त करते हुए चयन समिति को प्रथमदृष्टया जिम्मेदार ठहराया तो मैंने वहाँ भी कहा कि कईबार चयन समितियां हाथी के दांत की तरह होती है। पर्दे के पीछे का सारा खेल या लेने-देन ऐसी समिति का गठन करनेवाले लोगों का होता है। आशय यह कि हम जो सामने देखते हैं, सच उतना ही नहीं होता है। साहित्य का सच तो पीछे होता है। कई बार पुरस्कार का सच भूमिगत होता है। बहुत खुदाई करो तब जाकर पता चलता है। इसलिए है मित्रो, पुरस्कार के खिलाफ उठी हुई उँगली को कम जानकारी की वजह से तोड़ने की कोशिश मत करो, क्या पता किसी दिन तुम्हारे साथ भी साहित्य में कोई अन्याय हो तो वही उँगली तुम्हारे काम आये।

*अपने दिल की किसी हसरत का पता देते हैं*
*मेरे बारे में जो अफवाह उड़ देते हैं।*

—कृष्ण बिहारी नूर

(एक मजबूत लेखक की जिन्दगी में ऐसा वक्त भी आता है।

यह अलग बात है कि अफवाहों की उम्र पानी के बुलबुले की तरह होती हैं।)

*"अहंकार, मूर्खता और कुटिलता के मणिकांचन योग ने अकादमी को नष्ट कर* दिया। ऐसा नहीं रहता, कोई और रहा होता तो यह सब नहीं होता।"

(एक बड़े भाई ने फोन पर मेरे सुदीर्घ लेख-अब स्वतन्त्र किताब-'नयीसदी की कविता' के बारे में बात करते हुए अकादमी को लेकर चिन्ता व्यक्त की।)

*जो लोग खुशी-खुशी गुमनाम रहकर*
*साहित्य का काम कर रहे होते हैं, क्या वे लोग*
*जरूरी काम नहीं कर रहे होते हैं? साहित्य के सारे*
*जरूरी और नये काम सिर्फ मशहूर लोग ही करते हैं?*

*हिन्दी की कवयित्रियों को*
*सिर्फ कविता तक खुद को सीमित नहीं कर लेना चाहिए।*
*बल्कि आलोचना में भी काम करना चाहिए।*
*अर्थात् उन्हें अपना पक्ष रखने के लिए*
*पुरुष आलोचकों पर ही निर्भर नहीं रहना चाहिए।*
*उन्हें भी खुद के लिए टकराना आना चाहिए।*

आलोचना साहित्य की मुश्किल विधा नहीं है। थोड़ी-सी भी तैयारी हो तो व्यावहारिक आलोचना तो कतई मुश्किल नहीं है, लेकिन इक्का-दुक्का नाम छोड़ दें तो इसमें लेखिकाओं की गति नहीं है। महिला कथाकार और कवयित्रियां एक-दूसरे की अच्छी रचनाओं के पक्ष में खड़ी हों, स्त्री लेखन की दशा और दिशा पर तो बात करें ही, जहाँ जरूरी हो पुरुष लेखन पर भी हस्तक्षेप करें अर्थात् समर्थ आलोचक की भूमिका निभायें।)

नोट : जैसे कुछ कवयित्रियों ने इधर पत्रिका निकालने का जरूरी काम किया है।

दिल्ली का सम्पादक—

*"अपने होने को साबित करना ही क्या होना है?"*

गोरखपुर का सम्पादक-

*"मठाधीशों की सोहबत से 'होना' क्या होना है?"*

जब एक लेखक मित्र ने कहा कि आजकल दिल्ली के साहित्यिक परिसर में बिहार की बहार है, तो मैंने कहा कि नहीं ऐसी बात नहीं है। वे फिर बोले कि ऐसी बात है, मैंने कहा कि चलिये खुश हो लेते हैं, बिहार और यू.पी. भाई हैं।

(एक दूसरे प्रिय मित्र ने कहा कि राजधानी के एक बड़े कवि दौड़-दौड़ कर पटना और आसपास शादियों में फिल्म के हीरो की तरह डिमाण्ड पर जा रहे हैं, उन्हें वहाँ किसी पद-सद पर भी बैठाया गया है।)

नोट : हम किसी का कहीं आना-जाना और गिरोह इत्यादि बनाकर साहित्य में काम करना बन्द नहीं कर सकते हैं, वैसे ऊपर कही गयी बात को मैंने किसी और से पुष्ट नहीं किया है, कुछ गलत निकले तो माफ कीजियेगा।

कब तक कहेंगे साहित्य के गुणीजन कि यह अमुक जी हैं, इन्हें यह पुरस्कार मिला है? कम-से-कम वे लोग जो इनामबाज नहीं हैं, उनके लिए अब यह कहने का वक्त आ गया है कि यह गणेश पाण्डेय हैं, इन्हें एक छदाम का भी पुरस्कार नहीं मिला है।

(गणेश पाण्डेय का मतलब कोई भी।)

नोट : नशा सिर्फ इनाम का ही नहीं होता, उससे बढ़कर नशा इनाम के दाग से बचने का भी होता है।

लेखक कोई चूरन या काजल नहीं बेचता है कि मेले में माइक लगाकर अपनी कृति का प्रचार करे। (जिन्हें रुचि होती है, प्रकाशक के स्टाल पर विभिन्न पुस्तकों को खुद देखते है, कई बार प्रकाशकों की सूची देखकर किताब चुनते है। और भी तरीके हैं।)

नोट : साठपार लेखकों के लिए कह रहा हूँ, नये लेखकों के लिए नहीं।

एक घनिष्ठ आलोचक मित्र ने मेरे एक कविता संग्रह की रिव्यू को लेकर मुझसे छल किया। ब्योरा दूँगा तो आप सब को उस मित्र के लिजलिजेपन से घृणा हो जायेगी। उसके बावजूद मैंने अपने उस मित्र को एकदम से तजा नहीं, लेकिन उस संग्रह और बाद की किताबों के लिए रिव्यू की इच्छा को जरूर तज दिया।

(हो सकता है कि इसमें भी किसी को हीनताबोध या महानूताबोध दिख जाये, जबकि ऐसा कुछ भी खास इस निर्णय में नहीं हैं।)

नोट : बाद में कुछ मित्रों ने खुद ही कहा रिव्यू करने के लिएं तो हाँ- हूँ कहकर टाल दिया। उन मित्रों का आभारी हूँ कि उन्होंने खुद कहा।

मेरी साहित्यिक पीढ़ी का भी मुझसे बैर रहा है। इसलिए कि उनकी तरह महाजनों के पथ पर नहीं चला। रहा है तो क्या कर सकता हूँ। बता सकता हूँ बता रहा हूँ। इसलिए कि आप जानें कि कैसे हर पीढ़ी के लेखकों के बीच ईर्ष्या, द्वेष होता है, खासकर उस लेखक के साथ, जो अपने समय के साहित्य प्रभुओं के चरणरज नहीं लेते। आप भी भेड़चाल से दूर रहेंगे तो साठ के बाद कहीं जाकर प्रभुओं की कृपा के बिना स्वाभिमानी लेखक के रूप में स्वीकार किये जायेंगे। दोस्तो, धीरज की यह लम्बी साँस, राजधानी की जहरीली हवा में मुमकिन नहीं है।

(हालाँकि हिन्दी की बड़ी-बड़ी, बूढ़ी और कुछ अधेड़ ( और शायद सभी जर्जर) गोदें वहीं हैं, जिसके लिए देशभर के बच्चे मचलते हैं। इससे बच वही पाते हैं, जिनके हाथ में कविता के साथ सचमुच का गद्य का खड्ग होता है।)

नोट : साहित्य में लाल सलामवाले भी कम निराश नहीं करते हैं। साहित्य की इस गुलामी से आजादी की लड़ाई कब लड़ेंगे! लड़ेंगे भी!!

लौटाया पुरस्कार, औटाये दूध की तरह पी लेने में कोई हर्ज नहीं हैं। ऐसा इसलिए कह रहा हूँ कि जब लौटानेवालों को न लौटानेवालों के साथ गलबहियाँ डाल कर मंच और सन्ध्या इत्यादि साझा करना ही है तो खुला खेल खेलें, छुपम-छुपाई क्यों?

(प्रगतिशील भी रहें और पतनशील भी, कैसा भय है। अच्छा हुआ कि मेरे पास कोई पुरस्कार नहीं हुआ, नहीं तो कितनी मुश्किल होती!)

आज के तमाम नामी-इनामी आलोचक प्रायः "लाभ के कवियों" पर लिखना अधिक पसन्द करते हैं। ठीक पहले के आलोचक भी ऐसा ही करते थे, बिना लाभ वाले कवियों को फूटी आँख से भी नहीं देखते थे। (चाहे उनके पास सिर्फ फूटी आँख ही थी।)

पुरस्कार को मरते दम तक सलीब की तरह ढोनेवाले लेखक समाज को न कोई प्रेरणा दे सकते हैं, न उसके शिक्षक बन सकते हैं और न ही उसके सामने कोई आदर्श उपस्थित कर सकते हैं।

(अतिशय कला की असामाजिकता एक लेखक के बयान और कुछ लेखकों की चुप्पी में दिखी।)

हिन्दी कविता का भविष्य
दिल्ली क्यों तय करेगी,
देश क्यों नहीं?

कृति के प्रकाशित होने का महत्त्व होता है, लोकार्पित होने का नहीं।

(कोई भी कृति पाठकों के लिए ही होती है। एक बार एक बड़े आलोचक से पूछा कि आचार्य शुक्ल ने कितनी किताबों का लोकार्पण किया है? सौं? हजार? जवाब नहीं मिला।)

नोट : यह साठ पार लेखकों के लिए कह रहा हूँ। नये लेखकों के लिए नहीं, उनके लिए तो अभी खेलने-कूदने के दिन हैं।

मुश्किल वक्त में लेखक को लोहा बनना होगा, हीरा नहीं। जिसकी पहुंच राजा के मुकुट तक नहीं, देश के जन-जन तक हो।

(मुश्किलें हजार हैं तो हौसला भी हजार से कम नहीं होना चाहिए।)

साहित्य की गम्भीर किताबों की लोकप्रियता और कम उम्र पाठकों को ध्यान में रखकर लिखी गयी हल्के-फुल्के मनोरंजनवाली किताबों की लोकप्रियता में फर्क है भाई, कई बार फैशन में किताबें खरीदी जाती है, जो खरीदी तो जाती हैं, पर शायद कुछ कम पढ़ी जाती हैं। नये पाठकवर्ग के निर्माण के लिए प्रेमचंद का रास्ता आज भी प्रासंगिक है. लोकप्रियता का प्रमाण बिकना नहीं, टूटकर और डूबकर पढ़ा जाना है।

(ज्यादा बिकनेवाली सभी किताबों में लम्बे समय तक याद रखने वाली चीजें हों, जरूरी नहीं।)

नोट : इधर की खूब बिकनेवाली किताबों के बारे में शायद यह एक कम समझ की बात हो!

**सवाल टेढ़े और जवाब सीधे**

1. साहित्य में कचरा कैसे साफ किया जाता है? उत्तर- क्या साहित्य के परिदृश्य पर कचरे की ओर उँगली उठाना और कचरा करनेवालों को फटकारना, कचरा साफ करने की विधि नहीं है? तब क्या है?

2. साहित्य के नित्य शिकायतकर्त्ता की ओर से सार्थक पहल क्या है? उत्तर— जिन बुराइयों का विरोध करते हैं, उसे खुद न करना सार्थक पहल नहीं है? तब सार्थक पहल क्या है? क्या शिकायतों का विरोध करनेवालों को मंच, माला, पुरस्कार उपलब्ध कराना सार्थक पहल है?

3. प्रतिपक्ष राजनीति के लिए पेटेण्ट है, साहित्य के लिए नहीं? उत्तर- साहित्य में भी प्रतिपक्ष के लिए भूमिका होती है। हाँ, साहित्य के सत्ता पक्ष का पत्तल भी चाटें और प्रतिपक्ष के कार्यकर्त्ता भी हों, यह सम्भव नहीं है, पकड़ लियें जायेंगे।

हमारे समय के ज्यादातर कवि अपनी कविताओं के आधार पर कम और संगठन, गुटबाजी और बाहुबल इत्यादि की वजह से चर्चा में अधिक आये।

नोट : 1. बाहुबल का यहाँ वही अर्थ नहीं है जो राजनीति में है। 2. आलोचक और कथाकार इत्यादि की दशा भी इसी प्रकार है। 3. सूचीबाज कवि और आलोचक की एक कोटि ही बन गयी है। 4. सम्पादकों के सम्पादन के बारे में पूछिये मत। 5. सम्भवतः इसीलिए छोटे सुकुल ने हमारे समय की कविता को कविता का सन्दिग्ध काल कहा है।

आज की तारीख में क्या वह लेखक बहुत अच्छा होता है जो अपने लेखन से किसी लेखक को कभी नाराज नहीं करता अर्थात् सब मीठा-मीठा लिखता है?

(एक वरिष्ठ कवि-आलोचक ने यात्रा 10 देखने के बाद फोन पर कहा- “आप बहुत खरा-खरा कहते हैं, साहित्य में आपके दुश्मन बहुल होंगे! ”)

लेखकों के विचार और आचरण में अन्तर से दुःखी हूँ। कहना चाहिए कि निराश हूँ। जब लेखक खुद बिना किसी नुक्स का नहीं है तो कोई नेता-राजनेता बिना नुक्स का कैसे हो सकता है? लेखकों के समझौते करने की विशेष परिस्थितियाँ होंगी तो नेताओं के लिए क्यों नहीं?

क्या यह समय लेखकों, नेताओं, राजनीतिक दलों, लेखक संगठनों में कम नुक्स या कम समझौते देखने का समय है?

मेले में लेखकों के साथ संवाद, कविता पाठ, लोकार्पण इत्यादि करने से लेखकों और साहित्य की कितनी उन्नति होती है? साहित्य का यह कर्मकाण्ड नहीं होता तो क्या पुस्तक प्रेमी मेले में नहीं जाते? एक लेखक अपनी कृति के भीतर जिन्दा या मुर्दा होता है। बाहर उछल-कूद क्यों?

(क्या यह कम अच्छा होता कि सम्बन्धित स्टाल पर सचमुच के पाठक अपने लेखक के दस्तखत के साथ किताब लेते और अपने लेखक से अनौपचारिक बात करते?)

*सच तो यह कि अपने आशय को*
*सात ताले में रखनेवाली काव्यभाषा*
*कविता की भाषा नहीं हो सकती,*
*जादू-टोने की हो तो कह नहीं सकता।*

आज नये कवि की सबसे बड़ी मुश्किल यह है कि वह वरिष्ठ कवियों को चुनौती मानने की जगह उनकी पूजा शुरू कर देता है। उनकी परिक्रमा करने के लिए अहर्निश सन्नद्ध रहता है। मजे की बात यह कि वरिष्ठ कवि भी यही सब करके वरिष्ठ होते हैं।

कुछ तो कम है, नहीं तो यह अँधेरा छँटता कैसे नहीं?

(कहीं लालटेन की बत्ती दोमुँही तो नहीं है? चिमनी के भीतर कैसी कालिख है?)

नोट : हे अच्छे विचार! सरकारें बदलने से ज्यादा कुछ क्यों नहीं होता? इस बार भी हम सिर्फ सरकार बदलने की राह पर नहीं है?

हिन्दी साहित्य में यह सुविधा खासतौर से है कि बकरी का जीवन जीकर शेर पर कविताएं लिख सकते हैं, आलोचक प्रश्न नहीं करेगा।

(यह सुविधा रहनी चाहिए? नहीं तो चर्चित लेखकों की संख्या में भारी कमी हो जाएगी।)

नोट : यहाँ बकरी की विनम्रता और शेर की हिंसा का सन्दर्भ न लें, नहीं तो अर्थ का अनर्थ होते एक सेकेण्ड भी नहीं लगेगा।

कविताएँ ऐसी हों, जो पाठकों के दिल को छू लें और उनके जीवन में उम्मीद जगाएं। जरूरी बात यह कि कविताएँ पहले अपने अड़ोस-पड़ोस और वक्त के लिए खासतौर से हों, न कि अन्तरराष्ट्रीय योग्यतावाले पाठकों के लिए।

(कहानी और उपन्यास और आलोचना के बारे में भी ऐसा ही कुछ सोचता हूँ।)

नोट : हिन्दी में लिखी कविताएँ हिन्दी में ही हों और कवितापन भी उनमें भरपूर हो। आलोचना भी ऐसी ही हो तो फिर क्या पूछना!

कमजोर कवि और आलोचक की पहचान यह है कि वे अपने समय की लीक छोड़कर चलने का तनिक भी जोखिम नहीं उठाते हैं। आशय यह कि वे अपने समय के शिखरों की तीव्र आलोचना के बारे में स्वप्न में भी विचार नहीं कर सकते हैं। शायद रगड़ से चिंगारी पैदा करने का काम उनके हिस्से में नहीं है।

(ऐसा भी हो सकता है कि वे सही कर रहे हों और मेरा सोचना ही गलत हो!)

कविता का मतलब दिल्ली है?<br>
क्या हो गया है इलाहाबाद को?<br>
बनारस को क्या हो गया है?<br>
क्या हो गया है गोरखपुर को?<br>
कविता का मतलब अघाये हुए कवि हैं?<br>
क्या हो गया है कविता की जनता को?

कभी-कभी ऐसा भी होता है कि आप जिन लोगों के लिए सत्ता से लड़ते हैं, वे अपने लिये लड़नेवालों के साथ नहीं, बल्कि जरा-सा कुछ पा जाने की उम्मीद में आजीवन सत्ता के साथ होते हैं।

(राजनीति में ही नहीं, साहित्य में भी प्रतिरोध इस तरह की दुर्घटना का शिकार होता रहता है।)

एक कवि सोचता है कि दस-पाँच लाख या लाख-दो लाख या हजार-पाँच सौ का पुरस्कार अपनी नृत्यकला से प्राप्त कर लेगा तो बड़ा कवि बन जायेगा। यह नासमझी उतनी बड़ी नहीं, जितनी बड़ी नासमझी यह है कि किसी को ऐसे पुरस्कारों के मिलने पर, जीवन में कभी कोई पुरस्कार न पानेवाले ताली पीटकर बधाई देने लगते हैं। पुरस्कार कैसे मिलते हैं और पुरस्कार अच्छी रचना को परखने की कसौटी नहीं है, यह जानने के बाद भी पुरस्कार के संगीत पर नृत्य करना आखिर बड़ी नासमझी नहीं है तो और क्या है?

(यहाँ आशय किसी पुरस्कृत को अपमानित करने का नहीं है, कहना सिर्फ यह है कि स्थायी महत्त्व की चीज सिर्फ रचना है, पुरस्कार नहीं। रचना का महत्त्व तय करने की यह कोई कसौटी हो ही नहीं सकती है। पचास-साठ साल की उम्र के लेखक भी पता

नहीं क्यों इस बात पर गौर नहीं करते! हद तो यह कि खुद कबीर दास आकर फटकारें, तब भी आज का हिन्दी समाज समझने से रहा!)

मेले में गीत-संगीत-नृत्य, झूला, सर्कस वगैरह सब होता है। मेला चाहे जैसा हो, चाहे साहित्य का ही क्यों न हो।

मेले में बच्चे बहुत खुश होते हैं। तरह-तरह की चीजें खरीदकर सबको दिखाते हैं, कुछ बच्चे तो शर्बत भी दूसरे को ललचा कर पीते हैं। बच्चे जो ठहरे।

साहित्य के मेले में बुजुर्गों को खूब मजा आता है, साल भर कोई पूछे-न-पूछे, मेले में बच्चे उनके संग-संग फोटो खूब खिंचवाते हैं।

पता नहीं क्यों मैं साहित्य के मेलों से दूर भागता हूँ! बाबाओं से भी।

(शायद कुछ ऐसा है जो मुझे अच्छा नहीं लगता है। इसका मतलब यह नहीं कि लोगों को मेले में नहीं जाना चाहिए। मैं सिर्फ अपनी दिक्कत बता रहा हूँ। यों जाता तो शायद ऐसा भी होता कि कुछ बहुत अच्छा भी लगता। और भी लोग हैं जो किसी न किसी वजह से ऐसे मेलों में जा नहीं पाते हैं। कह सकते हैं कि उनका साथ देने के लिए नहीं जाता हूँ। क्या पता हम सब किसी साल ऐसे मेलों में एक साथ पहुँचे!)

नोट : वैसे इन पुस्तक मेलों में सिर्फ और सिर्फ किताबों की गरज से या सिर्फ और सिर्फ हमउम्र दोस्तों से मिलने के लिए भी जायें तो ज्यादा अच्छा होगा।

राजनीति में कई महाराज, महंत आदि जैसे हैं, हू-ब-हू वैसा बोलते हैं। उनकी राजनीति चाहे बहुत बुरी हो, लेकिन है तो पूरी तरह पारदर्शी। क्या हिन्दी के स्वनामधन्य या बहुपुरस्कृत लेखकों का साहित्यिक जीवन पारदर्शी है? क्या इनकी राजनीति, उनकी राजनीति से अच्छी है? कोई धर्म की राजनीति कर रहा है, कोई जाति की, कोई इनाम की। राजनीति में बुरे हैं तो बुरे हैं, क्या साहित्य में अच्छे दिखनेवाले सचमुच अच्छे हैं? बुरे औजारों से लोकतन्त्र की गाड़ी ठीक कैसे होगी? कौन लोग होंगे, किस ग्रह से आयेंगे? हिन्दी के लेखक तो होंगे न?

(यह बहस के लिए नहीं है। सिर्फ एक दर्द है और नये लेखकों को लेकर नहीं है। दुःखी मित्रों से साझा कर रहा हूँ।)

**कवि की मुश्किल**

एक कवि ने अपनी पसन्द के आलोचकों की सूची जारी करते हुए कहा कि अमुक-अमुक-अमुक हमारे समय के ऐसे आलेचक हैं, जिनका लिखा पढ़ता हूँ। आगे कवि ने कहा कि, "लेकिन इन आलोचकों ने पिछले तीस साल की कविता पर कोई महत्त्वपूर्ण काम नहीं किया है।"

कवि की बातों से दिक्कत यह हुई कि कवि होकर भी ऐसे आलोचकों को पढ़ते क्यों हैं, जो अपने समय की रचनाशीलता में रुचि नहीं लेते हैं?

नोट : उन आलोचकों में कुछ तो खोदाई जी हैं और कुछ फ्रीस्टाइल के कलाकार, काव्यालोचना, कथालोचना, रंग समीक्षा, के अतिरिक्त कुछ भी लिखनेवाले। कवि जी ने शायद आलोचना और शोध और पाठानुसन्धान इत्यादि को एक में गड्डमड्ड कर दिया है।

(कृपया सभ्यता समीक्षा का बखेड़ा इस वक्त और यहाँ न खड़ा करें।)

लेखक जी, यह अच्छी बात है कि आपके पास अच्छे विचार और ज्ञान का पर्याप्त भण्डार है, लेकिन समाज में कुछ होना तो दूर की बात है, आप के भीतर ही कहीं कुछ होता दिख नहीं रहा है। ऐसा क्यों? आप जब स्वाभिमानी लेखकों के प्रति ही सहिष्णु नहीं हैं, उन्हें स्वीकार करने और महत्त्व देने की उदारता आपके भीतर नहीं है तो समाज और राजनीति में उदार दृष्टिकोण कैसे सम्भव है? क्या आपको पुनर्विचार नहीं करना चाहिए? आपको समाज और राजनीति के सामने आदर्श नहीं उपस्थित करना चाहिए?

उम्र बीत जाती है,
अपनी बैलगाड़ी नहीं हाँक पाते हैं...

कुछ लेखक पूरी उम्र साहित्य के राजाओं की पालकी ढ़ोते गुजार देते हैं। कुछ लेखक अपनी जिन्दगी का बड़ा हिस्सा किसी बहु और शीर्ष पुरस्कृत के पीछे-पीछे किसी उम्मीद में चलने में गुजार देते हैं। विडम्बना यह कि वह बहुपुरस्कृत शीर्ष या उप शीर्ष खुद ही गुजर जाता है, अपने पीछे चलनेवाले कवि या आलोचक के बारे में एक भी शब्द कहे बगैर। साहित्य का यह कैसा दुखान्त है, हर शहर में ऐसे मुफ्त में साहित्य के राजाओं की पालकी ढोनेवाले लेखक दिख जाते हैं। इस शहर में भी हैं, कुछ तो मुझसे उम्र में भी बड़े हैं, जिन्हें देखकर बहुत दुःख होता है। छोटे भी इसी राह पर हैं। हिन्दी के इन लेखकों की उम्र बीत जाती है, दूसरी की पालकी ढोने में, कभी अपनी बैलगाड़ी नहीं हाँक पाते हैं। (कल रात एक वरिष्ठ लेखक से फोन पर बात के बाद, उनके बारे में सोचते और दुःखी होते हुए।)

लेखक संगठनों के कार्यक्रमों में पुरस्कार लौटानेवाले और न लौटानेवाले लेखक गलबहियाँ डाल कर शामिल होंगे? ऐसा करने से कवियों की लज्जा बचेगी?

(लखनऊ में हो रहे एक लेखक संगठन के आयोजन के बारे में जानकर दुःख हुआ। क्या पुरस्कार न लौटानेवाले केदार जी के बिना हिन्दी कविता का सूर्य अस्त हो जाएगा? या राजेश जोशी समेत हिन्दी के सारे कवि विलुप्त हो जायेंगे? क्या यह गौरतलब नहीं है? आखिर हिन्दी के ये कवि और लेखक संगठन कितने प्रतिबद्ध हैं? क्या यह लेखक संगठन को हास्यास्पद बनाने के लिए काफी नहीं है?)

साहित्य में पुरानी कबाड़ सड़क से काम चलाना है तो चलाते रहिए। नयी सड़क बनाने के लिए पुरानी सड़क को तोड़ना जरूरी होता है, तब कहीं शुरू हो पाता है नयी सड़क का काम।

(इसका मतलब यह नहीं कि पुरानी सड़क जमीन पर थी तो नयी सड़क आसमान पर होगी। मैं जानता हूँ कि अपने समय के महाजनों के पथ पर चलनेवाले तमाम लेखक साहित्य में तोड़फोड़ की कल्पना से भी डर जाते हैं!)

साहित्य में भी दो वर्ग हैं।

पहला पूँजीपति और दूसरा सर्वहारा।

टुच्चे मध्यवर्ग की तो बात ही मत करें, जनाब।

**प्रयत्नपूर्वक अनुवाद की क्षुद्रता**

मुझे लगता है कि लेखक के भीतर मृत्यु का भय अर्थात् अमरता की तीव्र इच्छा उसे पुरस्कार के बाद जिस दूसरे उपाय की ओर ले जाती है उसे अनुवाद कहते हैं। यहाँ आशय उस अनुवाद से है जिसे लेखक खुद प्रयत्नपूर्वक कराता है। जरा गौर से देखिये इन कवियों को, पहचान लीजिये इन्हें, जिन्हें हिन्दी में कोई (पाठक) नहीं पढ़ता है, अंग्रेजी में अपनी कविताओं का अनुवाद कराने के लिए मरे जाते है। कहाँ नहीं हैं ऐसे अहमक? अपने छत्तीस इंच के सीने को छप्पन इंच का दिखाने के लिए विकल ये डेढ़-डेढ़ इंच के सी ग्रेड के कवि, नये लेखकों को भ्रमित करते हैं। अपने घर और जनपद में ही कवि के रूप में जिनकी पूछ नहीं, अन्तरराष्ट्रीय बनने के लिए मरे जाते हैं। देवेन्द्र कुमार की कविताओं का अनुवाद नहीं हुआ तो छोटे कवि हैं और अनुवाद हो जाने से कविता के छुटभैये बड़े कवि हो जायेंगे? कबीर, सुर, तुलसी, जायसी ने प्रयत्नपूर्वक अपना अनुवाद कराया था? डेढ़ इंच के कवियों की अनूदित पुस्तक का कवर पेज यहाँ दिखाया जाता है और हमारे युवा साथी इस उपक्रम के पीछे की क्षुद्रता को जाने बिना भूलवश लाइक का बटन दबा देते हैं। ये तो युवा हैं भूल कर सकते हैं, पर सत्तर-पचहत्तर पार कविता के बच्चों का क्या करें, जो तितलियाँ पकड़ने के चक्कर में न जाने कब से ऐसे ही दौड़ रहे हैं। फिर वही शेर किसी का याद आता है—

*हमारे दौर के बच्चे हो गये गम्भीर*
*बुजुर्ग हैं कि अभी तितलियाँ पकड़ते हैं।*

पुरस्कृत जी ने हिन्दी के छत्तीस करोड़ देवताओं की पूजा की और बेशकीमती मुकुट उनके सिर पर बँध गया, अब यह न पूछें कि कविता में उन्होंने नया और खासतौर से मजबूत और बहुत जरूरी किया क्या?

(यह तो सिंह साहब और उनके नित्यप्रेमी त्रिपाठी जी भी नहीं बता सकते हैं! ऐसा मेरा मानना है और आप जानते ही हैं कि मेरी बातें गलत भी हो सकती हैं।)

नोट : इनाम लेने की ही नहीं, बाँटने की भी बीमारी होती है। हे भगवान् अब तक तो बचा हुआ हूँ, आगे तुम्हीं मालिक! वैसे कभी-कभी सोचता हूँ कि यह गलती जीवन में 'एक बार' मैं भी करूँ, यह देखने के लिए कि उसके बाद अनुभव क्या करता हूँ, मुझमें कोई दुम निकलती है या नहीं?

भोजपुरी कवियों को हिन्दी के लेखकों और प्रोफेसरों के पीछे भागते देखकर दुख होता है। वे कब खुद मुख्तार बनेंगे? वे कब अपनी इस दीनहीन छवि से बाहर निकलेंगे?

सबसे बड़ी बात यह कि वे अपने लेखन से हिन्दी के लेखकों को चुनौती कब देंगे? किस शताब्दी में? अरे भाई, आदमी-तो-आदमी, किसी वृक्ष को भी इतना नम्र नहीं होना चाहिये कि धरती में विलीन हो जाय।

(एक भोजपुरी कवि मित्र पर बात करते हुए इस शहर के भोजपुरी कवियों की दशा को लेकर उपजी पीड़ा से हृदय विदीर्ण हुआ।)

क्यों एक लेखक, दूसरे लेखक से ज्यादा मशहूर होना चाहता है? यह क्यों नहीं चाहता कि जिनके लिए वह कुछ लिखता है, वे सिर्फ उसके लिखे को पढ़ें, बस?

मैं तो पाठक जी लोगों से यह भी कहता हूँ किसी का लिखा पसन्द न आए तो न पढ़ें। दुःखी होने के लिए किसी भी स्वनामधन्य का खराब लिखा कभी हरगिज न पढ़ें।

लेखकों में आखिर ईर्ष्या-द्वेष की यह दुर्बलता क्यों? जब सब छोड़-छाड़ कर जाना है तो यह महानता का भूत सिर पर सवार क्यों? इस शहर में भी ऐसे दुर्बल लेखक रहते हैं।

**उँगली पकड़ने की कीमत नहीं चुका सकता था**

उधेड़बुन में था कि कहूँ कि न कहूँ लेकिन अब कह देना जरूरी है। सम्भव है कि इस वाक्य का कोई मूल्य किसी के लिए न हो– "कि गोरखपुर का न होने के बावजूद शिरीष मेरे दिल के निकट हैं और उनके मित्र अशोक गोरखपुर का होने के बावजूद मुझसे बहुत दूर हैं।" इस वाक्य में कुछ है, यह अलग बात है कि नाम-इनाम के पथ पर तेज कदम से चलनेवाले अर्थात् लगभग दौड़नेवाले अशोक इसे उस तरह नहीं लेंगे, जिस तरह मैं ले रहा हूं, पता नहीं उस दर्द को अपनी साहित्यिक प्राथमिकताओं की रोशनी में देख पायेंगे या नहीं। हाँ, जरूरी है कहना कि जब मुझे चुनना हुआ तो मैंने स्वर्गीय देवेन्द्र कुमार को चुना, इसलिए कि देवेन्द्र कुमार को अतिविनम्र होने के बावजूद कभी नाम और इनाम के लिए कहीं शीश नवाते नहीं देखा। उस कविरूप में आकर्षण था, आज के नये कवियों की तरह साहित्य अकादमी पाने वालों के पीछे नहीं भागा। यहाँ तक कि अकादमी के अध्यक्ष विश्वनाथ जी समेत कई स्थानीय लोगों को देवेन्द्र कुमार के सामने चुनना उचित नहीं समझा। यह एक कवि का साहस है या मूर्खता, मैं अपनी ओर से कुछ नहीं कहना चाहता। एक और विश्वनाथ जी हैं मेरे गृहजनपद सिद्धार्थनगर के जो दिल्ली के बड़े भारी आलोचक हैं, उन्हें भी साहित्यिक गॉडफादर के रूप में नहीं चुना। कई हैं जो चाहते थे कि उनकी उँगली पकड़ लूँ,, पर उन सबसे दूर रहा। उँगली पकड़ने की कीमत रीढ़ की हड्डी से नहीं चुका सकता था। हो सकता है कि यह सब मेरी मूर्खताएं रही हों कि नाम-इनाम और आशीर्वाद का पथ कभी नहीं चुना। हाँ, जिसमें निडरता दिखी, जो नाम-इनाम के लिए जिस तिस के पीछे भागता नहीं दिखा, उससे जुड़ा और दिल से। एक बात साफ कर दूँ कि कई लठैतों ने कई बार प्रहार किया, पर जानता था कि लठैत चन्द टुकड़ों के लिए लड़ता है, किसी मूल्य के लिए नहीं। इसलिए लठैत दया के पात्र होते हैं, आज इस जमींदार की चाकरी करते हैं तो कल किसी और की। मैंने मुकाबले के लिए उनके मालिक साहित्य के जमींदार को चुना। मेरी लड़ाई, अब हमारी लड़ाई है और, यह

साहित्य के भ्रष्ट और क्रूर जमींदारों के खिलाफ है। चाहता हूँ कि जैसे खेतों के जमींदारों का उन्मूलन हुआ, उसी तरह साहित्य के छोटे-बड़े जमींदारों का उन्मूलन हो। मैं जानता हूँ कि जिसका रास्ता नाम-इनाम का होगा, वह मुझसे दूर होगा। मुझे ऐसे कमजोर लोगों की निकटता भी नहीं चाहिए। हिन्दी में आज बड़ी संख्या ऐसे लेखकों की है जो साहित्य की सत्ता और उसके छल-छद्म से दूर रहना चाहते हैं, लेकिन बार-बार उसके शिकार होते हैं, ऐसे लोगों को अपना मानता हूँ, मैं उन लोगों का हूँ, जिन्हें साहित्य की सत्ता की गोद नहीं, बस ऐसे भोले-भाले लेखकों के हाथ का साथ चाहिए। जानता हूँ कि कुछ लोगों के लिए हास्यास्पद लगेगा, उनके लिए जो दशरथ माँझी के बारे में नहीं जानते होंगे। यह साहित्य के भ्रष्टाचार का पहाड़ आज तोड़ना भले असम्भव दिखे, हम भले उस वक्त न रहें, लेकिन टूटेगा एक दिन यह तिलिस्म। हाँ, कहता हूँ कि साहित्य की सत्ता का चाकर नहीं हूँ, साहित्य की जनता की शक्ति का प्रतिनिधि हूँ। मैं अब खुद को अकेला नहीं समझता, बहुत से लोग हैं, मेरी तरह।

कवि को कभी भी किसी आलोचक के सामने दीन-हीन बनकर नहीं रहना चाहिए। आशय यह नहीं कि आलोचक का सम्मान नहीं करना चाहिए। हृदय से सम्मान करना और बात है और हजार तरह के डर लेकर पीछे-पीछे रहना और बात। एक अच्छे लेखक और आलोचक का रिश्ता लोकतान्त्रिक मैत्री का रिश्ता होता है। दोनों एक-दूसरे की प्रशंसा ही नहीं आलोचना भी करते हैं। यह अलग बात कि बराबरी के रिश्ते कम होते हैं।

**फिर भी कुछ कम रह जायेगा**

और क्षेत्रों में ही नहीं साहित्य में भी खल होते हैं, जो अपने समय में लीक छोड़कर चलनेवाले किसी लेखक का खुले तौर पर या छिपे तौर पर जबर्दस्त विरोध करते हैं, वे जिस लेखक का विरोध करते हैं, उसमें जरूर कुछ अलग होता है। अपने समय में जिस लेखक का विरोध या उसकी उपेक्षा न हो, तो समझ लीजिए कि उसमें कुछ कम जरूर है। चाहे उसके सिर पर करोड़ों के हीरे का मुकुट सजा हो!

(सुन रहे हो महाकवियो?)

विचार और मूल्य के बिना साहित्य जनकल्याण का वाहक नहीं हो सकता। लेखक के लिए जितना जरूरी देशकाल का बोध और जनपक्षधरता की राजनीति है, उतना ही जरूरी उसके लिए साहित्य का ईमान है। यह जो साहित्य का ईमान है, लेखक के जीवन का प्राणतत्त्व है। 'साहित्य के उद्‌देश्य' और 'साहित्य के दृष्टिकोण' उसके बिना अधूरे हैं। हाँ, उनके लिए 'ईमान' का महत्त्व कम हो सकता है, जिनके लिए लेखक होने का मतलब नाम-इनाम है।

**उनकी हँसी :**

कभी कोई लेखक अपनी एक छोटी-सी दुनिया बना लेता है और उसी में अहर्निश जीता है। शायद उस छोटी-सी दुनिया में बहुत आगे भी निकल जाता है। बहुत से लेखक

एक बड़ी दुनिया में खूब उछल-कूद और शोर-शराबा करते हुए जहाँ शुरू में खड़े होते हैं, वहीं वहीं खड़े रह जाते हैं। असल बात यह कि यही बड़ी दुनिया वाले, छोटी दुनिया के लेखकों पर हँसते हैं।

*'धिक् जीवन जो पाता ही आया विरोध...*

-निराला

(यह 'धिक् जीवन के लिए कम है, विरोध के लिए अधिक। विरोध के लिए भी उतना नहीं, जितना विरोध की 'निरन्तरता' के लिए है। अपने आसपास का उदाहरण देकर बताना हो तो कहूँगा कि सबसे बुरा यह कि कल तक 'वे' जिस लेखक का विरोध करते रहे हों, आज उनके बच्चे उसी लेखक का विरोध करें। हिन्दी को दुनिया में ऐसा भी होता है। आप उस लेखक की दिक्कत समझिए कि यह विरोध भी कोई विरोध है! कल तक 'वह' यहाँ जिनको जवाब देता था, आज उनके बच्चों को कैसे जवाब दे सकता है!)

कुछ कुर्सियां काठ की होती हैं, फिर भी कभी-कभी आग से बच जाती हैं, पर साहित्य की बड़ी-बड़ी संस्थाओं की कुर्सियों पर बैठे एक लेखक की इज्जत फूल की पंखुड़ियों की तरह होती है, वक्त के काँटे की नोक से ही नहीं, अपने ही नाखून से भी तार-तार हो जाती है। अलबत्ता इस बात का अहसास लेखक को उस वक्त तक नहीं होता है, जब तक चापलूसों की भीड़ और कुर्सी उसका साथ नहीं छोड़ देती है।

मेरी दुनिया छोटी है। हिन्दी से बाहर नहीं गया हूँ। अपने समय के पाठकों के तो नहीं, लेकिन प्रायः अधिक और कम अधिक प्रतिष्ठित लेखकों के दो चेहरों को देखने का सुयोग बनता रहा है। कई बार हम किसी के एक ही चेहरे को आगे से देखते हैं और पीछे से नहीं। मेरा आशय यह नहीं कि एक चेहरे को या आगे से देखकर अच्छा न कहें। आशय यह कि कई बार देखने से कुछ छूट जाता है या हम सिर्फ उतना ही देखते हैं, जितना दखना पसन्द करते हैं।

मुझे बुरे-से-बुरे लेखक से चिढ़ नहीं है, लेकिन बड़े-से-बड़े या छोटे-से-छोटे पुरस्कार की घोषणा से ऐसे स्तब्ध होता हूँ कि जैसे यह साहित्य के मृत्यु की घोषणा हो। मृत्यु की अन्तहीन श्रृंखला की घोषणा हो। घोषणा करनेवाले काले कपड़ेवाले जल्लाद की तरह मेरी आँखों के सामने नाचते हैं। यह मेरा दुर्भाग्य नहीं तो और क्या है कि मैं अपने गुरुओं के पुरस्कृत होने पर भी उन्हें बधाई देने नहीं जा पाया, जो दूसरे लेखक हैं उनकी तो बात ही छोड़िये। पता नहीं क्यों मुझे हर चमकीले पुरस्कार के पीछे मृत्यु की परछाई दिखती है। मुझे कोई बीमारी हुई है कि मैं पुरस्कार को लेखक के लेखक होने के प्रमाण के रूप में नहीं देख पाता। क्यों मुझे हमेशा लेखकों का शेष विपन्न संसार दिखता है। शायद इसी बीमारी की वजह से अक्सर स्तब्ध हो जाता हूँ।

## नया कवि-कर्त्तव्य

कभी-कभी कुछ आलोचक कहते हैं- "रचनाकार को अपना काम करना चाहिए, रचना की वकालत नहीं करना चाहिए। लिख कर उसे भूल जाना चाहिए।" – इसका अर्थात् क्या होगा?

## पहला अर्थात्

यह कि रचना लिखने के बाद आँख मूँदकर उसे आलोचक की गोद में या चरणों में पत्र-पुष्प सहित डाल देना चाहिए।

## दूसरा अर्थात्

नागार्जुन के शब्दों में आलोचक को 'खुश' करना चाहिए या रचना का फल चखे बिना स्वर्ग सिधार जाना चाहिए। आलोचक को रचना के साथ न्याय या अन्याय अर्थात् प्रेम या दुष्कर्म अपनी मर्जी से करने देना चाहिए। कवि को विनयी और सन्तोषी स्वभाव का होना चाहिए। आलोचक को एक तानाशाह या गुण्डे या डरपोक या महाबेईमान की तरह कुछ करने देना चाहिए।

## अर्थात् का अर्थात्

आलोचक बदमाशी करे अर्थात् रचना के साथ गद्दारी करे तो उसे विधिवत् दुरुस्त करने के लिए रचनाकार को खड्ग नहीं उठाना चाहिए। यह कभी नहीं कहना चाहिए कि बुरी सिर्फ रचनाएँ ही नहीं होती हैं, आलोचना भी होती है। एसी के टिकट, पत्र-पुष्प, दारु-सारु इत्यादि एक आलोचक को बेईमान बना देने के लिए काफी है। यह भी नहीं कहना चाहिए कि कई बार पद और पैसेवाले रचनाकार के पीछे-पीछे आलोचक दुम दबाकर चलते देखे जा सकते हैं। भूलवश भी यह नहीं कहना चाहिए कि लेखक संगठन और गुटबाजी, आलोचक को बेईमान बनाने के लिए काफी है।

नोट : कहना यह है कि रचनाकार को लिखकर भूल नहीं जाना चाहिए। लट्ठ लेकर अपनी रचना की हिफाजत के लिए तैयार रहना चाहिए और बेईमान आलोचक को सबक सिखाना चाहिए। (दिक्कत यह कि रचनाकारों में भी तो महाबेईमान हैं, दूसरे के हिस्से का नाम-इनाम हड़पनेवाले। हाँ, आलोचकों में भी सभी महाबेईमान नहीं हैं, कुछ कम बेईमान भी हैं। रहा सवाल आलोचकों के डर का तो कुछ तजरुबा तो मोरे पास भी है।)

नहीं, भाई। बुरी कविता अधिक छपने की वजह से अच्छी कविता नहीं दब रही है, बल्कि बुरी कविता और औसत कवियों को प्रमोट करने के धन्धे की वजह से अच्छी कविता दब रही है। आज आलोचना जिस संकट से गुजर रही है, वह सिर्फ कविता और आलोचना के विवेक का संकट नहीं है, बल्कि आलोचना के सामने साहस की कमी का संकट सबसे ज्यादा है। दुर्भाग्यवश मैंने अपने समय की कविता पर सबसे ज्यादा

लिखनेवाले आलोचक को नजदीक से देखा है कि वे किस तरह दिल्ली दरबार से लाटरी निकलने के बाद उस कवि को गोद में ले लेते थे। एक आलोचक अपने समय की कविता में अपने लिये एक अदद अलग से उम्दा कवि नहीं चुन सकता है तो यह अच्छी कविता और अच्छी आलोचना दोनों की हार है। वैसे हो सकता है कि मेरा सोचना गलत हो और दूसरे लोग जो कर रहे हैं, वही सही हो।

*एक यह भारत भारती है,*
*जिसमें कोई बात नहीं है,*
*बस कुछ लाख रुपये हैं।*
*एक वह भारत भारती थी,*
*जिसमें कोई बात थी।*

## कविता पर विचार से जुड़ी तीन बातें

बहुत डरते-डरते और बड़ी विनम्रता के साथ यह अनुरोध उन लेखक मित्रों से करना चाह रहा हूँ, जिनके पास पर्याप्त अनुभव है और जिन्हें द्रुतगति से अपना स्टेटस बदलना अच्छा लगता है या कह लें कि नित्य कविता के रूप-रंग, कद-काठी, स्वभाव और दायित्व अर्थात् परिभाषा, प्रकृति, सरोकार इत्यादि पर विचार करना बहुत अच्छा लगता है। वे करें, बिल्कुल करें, उन्हें ऐसा करना ही चाहिए, उनके विस्तृत अध्ययन और सुदीर्घ अनुभव का लाभ सबको मिले, ऐसा करने से उन्हें मैं मना नहीं कर रहा हूँ, बस इतना चाहता हूँ कि वे रोज-रोज कुछ कहने की जगह सप्ताह में या महीने में अपने विचार किसी लम्बी टिप्पणी या लेख के रूप में देंगे तो दो बात होगी, एक तो उनका लेख बन जायेगा, उनके चमकीले विचार बिखरने से बच जायेंगे, दूसरा हमें व्यवस्थित रूप में विचार पढ़ने को मिल जाएगा। जाहिर है कि इस निवेदन में उनका और हमारा, सबका फायदा है। फिर घाटे का सौदा क्यों? हालाँकि एक तीसरी बात भी होगी कि फेसबुक पर रचना और आलोचना को खराब कहनेवाले लोग धीरे-धीरे उसे खराब कहना बन्द कर देंगे, पर यह तीसरी बात मैं कह नहीं रहा हूं, सिर्फ अपने मन में सोच रहा हूं।

सोच तो यह भी रहा हूँ मैं कि इस माध्यम पर की जानेवाली सारी साहित्य-चर्चा दोमय दर्जे की नहीं है। अनुभव भी कर रहा हूँ। मैं यह भी नहीं मानता कि बाहर प्रिंट माध्यम पर की जानेवाली साहित्य-चर्चा पहले दर्जे की है। अलबत्ता यह मानता हूँ कि दोनों जगह अच्छा और खराब दोनों है। कभी बहुत बड़ी पत्रिका के लेख भी निराश करते हैं और कभी छोटी कही जानेवाली पत्रिका के लेख ध्यान खींचते है। ऐसे ही इस माध्यम पर भी अच्छा और खराब दोनों है। एक बात जरूर यहाँ अधिक है कि कई युवा लेखक अपनी निडरता का खूब परिचय देते हैं, जो बड़ी पत्रिकाओं में किन्हीं कारणों से नहीं देख पाता हूँ। मैं यह नहीं कह रहा हूँ कि बड़ी पत्रिकाओं को तज दें और स्थायी रूप से चेहरे की किताब पढ़ें, निश्चितरूप से बड़ी और छोटी पत्रिकाओं में महत्त्वपूर्ण कभी भी मिल

सकता है। उसी तरह इस माध्यम पर भी है। यहाँ कई उम्र और नजरिये के लेखक हैं। सब न तो हमेशा अच्छा और महत्त्वपूर्ण कहते हैं और न हमेशा खराब। कुछ ऐसे मित्र जरूर हैं जो हमेशा कुछ-न-कुछ कहते या साझा करते हैं। युवा मित्रों में निरन्तरता जितनी अधिक होगी, उनके लिए उतना ही अच्छा होगा। निरन्तरता पहले की पीढ़ी के लिए भी खराब बात नहीं है, पर उनकी निरन्तरता और युवा मित्रों में कुछ फर्क तो होना ही चाहिए।

यह सब सिर्फ एक निवेदन है। यह कतई जरूरी नहीं कि इस जरा-सा निवेदन को कविता और कविकर्म पर प्रायः विचार करनेवाले मित्र स्वीकार करें, मैं तो बस ऐसे ही कह रहा हूँ। उन्हें अच्छा लगा तो मुझे भी अच्छा लगेगा। हाँ, स्पष्ट कर दूँ कि यह निवेदन युवा मित्रों के लिए नहीं है, लेकिन उन्हें भी कुछ काम का लगे तो वे भी गौर कर सकते हैं, शायद कभी काम आये। युवा मित्र जैसा कर रहे हैं, करते रहें, पर टुकड़े-टुकड़े में जब काफी कुछ कह जायें तो उन्हें किसी दिन समय निकाल कर व्यस्थित रूप भी दे सकते हैं।

आज की तारीख में ज्यादातर आलोचक, चर्चित, पुरस्कृत, बहुपुरस्कृत और बड़े आलोचकों का आशीर्वाद पानेवाले कवियों को बिना किसी कसौटी पर किसी परीक्षण के स्वयंश्रेष्ठ मानकर उन पर लेख-पर-लेख और ग्रन्थ लिखने और सम्पादित करने लगते हैं। ऐसे आलोचक ही मुंशी जी होते हैं।

(जब आप लिखने की मेज पर अपने समय के किसी भी लेखक को पहले से ही श्रेष्ठ मान लेंगे तो उस पर लिखेंगे क्या खाक!)

**हिन्दी के लेखकों का चरित्र**

एक अग्रज लेखक का यह कथन मुझ जैसे छोटे आदमी को बहुत मजबूत बनाता है—

'अपनी पहली किताब में नामवर से टकराने के बाद तथाकथित आलोचकों और नामी लेखकों का, संक्षेप में साहित्यिक दुनिया का जो चरित्र देखा उससे काफी निराशा हुई। लोग हमसे दूरी बनाने में ही अपना साहित्यिक भविष्य सुरक्षित समझने लगे। महामहिमों और उनके कृपापात्रों ने खूब यश कमाया और कूड़ा फैलाया।"

जाहिर है कि एक बड़े भाई का यह संघर्ष साहित्य की सत्ता की राजनीति के विरुद्ध लम्बे समय तक संघर्ष करने के लिए प्रेरित करता है। ऊपर कही गयी अकेलेपन की स्थितियाँ तो इस शहर में भी हैं। यहाँ के डरे हुए लेखक समाज को देखकर बहुत दुःख होता है।

**आलोचक की ड्यूटी**

आलोचक क्यों चाहता है कि कवि उसकी चापलूसी करे? इसलिए कि वह कवि को अमर कर देगा? आलोचक के पास ऐसी शक्तियाँ होतीं तो वह पहले खुद क्यों नहीं अमर हो जाता? तमाम बड़े कवियों ने आलोचक की वंदना नहीं की तो आज के तमाम कवि आलोचक को भाँति-भाँति से प्रसन्न करने के लिए परेशान क्यों होते हैं? आलोचक की ड्यूटी है कि वह अच्छी कविता के पास जाये, नहीं जायेगा तो अपना ही मूल्य कम करेगा।

(आलोचक की ड्यूटी है कि वह उस झगड़ालू और पागल कवि के पास भी जाये और देखे कि उसकी टेंट में कविता का हीरा छिपा हुआ है या नहीं? आलोचक उसी तरह आलोचना का नौकर है जैसे कवि कविता का। दिक्कत तब होती है जब कवि खुद को नौकर और आलोचक को अफसर समझने लगता है।)

## साहित्यिक पत्रिकाएँ और उनके पाठक

कई साहित्यिक पत्रिकाएँ अपने हर अंक में फिल्मों की तरह साहित्य (या कभी-कभी मंच) के स्टारों और सुपर स्टारों को मुख्य भूमिकाएं देकर पाठकों की जेब से पैसे निकालती हैं। हद है कि कला फिल्मों जितनी गम्भीरता इनमें नहीं बची है। ये सीधे-सीधे साहित्य का धन्धा करनेवाली पत्रिकाएँ हैं। यह भी हद ही है कि लेखक-पाठक भी नाम देखकर पत्रिका लेते हैं। इतना ही नहीं मंच के कवियों के सामने चटाई पर बैठने में भी शर्म नहीं आती!

नोट : इन पत्रिकाओं के नाम पर मत जाइये। नाम कबूतर या बगुला या मृग कुछ भी हो सकता है, मगर काम गिद्ध का। दिल्ली से लेकर लखनऊ तक और वहाँ से लेकर कहीं भी तक इनका धन्धा जारी है। (दोष धन्धा करनेवालों का उतना नहीं, जितना छपास से पीड़ित लेखकों का है।)

यह वही देश है, जहाँ बच्चे भी आजादी के लिए हाथ उठाकर नारे लगाते हुए सड़कों पर उतरते थे। तब शिक्षा कैसी थी, प्रेरणा के स्रोत कैसे थे?

आज किसी समाजसेवी के जेल से बाइज्जत बाहर आने पर, कितने लोग जान पाते हैं कि कुछ हुआ है? फिल्म के हीरो के दोषमुक्त होने पर क्या बच्चे, क्या युवा, क्या अधेड़, सब झूमने लगते हैं!

कुछ तो गड़बड़ है। शिक्षा के परिसर से मूल्य और साहित्य के परिसर से चरित्र गायब हो गया है। क्या शिक्षकों में मूल्य और खासतौर से लेखकों में चरित्र नहीं होना चाहिए? शिक्षकों और लेखकों में कुछ तो गड़बड़ है। जाहिर है कि समाज को सुन्दर और मजबूत बनाने की जिम्मेदारी पहले लेखक की है, इसे लेखक मानते क्यों नहीं कि वे सिर्फ नाम-इनाम की टाफी खानेवाले बच्चे नहीं हैं? लेखक खुद दुर्बल होगा तो समाज स्वस्थ कैसे होगा?

(किसी लोकतान्त्रिक देश में लेखकों की जिम्मेदारी राजनीति और धर्म के लोगों से पहले नहीं होगी?)

*उन्हें मुझ पर भरोसा नहीं*
*मुझे उन पर भरोसा नहीं*
*जो मेरे यहाँ नहीं आता*
*मैं भी उसके यहाँ नहीं जाता*

*किसी ने पूछा क्या हर्ज है*
*मैंने कहा बस एक फर्क है*
*उनका तो दिल्ली शहर है*
*और मेरा गोरखपुर नगर है*
*एक है साहित्य-संस्थान वादी*
*दूसरा है साहित्य-संस्थान विरोधी*
*उन्होंने कहा हद है भाई हद है*
*मैंने कहा जी हद-हद है तो है*

*कुछ बेकार लोग*
*साहित्य में अच्छे दिन के लिए*
*आवाज उठा रहे हैं।*
*कुछ अच्छे*
*और कम अच्छे कवि, मूड़ी झुकाए*
*चुपचाप महाकाव्य रच रहे हैं।*
*कुछ अधिक*
*और कम अधिक विद्वान् आलोचक,*
*या तो महाजनों के लिए*
*हिन्दी साहित्य का नया इतिहास लिख रहे हैं*
*या गोष्ठियों-संगोष्ठियों में मंचों की शोभा बढ़ा रहे हैं।*
*नोट : यह भी नयी सदी के हिन्दी साहित्य का एक दिन है!*

कविता के गद्य के गुलदस्ते में शब्दों की खुशबू ऐसी हो कि दिल को छूकर बगल से गुजरे, ऐसा न हो कि कुछ धुँआ-धुँआ सा दिमाग के ऊपर न छू सकने वाले हवाई जहाज की तरह सुदूर निकल जाये....पढ़नेवाले को लगे कि यह निबन्ध, लेख, रिपोर्ताज जैसा कुछ या गद्य का प्रलाप था कोई।

और कवि जी लोग कहते फिरें शहर-शहर मजमा लगाकर कि जनता के कवि हैं। कहीं ऐसा तो नहीं कि आप जन की चिन्ता में दिनरात फलते-फूलते कविता के अभिजन हैं?

(एक पत्रिका के खास अंक में कुछ कविताओं को सरसरी तौर पर देखकर उपजा कच्चा विचार।)

**लेखक की चालाकी**

लेखक का नुकसान कोई और नहीं, उसकी चालाकी करती है। मैं अमर नहीं होना चाहता, इसलिए चालाकी से दूर रहता हूँ। साठ के दो-तीन साल पहले या बाद में खुद पर तीन-चार सौ पेज का किसी पत्रिका का विशेषांक छपवाना आखिर चालाकी नहीं तो

और क्या है? कोई-कोई एक साथ दो विशेषांक छपवा लेते हैं। मैं नहीं जानता कि पुरानी पीढ़ी के किन-किन कथाकारों और कवियों और आलोचकों पर साठ के आसपास कौन-कौन विशेषांक आया था? बीच की और अपनी पीढ़ी की चालाकियों को तो जानता हूँ। ऐसा इसलिए सोचना हुआ कि एक सम्पादक की मेरे ऊपर विशेष अंक निकालने की तीव्र इच्छा को विनम्रतापूर्वक अस्वीकार किया है। उनके प्रति आभारी हूँ कि ऐसे समय में, जब लेखक खुद पटाता है सम्पादकों को, उन्होंने मुझ पर यह कृपा की। मैंने उनसे कहा नहीं, लेकिन मेरी दृष्टि में यह प्रस्ताव मेरे साथ मजाक था, क्या किया है मैंने? मुझसे तमाम बड़े लेखक पड़े हुए हैं, जिन पर कोई विशेषांक, कोई ढंग की किताब नहीं आयी है। सब जानते हैं कि गुलेरी जी के पास तो तीन-चार सौ पेज भर की कहानियां ही नहीं थीं, जितने में आज छोटे लेखकों पर विशेषांक आ जाते हैं। असल में अपने समय के महाजनों के पीछे चलने वाले कुछ और सोच ही नहीं सकते!

**बुरे दौर में हिन्दी साहित्य :**

1. प्रियवर, लेखक बड़ा हो या छोटे-से-छोटा, उसे समझाया जा सकता है, लेकिन साहित्य के सौदागर को तर्क और लाज नहीं, सिर्फ अकूत मुनाफा दिखता है। विप्रति जी इस समय साहित्य के ऐसे सौदागर के रूप में काम कर रहे हैं जो अपने पीतल को आँखों में धूँल झोंक कर सोने के भाव बेच रहा है। मजे की बात यह कि सबसे बड़ा और उससे छोटा इनाम पानेवाले पूर्वांचल के और पहाड़ और दूसरी जगहों के लेखक इस धन्धे को साहित्य का पुण्यकर्म मानते हैं। साहित्य की दिल्ली सबसे बुरे दौर में है।

2. प्रियवर, काशीनाथ सिंह से एक बात चीत में नामवर सिंह ने पहल के सम्पादक के लिए सवाल किया था कि बता सकते हैं कि अब तक किन तीन मौलिक लेख और तीन श्रेष्ठ कहानियों को छापा है। कहना यह है कि आज सवाल करना हो तो पूछ सकते हैं कि (पहले के) इस अंक में किन तीन मौलिक कविताओं को छापा गया है? मौलिक से आशय अन्तरराष्ट्रीय गद्य कविता के प्रभाव से मक्त। मजे की बात यह है कि जन का जाप करनेवाली पत्रिका अभिजनभाषा के मुहावरे में लिखी कविताएँ छापती है। यह प्रगतिशीलता किस अँधेरे में ले जाएगी!

क्या तनिक-सा भी भावुक हुए बिना यह जीवन जिया जा सकता है? फिर यह खिलवाड़ कविता के जीवन के साथ क्यों? 'एक छोटी-सी कविता' के दिल, दिमाग फेफड़े, आँत इत्यादि में एक अदद कवि को छोड़कर, एक साथ इतनी चीजें, इतनी सूचनाएँ, इतना ज्ञान इतनी विद्याएँ, इतने समाज विज्ञानी, इतने वैज्ञानिक, इतने अर्थशास्त्री, इतने अमुक, इतने ढमुक क्यों भर देना चाहते हो? क्या चाहते हो बोलो? जिन्दगी में माँ के बिना मिमियाने लगोगे, बेटी के लिए आसमान सिर पर उठा लोगे और बेटे के लिए हजार पाप करोगे और कविता में इनसे इस हद तक परहेज करोगे कि पतलून या शर्ट या कुर्ते में जेब जितनी जगह भी इनके लिए तुम्हें बर्दाश्त नहीं? कवि हो कि कविता के सौदागर? किसके लिए लिखते हो, क्यों लिखते हो? पृथ्वी का सबसे बड़ा कवि बनना चाहते हो? इनाम का पहाड़ चाहते हो? कुछ तो है, बोलो क्या चाहते हो?

नोट : बाकी तो कविता के कार्यकर्त्ता लोग सिर्फ कविता को चाहते हैं।

"यह तो साहित्य की दिल्ली के दिग्गजों के लिए शर्म की बात है, उन्हें अपनी झूठ-मूठ की महानता को लेकर चुल्लू-भर पानी में मुँह छिपा लेना चाहिए कि एक मीडियाकर लेखक उनके सिर पर बैठ जाता है। हद तो यह कि ये फर्जी महान् शीश झुका लेते हैं। उसकी सभा में ताली बजाते हैं। राजनीति से हजार गुना गन्दा है साहित्य का दृश्य।"

— यह टीप, एक पोस्ट पर मित्र प्रेमचंद जी की इस टीप के जवाब में है कि "गोरखपुरवाला दिल्ली पहुँचकर अपने को वैश्विक साबित करने लगता है गुरुदेव... " जब से एक कवि मित्र की शोकसभा से लौटा हूँ, मन बहुत उद्विग्न है। क्या धरा रह जायेगा? साहित्य का सच सबको कहना चाहिए। जो लोग साहित्य के पापकर्म में लगे हुए हैं, उन्हें भी चाहिए कि सत्य कहते हुए जायें, ताली बजाते हुए नहीं।

नोट : उसी राजधानी में कुछ ऐसे आलोचक भी रहते हैं जो दिग्गज नहीं हैं, इसीलिए साहसी हैं, इसीलिए बची हुई उनके पास थोड़ी-सा लज्जा।

**साहित्य का बेचारा हामिद :**

चूँकि साहित्यिक मेले-ठेले में अब चिमटे नहीं बिकते हैं, इसलिए गरीब बच्चे सिर्फ सैर-सपाटे के लिए या मिट्टी के खिलौने खरीदने और शर्बत वगैरह पीने के लिए नहीं जाते हैं।

यों आयोजक भी कम शैतान नहीं होते हैं, कम पैसे वालों से पैसे ऐंठते है, और मशहूर हस्तियों को सब-कुछ मुफ्त में मुहैया कराते हैं। हद है!

कुछ बच्चे पीछे-पीछे जुलूस में मेले का मजा अपने ढंग से लेते हैं। मेले के गुण गाते हैं, फोटो खिंचाते है और बेचारे हामिद को ललचा-ललचा कर दिखाते हैं।

सुधेश जी मुझसे कहते हैं-'आप कह देते हैं। अनेक चुप रह जाते हैं यह सोचकर कि शायद कभी उनकी भी बारी आये। बड़े-से-बड़े पुरस्कारों के पीछे राजनीति होती है कुछ अपवादों को छोड़कर।'

— डॉ. साहब,

सच कह रहे हैं आप।

जिनके भीतर पुरस्कार को लेकर लालच का साँप फन काढ़े बैठा होगा, वे कभी पुरस्कारों का विरोध नहीं कर पायेंगे। साहित्य की इस अपसंस्कृति के विरुद्ध अकेले में भी एक शब्द नहीं कह पायेंगे। अलबत्ता कुछ लालची तो बाजदफा पुरस्कारों के पक्ष में कुतर्क करने लगते हैं।

दोस्तो,

बुजुर्गवार की बातें गौरतलब हैं।

कविता की यात्रा में आगे की कविता के लिए प्रस्थान बिन्दु साहित्य की सत्ताओं के समक्ष शीर्षासन करनेवाले कवि नहीं होते हैं। वे थोड़े समय के लिए युवाओं को अपने

ताम-झाम से भ्रमित कर सकते हैं, लेकिन असलियत खुलते देर नहीं लगती है। एक युवा कवि को मुक्तिबोध का वारिस कहने में भी नासमझी चरम पर थी। असल में हिन्दी कविता के परिसर में फिलवक्त दो धाराएँ साफ-साफ देखी जा सकती हैं, एक साहित्य की सत्ताओं के आशीर्वाद से डग भरनेवाले कवियों की है तो दूसरी धारा साहित्य की सत्ताओं को अस्वीकार करनेवाले कवियों की है। बाकी सब कहना-सुनना बेमतलब है।

*वे बड़े भारी प्रगतिशील हैं,*
*साहित्य के गढ़ और किले को*
*तोड़ने की बात क्यों नहीं करते हैं?*
*नकली प्रगतिशील है क्या?*
*(जो प्रगतिशील नहीं थे,*
*वे तो पहले से महाखराब थे!*
*क्या ये महा से भी महाखराब नहीं हैं?)*
*नोट : प्रगतिशील होने का एक अर्थ*
*बहादुर होना पता नहीं क्यों लगा लेता हूँ*
*मेरे दिमाग में अक्सर न जाने क्या-क्या*
*उल्टा-सीधा उमड़ता-घुमड़ता रहता है,*
*माफ कीजियेगा परगतिशील दोस्तो!*

**सब अच्छा कहां है**

हाल का एक उल्लेखनीय अनुभव साझा करना चाहता हूँ। हिन्दी के एक उत्साही युवा शिक्षक ने एक दिन कहा कि यह माध्यम –अर्थात् एफबी– नहीं आया होता तो बहुत से लोग पागल हो गये होते। जिस जगह पर हल्के-फुल्के माहौल में यह गम्भीर बात कही गयी थी, मैंने विस्तार से वहाँ इस माध्यम के सबल पक्ष पर यथासम्भव रोशनी की। यह नहीं पूछा कि बाहर जो हैं उनका मानसिक स्वास्थ्य असंदिग्ध है क्या? खैर, यह पूछना उचित भी नहीं था। बात वहाँ खत्म हो गयी, लेकिन कुछ बातें खत्म होकर भी खत्म नहीं होतीं। यह पूछना उचित भी नहीं था। यह अज्ञान हिन्दी के ऐसे अध्यापकों में क्यों है? क्या बाहर प्रिण्ट माध्यम में सब गम्भीर छपता है? मुझे तो साहित्य के लिए एक प्रतिष्ठित अखबार की साप्ताहिक सामग्री का गद्य स्वदहीन लगता है। जैसे बिना नमक की अरहर की दाल। खैर, अखबार के बारे में कुछ भी यहां कहना नहीं है, कहना है कि यह भ्रम हिन्दी के अध्यापकों में क्यों है कि इस माध्यम से इतर चर्चा और सामग्री का स्तर उत्कृष्ट है? यह भी बताया कि जिन बातों को छापने में हिन्दी के सम्पादकों को पसीना छूट सकता है या जिस बात को हरगिज छाप नहीं सकते हैं, वह विचार या पक्ष यहां सुलभ है। माना कि यहां सब अच्छा नहीं है, लेकिन सब अच्छा तो वहाँ भी नहीं। अलबत्ता यहां असहमति और वैचारिक स्वतन्त्रता अधिक है, समाज और जन सरोकारों और साहित्य की चिन्ता

का परिसर विस्तृत है। कुछ दिक्कत तो यहां भी अतिज्ञान की है। कुछ दुष्प्रभाव की वजह से हम स्वस्थ और तर्कशील संवाद के इस अवसर को महाज्ञानी और महान् लेखक बनने के लिए तज नहीं सकते।

## फिर ये क्यों पुरस्कार के लिए लिखते हैं

इस बीच बाहर होने की वजह से विलम्ब से यह कह रहा हूँ कि साहित्य के युवतर साथियों के एजेण्डे में सकारात्मक बदलाव देखकर यह उम्मीद और मजबूत हो रही है कि देर-सबेर आज के पुरस्कृत लेखकों में से अधिकांश आगे तिरस्कृत होंगे और अपुरस्कृत लेखक ध्यान खींचेंगे, भले ही वे तब रहें या न रहें। आज जो लोग हैं और उनमें से जाहिर है कि निन्यानबे फीसदी ऐसे पुरस्कृत लोग हैं, जिन्होंने पुरस्कारों के लिए चयन समितियों के फिसड्डी लेखकों/अलेखकों और इससे जुड़े धन्धेबाजों की खुशामद तथा और भी बहुत कुछ खराब करके यह कथित मान-सम्मान पाया है। ऐसा माननेवाले लोगों की तादात बढ़ रही है। चोरी और कलंककथा के कई अध्याय हैं। राजधानी से बाहर के कुछ मित्रों ने इस मुद्दे पर अपने स्टेटस में इधर कुछ जरूरी और बहुत वाजिब टिप्पणियाँ की है। बलिया के ही एक मित्र ने बहुत अच्छी बात यह कही कि आनेवाले वक्त में अच्छे लेखक अपने परिचय में यह लिखेंगे कि उन्हें कोई पुरस्कार नहीं मिला है। शायद यह सूचना ही उस लेखक को सच्चा लेखक साबित करने के लिए काफी होगी।

मुझे भी ऐसा ही कुछ लगता है। आखिर तभी तो यह सोचता हूँ कि भाई, कबीरदास से लेकर मुक्तिबोध तक तमाम बड़े लेखक पुरस्कार के लिए लिखते थे क्या? जब वे पुरस्कार के लिए नहीं लिखते थे तो ये क्यों पुरस्कार के लिए लिखते हैं? लिखते ही नहीं, रोते क्यों हैं? क्या रोने के उदाहरण नहीं हैं? ये कलंकित पुरस्कारों को लेते ही क्यों हैं? इन सवालों के जवाब बहुत मुश्किल नहीं हैं, बस अपने भीतर खोजने की जरूरत है। आज की तारीख में कौन-सा ऐसा पुरस्कार है, जो निर्विवाद रहा है? कहीं ऐसा तो नहीं कि आज का औसत लेखक साहित्य के बुरे लोगों या दलालों या कमअक्लों के बीच प्रतिष्ठित होना चाहता है?

बहरहाल खुश इसलिए हूँ कि मैंने काफी कुछ पुरस्कारों के विरोध में कहा है। ऐसा ही कुछ दूसरे मित्रों को कहते हुए देखता हूँ तो लगता है कि सिर्फ मैं ही सच को फटकार कर नहीं कहता, और भी लोग हैं जो मजबूती के साथ साहित्य का सच कहते हैं। एक और मित्र ने कुछ वक्त पहले कहा था कि कितने लोग ऐसे हैं जो कह सकें कि मैं पुरस्कारों से दूर रहूँगा। राजनीति में ऐसे लोग अन्ना के अलावा भी बहुत हैं जो कहते हैं कि चुनाव नहीं लड़ूँगा, साहित्य में ऐसे लोग बहुत कम हैं जो कह सकें कि पुरस्कारों से दूर रहूंगा। आज कितने कवि हैं जो साहित्य की संसद समझी जानेवाली बड़ी अकादमियों में गन्दगी की वजह से जाने से बचना चाहते हैं? कवितापाठ का मौका या भाषण देने के अवसर के लिए धोती या पाजामा साफ करनेवाले लोग क्या सच्चे लेखक हैं? फिर कहता हूँ कि लेखक होना मुंशी होना नहीं है। काफी कुछ फेसबुक पर स्तर से बहुत कम देखता हूं और कुछ कहने की इच्छा नहीं होती है। उसे और उसे कहनेवाले को बहुत छोटा समझकर

छोड़ देता हूं। हाँ, किसी और के मुँह से अच्छी बात देखकर तारीफ करने से अपने को रोक नहीं पाता हूँ। असल में पुरस्कार का धन्धा करनेवाला साहित्य का कार्यकर्त्ता नहीं हूँ जो अच्छी कविता की तरफ से मुँह मोड़ लूँ। साफ कहता हूँ कि जिस कवि में पढ़े जाने की जगह यश पाने की आकांक्षा होगी, वह कवि बड़ा नहीं हो सकता है। अभी कल ही एक पुरस्कृत कवि को अपने संग्रह की समीक्षा का प्रचार करते देखा है। हैरानी की बात यह है कि सठियाये कवि और सठियाते जा रहे हैं। जबकि युवा लेखक यश और पुरस्कारों की जगह रचना की बेहतरी और पाठक से दोस्ती की बात कर रहे हैं।

फिर कहना चाहता हूँ कि पुरस्कारप्रेम की वजह से आज के प्रथमपंक्ति के कवि बड़े कवि नहीं हो सके। कोई चाहे तो यहाँ पुरस्कारों का विरोध करनेवाले लोगों को कह सकता है कि पुरस्कारों का विरोध करने की ताकत रखते हैं तो बड़ा कवि खुद क्यों नहीं बन जाते? विनम्र निवेदन यह कि साहित्य की सत्ता की गोद में बैठकर लिखना और बात है और एक हाथ से हिन्दी के राक्षसों से संघर्ष करते हुए दूसरे हाथ से कविता लिखना और बात है। फिर भी बड़ी कविता की सम्भावनाएँ कम कविता में भी देखी जा सकती हैं। जिस कवि में जोखिम उठाने का माद्दा जितना अधिक होगा, सम्भावनाएँ भी उसी कवि में अधिक होंगी।

**हिन्दी की दुनिया अब ऐसी ही है**

इष्टदेव जी, आप लाख टके की बात कह रहे हैं कि चर्चा में केवल पुरस्कार और सम्मानवाला साहित्य है और पुरस्कार-सम्मानवाले साहित्य में जोखिम कैसे हो सकता है? जाहिर है कि बिना जोखिम का साहित्य दो कौड़ी का ही होगा। अभी कुछ दिन पहले यहाँ बाहर से (इसका अर्थ यह नहीं कि यहाँ के आचार्य कम हैं) आये एक आचार्य ने कबीर के सामाजिक सरोकारों और खासतौर से अपने समय की सत्ता के प्रतिरोध में जो मूल्यवान् कहा है और जिसकी वजह से ही आज कबीर पूछे जाते हैं, उसे बेकार का कहा, बकवास कहा। कहा कि यह कबीर की कविताई नहीं है। कबीर में मूल्यवान् वह है, जो कुण्डलिनी जागरण और जीव-ब्रह्म से जुड़ा है। आचार्य का कहना था कि कबीर कुण्डलिनी जागरण और जीव-ब्रह्म की चिन्ता करने के लिए पैदा हुए थे, हिन्दू-मुसलमान की धर्मांधता या कट्टरता का विरोध और जाति के जंजाल को काटने की बात उन्होंने गलती से कर दी है, पाठक उस ओर न देखें। शायद आचार्य को कहना यह था कि अध्यात्म ही कविता है, प्रगतिशीलता कविता नहीं है। बस सीधे-सीधे कहा नहीं, पर आशय यही था। कबीर का समय और उनके समय की सामाजिक शक्ति संरचना के केन्द्र ऊँची जातियों के हाथ में थी और यह लोकतन्त्र-गणतन्त्र नहीं था, ऐसे वक्त में कबीर की बुलन्द प्रगतिशील आवाज किस तरह के जोखिम का सामना कर रही थी। कहते हैं कि उनके समय के धर्म के ठेकेदारों ने उनकी वाणी से नाराज होकर उन्हें बहुत अपमानित भी किया था, पर कबीर ने अपनी आवाज को जस-का-तस बुलन्द रखा। एक आज के आचार्य हैं, आज के कवि हैं, एक बन्दरघुड़की के आगे रास्ता बदल देते हैं, बल्कि कहना चाहिए कि उस रास्ते पर एक भी डग नहीं चलते। कबीर पुरस्कार और सम्मान चाहनेवाले कवि कहाँ

थे? आज राजधानी का कौन चर्चित-अचर्चित कवि है जो पुरस्कार और सम्मान के केन्द्रों के पीछे दुम नहीं हिलाता है? जो केन्द्र हैं खुद उनकी ही दुम हरदम हिलती रहती है।

असल में यह कहने का आशय यह है कि आज वक्त बहुत बुरा है और साहित्य के इस बुरे वक्त में भी राजनीति के बुरे वक्त में होनेवाले प्रयोग की तरह एक प्रयोग की जरूरत है। एक आन्दोलन की जरूरत है। साहित्य में आन्दोलनों की एक लम्बी परम्परा रही है, वक्त आ गया है, एक ऐसा आन्दोलन चलाया जाय जो सिर्फ रचना केन्द्रित न होकर कवि के आचरण को भी केन्द्र में रखे, पाठक के भरोसे को केन्द्र में रखे, उसका विश्वास जीते। साहित्य के कीचड़ में भी अरविन्द की जरूरत है। अनेक अरविन्द की जरूरत है। जाहिर है कि झाड़ू की भी जरूरत है। असंख्य झाड़ू की जरूरत है। साहित्य के हर कोने-अँतरे में, विद्या के हर छोटे-बड़े मन्दिर में झाड़ू लगाने की जरूरत है। राजनीति में तो सिर्फ झाड़ू से काम चल जाता है, साहित्य में शायद उसके बाद पोंछा भी लगाना पड़े। खैर, पहले बात साहित्य में झाड़ू की चले तो, कुछ लोग आगे आये तो झाड़ू-पोंछा सब हो जायेगा।

आप पत्रकार-कवि हैं, इसलिए आपसे यह कहने में कोई संकोच नहीं है कि ऐसे कवियों-लेखकों को राजनीति के परिसर की धुलाई के लिए आमादा फौजदारी होते देखकर बड़ी हँसी आती है, जो साहित्य की गन्दगी में आकण्ठ डूबे होते है, कहना चाहिए कि उसी गन्दगी में पैदा ही होते हैं। सोचता हूँ कि अच्छा ही है कि कम-से-कम तबला बजानेवाले या सितार बजाने वाले या गाना गानेवाले या खेल खेलनेवाले जन देश के रत्न समझे जाते हैं, वे भला देश को बेहतर बनाने का स्वप्न देखने का अभिनय तो नहीं करते हैं। ये तो जीवन चापलूसी का जीते हैं और बात क्रान्ति की करते हैं, दुःखी चरित्र का पक्ष कविता में लेने का नाटक तो करते हैं, पर जीवन में दुःखी और न्याय के लिए संघर्षशील जन की पीठ में खंजर भोंकते हैं। हिन्दी की दुनिया अब ऐसी ही है।

**साहित्य में भी बदलाव के प्रयोग क्यों नहीं होते हैं**

प्रायः न्यायाधीश बड़े-से-बड़े व्यक्ति या अपराधी के खिलाफ निर्णय देने में तनिक भी भयभीत नहीं होते हैं, लेकिन अधिकांश लेखक अपने समय के साहित्य के सत्तारूढ़ बड़े अपराधियों के खिलाफ एक भी शब्द लिखने या बोलने का जोखिम क्यों नहीं उठाते हैं? युवा कवियों की बात नहीं करता, लेकिन साठ की उम्र के आसपास के कवियों की कविता में ऐसी कविताएँ क्यों नहीं दिखती हैं, जिनमें ऐसा कोई जोखिम हो? आज के कुछ बड़े भारी कवियों में भी ऐसा कोई जोखिम नहीं दिखता? क्या कविता को मुख्यधारा अपने समय की और अपने परिवेश की सत्ता के विरुद्ध नहीं है, बल्कि अपने समय के जोखिम के विरुद्ध है? कविता ही नहीं, आलोचना का दृश्य भी इससे अलग नहीं दिखता है? जैसे दोनों जगह खास तरह के डिजाइन का स्वेटर बुना जा रहा हो...कहीं ऐसा तो नहीं कि आज साहित्य का रास्ता अघाये हुए या सुखी और सन्तुष्ट होने की राह पर चलनेवाले लेखकों का रास्ता है? राजनीति में सत्ता और व्यवस्था परिवर्तन के लिए प्रयोग होते रहते हैं, कभी आंशिक रूप से सफल भी होते हैं तो अक्सर असफल भी होते रहते

हैं, लेकिन भाई प्रयोग जब होंगे तभी तो सफल या असफल होंगे, जब प्रयोग ही नहीं होंगे तो कभी बदलाव कैसे होंगे? क्या साहित्य में ऐसे प्रयोग होते हैं? साहित्य, राजनीति से पीछे क्यों और कैसे हुआ?

**हिन्दी की भारतीय हस्ती कौन है**

इस हिन्दी के इस भारत नामक महान् देश में रहने का क्या अर्थ है? 25 भारतीय हस्तियों में 1 भी कोई हिन्दी का लाल नहीं? ये दिल्ली में हिन्दी के बड़े-बड़े कवि, 25 के इस डिब्बे में आखिर क्यों नहीं? ये दिल्ली के कवि-कथाकार वगैरह झूठ-मूठ के बड़े हैं या कोई और वजह है? हिन्दी जब अपने हृदयप्रदेश में सम्मान नहीं पाएगी तो देश की भाषा या धड़कन कैसे बनेगी? मुझे ऐसा लगता है कि हिन्दी की यह दशा उसके लेखकों और शिक्षकों ने की है। हिन्दी यदि समाज के हाशिये पर है तो इसकी वजह भी वही हैं। इसमें पत्रकारों को भी जोड़ सकते हैं। यह दुखद है कि आज राष्ट्रीय स्तर पर सचमुच हिन्दी का कोई समादृत लेखक नहीं है। कुछ थे जो आज अपने ही कारनामों से पिछली कतार में हैं। साहित्य अकादमियों के शीर्ष पदों पर बहुत साधारण या अति औसत लेखकों का प्रादुर्भाव भी क्या हिन्दी के पतन पर मुहर लगाने के लिए काफी नहीं है?

क्रिकेट आज भारत की पहचान है? खेल में भी हॉकी और फुटबाल या कबड्डी-सबड्डी भारत की पहचान नहीं है? फिल्म देश के नवनिर्माण और उन्नति की विधा है और साहित्य गन्दीबात है? अखबारवाले क्रिकेट में सेंचरी लगाने पर खिलाड़ी की तारीफ करते हैं और साहित्य में रचना देखकर नहीं, बल्कि पुरस्कार देखकर बड़ा-छोटा तय करते हैं। हिन्दी के पत्रकारों की इससे बड़ी बेवकूफी कोई और हो सकती है? मैं जहाँ रहता हूँ, वहाँ ऐसी नासमझी चरम पर है। क्या तिकड़म से बड़े-बड़े पुरस्कार पा जाने से कोई बड़ा लेखक हो जायेगा?

दरअसल हिन्दी को लेकर बहुत मुगालते में रहने का समय नहीं है। हिन्दी आज अपनी अन्तिम अवस्था में है। ऐसे ही सब चलता रहा तो इस शताब्दी के बाद हिन्दी को लोग छिपकर पढ़ेंगे या संस्कृत की तरह दो-चार बच्चे पढ़ेंगे। जब विश्वविद्यालयों में हिन्दी के हत्यारे विश्वविद्यालय प्रशासन को प्रिय होंगे या सम्मान पायेंगे और दूसरी जिम्मेदारियों का निर्वहन करेंगे तो आखिर होगा क्या? अभी हाल में एक विश्वविद्यालय के हिन्दी विभाग में कबीर को हॉफ पैण्ट पहनाने की कोशिश न सिर्फ की गयी, बल्कि बड़े सम्मानजनक ढंग से साहित्यपरिषद् के द्वारा यह सब किया गया। बुरा यह नहीं, कि यह किया गया, बुरा तो यह कि हिन्दी के अखबार के लोग ऐसे कारनामों में लगे हुए लोगों की फोटो अक्सर सम्मानपूर्वक छापते हैं।

आज हर शहर में हिन्दी के बेईमानों की सरकार है। जो हिन्दी का बेईमान नहीं है, वह प्रतिरोध में तो है पर अक्सर अकेला होता है। शायद हिन्दी की दुनिया में उसके मृत्युमुख होने का सबसे बड़ा कारण उसका भयभीत होना है। आज हिन्दी की दुनिया में सच को फटकार कर कहनेवाले कम हैं। सच तो यह है कि यदि पुरस्कारों का धन्धा बन्द नहीं किया गया तो सौ साल बाद हिन्दी का कोई नामलेवा नहीं बचेगा। हिन्दी को यश से नहीं, जीवन से जोड़ने की जरूरत है। मूल्य से जोड़ने की जरूरत है।

## लज्जा की नदी में डूब मरने का समय है

अब पहले की तरह इस माध्यम पर अधिक समय नहीं दे पाता हूँ। कई कारण हैं। अलबत्ता मित्रों की चिन्ताओं से दूर नहीं रहता हूँ। इस बीच कई लेखक नहीं रहे। चुनाव प्रचार में काफी कुछ सामने आया। इसी बीच क्रिकेट के भगवान् को भारत रत्न भी दिया गया। कई मित्र नाराज भी थे। साहित्य की उपेक्षा पर दुःख भी किया गया। यह सब हुआ। बीच में देख तो लेता था, पर दूसरी व्यस्तता में ठहर कर कुछ कह नहीं पाया। इस बीच यहाँ के एक लेखक के अवसान पर बहुत से लोगों ने घड़ियाली आँसू बहाया। फुक्का-फाड़ रोने जैसा। उसमें भी मैं शामिल नहीं हो पाया। बीमारी में और बाद में भी एकाधिक बार उनके घर गया तो था, पर अखबारों में कोई बयान नहीं दे पाया। असल में मै हिन्दी के अखबारों बारे में बहुत खराब धारणा रखता हूँ। जैसे यह कि ये अखबारवाले साहित्यिकरूप से निरक्षर हैं। इन्हें कुछ नहीं आता है। एकाध को कुछ आता हो तो वे अपवाद होंगे। अपवाद कहाँ नहीं होते। यहाँ इस शहर के सम्पादकों में एक तो अति सक्रिय आलोचक के भाई ही हैं, पर उनके अखबार में लेखक और साहित्यकर्मी के रूप में अक्सर उन्हीं के फोटो-सोटो और वक्तव्य-सक्तव्य छपते हैं जो लोग या तो लेखक ही नहीं हैं या हैं भी तो नहीं के बराबर। ये सम्पादक और पत्रकार लोग पुरस्कार पानेवाले को या किसी बड़ी संस्था की कुर्सी पर बैठनेवाले को लेखक या बड़ा लेखक समझते हैं, ये सम्पादक और पत्रकार जी लोग किसी की रचना या लेख पढ़कर उसे अच्छा या खराब नहीं समझते हैं।

यहाँ के पत्रकार और देश-भर के पत्रकार इसी तरह की नासमझी इधर क्रिकेट को लेकर भी करते हैं। हालाँकि कभी प्रभाष जोशी ने अपने अखबार में हजारी प्रसाद द्विवेदी और सचिन पर एक जैसा शानदार गद्य लिखा था। अब वैसे लोग पत्रकारिता में नहीं हैं। इसीलिए अब अखबार और चैनल के लोग सचिन को क्रिकेट का भगवान कहते और लिखते हैं। यह इनका असर है कि हाल में एक मन्दिर में सचिन की मूर्ति रख कर एक स्त्री पूजा कर रही थी। कहना यह चाहता हूँ कि आजादी की लड़ाई के दिनोंवाले पत्रकार आज रहे होते तो वे भी वैसा ही करते, जैसा आज के पत्रकार कर रहे हैं? वे क्या यह कोशिश करते कि सचिन की पूजा हो या यह कोशिश करते कि भगत सिंह, चन्द्रशेखर आजाद आदि सभी क्रान्तिकारियों और वतन पर मरनेवालों की पूजा हो? जनता के शिक्षक सिर्फ लेखक ही नहीं होते, पत्रकार भी जनता के शिक्षक और पथ-प्रदर्शक होते हैं। हाँ आज के लेखक और पत्रकार दोनों अपनी भूमिका के साथ न्याय नहीं कर रहे हैं।

मैं सचिन के प्रति अनादर का भाव नहीं रखता। अपने खेल के प्रति उनका समर्पण और प्रेम उच्चकोटि का है, बहुत कीर्तिमान उनके साथ हैं। चैनल युग ने इस खेल को सबसे लिए अधिक दृश्य बनाया है। ऐसे में यह कौन बतायेगा कि क्रिकेट खेलने और उससे प्यार करने से तनिक भी कम हॉकी या फुटबाल या दूसरे खेल खेलना या उससे प्यार करना नहीं है। यह कौन बतायेगा कि क्रिकेट के काम से कम महत्त्वपूर्ण सड़क बनाना या छोटे बच्चों को पढ़ाना या मैला साफ करना या नदी में डूबते हुए बच्चे को बचाना नहीं है। यह कौन बतायेगा कि क्रिकेट से महत्त्वपूर्ण पेड़ को बचाना या नदी को

बचाना या पहाड़ को बचाना या जनता की हिफाजत के लिए बम को निष्क्रिय करना नहीं है। आशय यह कि बहुत से ऐसे काम हैं जो किसी खेल से कहीं ज्यादा जरूरी और महत्त्वपूर्ण हैं। मैं यहाँ क्रिकेट की बुराई नहीं कर रहा हूँ, पत्रकारों की समझ को कोस रहा हूँ कि वे सच क्यों नहीं कहते? क्रिकेट क्या केवल मनोरंजन नहीं है? क्या उसका कोई वृहत्तर सामाजिक उद्‌देश्य है? वह गरीबों की भलाई के लिए है? क्या केवल मनोरंजन करना आजादी दिलाने जैसा या देश के लिए सीमा पर जान देने जैसा महान् काम है? इत्यादि हजार प्रश्न हैं। किसी मित्र ने उचित ही कहा कि यह सब पूँजीवाद और नवउदारवाद का दुष्परिणाम है।

यह 'भारत रत्न' लेखकों को क्यों मिले? सवाल यह भी है। इसमें कोई विवाद नहीं कि वह खिलाड़ी अपने देश का सचमुच का रत्न हो या न हो, कम-से-कम अपने खेल का रत्न तो जरूर है। क्या हिन्दी के लेखक हिन्दी के रत्न हैं? कहीं कबाड़ तो नहीं हैं? क्या उस खिलाड़ी ने वही सब किया है जो हिन्दी के लेखक आमतौर पर करते हैं? एक खिलाड़ी खूब पैसा बना रहा है तो शायद वह अपने काम के लिए पसीना भी खूब बहाता है। क्या एक लेखक अपने काम के लिए पसीना बहाता है? या आलोचक और सम्पादक को मक्खन लगाता है?

नोट लम्बा हो रहा है, इसलिए संक्षेप में यह कि लज्जा की नदी में डूब मरने का समय है। यह कैसा वक्त है कि देश के रत्न खेल और फिल्म इत्यादि क्षेत्रों के लोग ही होंगे, देश के लिए मर मिटने का कोई अर्थ नहीं रहा। अन्त में यह कि हिन्दी के लेखकों को इन रत्नों और पुरस्कारों को बहुत हल्के में लेना चाहिए, लेकिन वे ऐसा तब कर सकेंगे, जब साहित्य के पुरस्कारों को बहुत हल्के में लेंगे। मेरे मित्र अरविन्द ने भी वर्तमान साहित्य के आलोचना महाविशेषांक का सम्पादन करते हुए आलोचना के नौरत्नों की फोटो कवरपेज पर दिया था। आचार्यशुक्ल के साथ और भी लोगों के चित्र थे। इसलिए कहना यह है कि क्रिकेट में भी सिर्फ किसी एक को भगवान् न बना दो भाई, और भी लोग हैं। एक नहीं, कई रत्न हैं। सबकी अलग-अलग खूबियाँ हैं। बहरहाल यह सब पत्रकार जी लोगों को जरूर कहना चाहिए। इन बातों को वे उन खेल प्रेमियों तक जरूर पहुँचायें, जिन्हें एक अच्छा खेल प्रेमी होने के साथ-साथ एक अच्छा देश प्रेमी भी होना चाहिए।

**यह मान लूँ कि आज के सभी सम्पादक कालिदास हैं**

कालिया जी ने इस आभासी माध्यम-नेट-को अपनी पत्रिका में बुरा-भला कहा है। फेसबुक और नेट ने साहित्य की पठनीयता और उपलब्धता की दृष्टि से महत्त्वपूर्ण काम किया है। इस माध्यम ने सम्पादकों की चौधराहट को भी कुछ कम किया है।

कालिया जी के यह कहने में मुझे कोई बुराई नहीं दिखती है कि इस माध्यम पर हर शराबी देवदास है और हर कवि कालिदास। असल में कालिया जी ने ऐसा इसलिए कहा होगा कि उनकी पत्रिका में हर शराबी बस मामूली शराबी है, पीकर मठों से निकलनेवाली पत्रिकाओं के नाबदान में लोटनेवाला और जाहिर है कि उसमें छपनेवाला कोई भी कवि कालिदास नहीं है। कालिदास तो दूर सभी औसत अच्छे कवि हो, यह भी जरूरी नहीं।

मैं कालिया जी के प्रति पूरा सम्मान व्यक्त करते हुए बड़ी विनम्रता से कहना चाहूँगा कि आभासी दुनिया के इस व्यापक माध्यम पर आनेवाली रचनाओं और विचारों और खासतौर से असहमतियों को और बहसों को अपनी पत्रिका में होनेवाली हलचल से मिलाकर देखना चाहिए था। यह बात उचित नहीं कि उनके यहाँ छपनेवाले सब अच्छे हैं और यहाँ मौजूद सभी कवि घटिया दर्जे के हैं।

राज की बात यह कि मैंने कालिया जी की उक्त टिप्पणी को देखा ही नहीं है। ठीक इसी प्रकार ऐसा भी तो हो सकता कि कालिया जी ने भी यहाँ मौजूद सबको देखा न हो। इस खुन्नस के पीछे की असल वजह जो भी हो, पर कालिया जी को अपने समय की पत्रिकाओं के बारे में भी गम्भीरता से विचार करना चाहिए कि कालिदास तो कालिदास आज के सम्पादक एक धूमिल कवि भी नहीं दे पाये हैं। नामवर सम्पादक भी वह कारनामा दोबारा नहीं कर पाये हैं। कभी मैंने कालिया जी से यह कहा था, उन्हें याद हो या न याद हो!

सच तो यह कि आज का समय साहित्य में औसत के महोत्सव का समय है। क्या फेसबुक और क्या पत्रिकाएँ, सब इसका शिकार हैं। जरूरत इससे बचने की है। कालिया जी की प्राथमिकता तो सबसे पहले सम्पादक के चरित्र और उसकी प्राथमिकताओं को बदलने की होनी चाहिए। हमारे समय में कई ऐसे सम्पादक रहे हैं कि जिन्होंने हल्ला तो खूब किया, रचनाएँ कमजोर छापीं। रचनाएँ तो रचनाएँ, बातें भी बेईमानों की ही अधिक और प्रमुखता से छापीं।

इस दौर के बड़े सम्पादक का काम मठ बनाने का नहीं था, मठों को तोड़ने का था, साहित्य के अँधेरे के खिलाफ आग उगलने का था, पान की पीक की तरह जहाँ-तहाँ थूकने का तो बिल्कुल नहीं। शायद सबसे अच्छा सम्पादक वह है, जिसके पास उसके समय में लिखी जा रही सबसे अच्छी रचना पहुँचे या वह खुद प्राप्त करे। क्या इस दौर की सारी अच्छी रचनाएँ कालिया जी की ही पत्रिका में छपी हैं? या नामवर जी की पत्रिका में? या किसी भी जी की पत्रिका में? क्या ईमान की आवाज सारी पत्रिकाओं और सारे लेखों और रचनाओं में मौजूद है?

अच्छा यह होता कि आज के सभी सम्पादक अपने अहंकार और मठाधीशी को तज कर इस माध्यम पर मौजूद बेहतर को अपनी पत्रिका में देते। मैंने कालिया जी की उस टिप्पणी को नहीं पढ़ा है, इसलिए यह भी सोचना चाहिए कि कुछ लोगों से पढ़ने से ऐसी बहुत सारी पत्रिकाएँ छूट क्यों जाती हैं? क्या प्रिण्ट माध्यम की दुनिया में सब मूल्यवान् और जरूरी है? वहाँ देवदास और कालिदास हैं? क्या यह मान लूँ कि आज के सभी सम्पादक कालिदास हैं?

### कविता का एक महाघर हो

किताब या कविता छपने का विज्ञापन और प्रचार इत्यादि की जगह चुनौतीवाला भाव जरूर होना चाहिए, लेकिन यह चुनौती वाला भाव कविता की अच्छी समझ पर निर्भर करता है। जब मैं कम उम्र का था तो अपनी सभी रचनाओं पर मुग्ध रहता था। जैसे ही

कुछ लिखता था, सबसे पहले उस पर मुग्ध होता था। अब पता है, कौन-सी रचना कमजोर है, कौन-सी बेहतर। कौन जरूरी है कौन कम जरूरी है, यह भी जानने की कोशिश करता हूँ।

मानता हूँ कि सभी कवियों में एक उम्र और काव्यविवेक के बाद कमोबेश कुछ अच्छी रचनाएँ जरूर होती हैं। इसलिए यह जरूर चाहता हूँ कि सबकी अच्छीवाली रचनाएँ इस माध्यम पर जिस भी रूप में सम्भव हों सुलभ हों। ब्लॉग पर या नोट के रूप में या कोश में। ऐसा इसलिए भी कि किताबों और पुस्तकालयों की तुलना में यह माध्यम हर समय और हर जगह उपलब्ध है। प्रकाशक की दुनिया पर हम सबसे कम बात करते हैं, जबकि देश की राजनीति और साहित्य पर बात करने से कहीं ज्यादा जरूरी है उस पर बात करना। खैर, यहाँ बात अच्छी कविताओं के इस माध्यम पर होने की ।

एक क्लिक पर अच्छी-से-अच्छी कविताएँ सुलभ हों, इससे अच्छी बात और क्या हो सकती है? कहीं किसी पत्रिका में कविताएँ छपे भी तो उसकी सूचना नहीं, सीधे उसमें शामिल अपनी सबसे अच्छी कविता जरूर साझा करें। मेरा मानना है कि हर अच्छी कविता का हक है कि वह अपने पाठक के पास तुरन्त पहुँचे, बिना किसी रोक-टोक के। खराब कविताएँ खराब आलोचकों के पास फौरन से पेश्तर जायें, उनका कारोबार चले।

घाघ कवियों से कुछ कहने का सवाल ही नहीं, नये मित्रों ये यह प्रार्थना जरूर कि कवियों से दोस्ती अच्छी कविता के रास्ते में कभी बाधा न बनें, यह मान कर चलें कि दोस्त की भी कोई कविता कम अच्छी हो सकती है। आलोचक यदि मित्र है तो वह आपका तात्कालिक तो नहीं लेकिन दीर्घकालिक नुकसान जरूर करेगा। सच तो यह कि आलोचक को भी अच्छे मित्र की जरूरत होती है, जो उसे उसके काम के बारे में साफ-साफ बताये। मै अपने आलोचक मित्र अरविन्द से अपने हिस्से का सच कहता रहता हूँ। कभी-कभी अरविन्द जी नाराज भी होते हैं, फिर आप से आप सब सामान्य। न मैं पलटता हूँ, न वह जिद करते हैं। अवसर है तो जरूर कहना चाहूँगा कि कुछ कमियों के बावजूद कविता की बहुत समझ अरविन्द के पास है। मेरे पीढ़ी में कम आलोचक होंगे जिनमें काव्यालोचक होने की वैसी पात्रता होगी। इस माध्यम पर काव्यालोचकों का अकाल है। कुछ हैं जरूर तो एक तो वे बाद की पीढ़ी के हैं, दूसरे सिर्फ काव्यालोचक बनना उनका लक्ष्य नहीं है। वे युवा कवि-आलोचक हैं। युवा आलोचकों में भी कुछ नाम हैं जो अच्छा काम कर रहे हैं और जिनमें बहुत सम्भावनाएँ हैं। देखिये बात मैं कुछ और कर रहा था, पर और-और बात करने लगा। बहरहाल कहना यह कि यह माध्यम हमारे शर्ट की तरह अहर्निश हमारे हृदय से चिपका हुआ है। हमारे बिल्कुल पास है। इसे साफ-सुथरा रखें और तनिक सुन्दर भी रखें तो क्या ही अच्छा हो।

**पुनश्च**

यह चुनौतीवाली बात रह गयी। चुनौती इस अर्थ में नहीं कविता के इनामी डाकुओं से कोई मारकाट करने के लिए बस यह बताते रहने के लिए कि माना कि आपके पास तोप है तो इधर बन्दे के पास एक छोटा-सा तमंचा है, गुलेल है। एक राज की बात धीरे से बताऊँ कि अरे भाई तोपें कभी-कभी खराब भी तो होती हैं। उन्हें भी देखते रहना

चाहिए। क्या ही अच्छा हो कि ये तोप और तमंचे नहीं, सिर्फ-और-सिर्फ कविता का राज हो, कविता की दुनिया में। कविता का एक महाघर हो जिसमें रहनेवाले सब उस घर के सदस्य हों। बस।

**फर्क पड़ता है**

हंस सम्पादक के बारे में एक युवा लेखिका के प्रसंग में हमारे समय के युवा लेखकों ने सच कहा है। इसके लिए वे बधाई के पात्र हैं। हालाँकि उक्त युवा लेखिका के लेखन से मैं तनिक भी परिचित नहीं हूँ, पर जिन युवा लेखकों ने हंस सम्पादक का विरोध किया है, उन्हें थोड़ा-बहुत जितना भी पढ़ा है, पसन्द करता हूँ। साहित्य के सत्ता केन्द्रों का विरोध न करने पर कभी-कभी नाराज भी होता रहा हूँ, लेकिन अब पता नहीं क्यों युवा लेखकों के प्रति कुछ अधिक ही प्रेम उमड़ रहा है।

प्रेम का कारण क्या यह है कि वे भी मेरी तरह लम्बे समय से हंस नहीं पढ़ते हैं या कुछ और? कोई बीस-पच्चीस साल हुए हंस नहीं पढ़ा। कभी छपने की लालसा भी नहीं हुई। हो सकता है कि यह भी कारण रहा हो कि शुरू से ही कविता के मामले में हंस को कभी गम्भीरता से लिया ही नहीं। कहानियाँ भी पसन्द नहीं थीं। स्त्री और दलित सम्बन्धी विचारों से विरोध नहीं था, पर साहित्य में आन्दोलन के केन्द्र में रचनाएँ और ताकतवर लेखन की संभावनाएँ होती हैं। जब कविता में बिहारी जैसे तनिक बड़े कवि को पसन्द नहीं करता था तो भला हंस को पढ़ना मेरे लिये सम्भव कैसे होता। बिहारी तो अशरफियों के लिये स्त्रीदेह का चित्रण करते थे, हंस सम्पादक किसलिए वैसी कहानियाँ छापते थे और उसे किस तरह और क्यों लोग लिखते थे, यह कहने से अब कोई फायदा नहीं। साहित्य का परिवेश जितना धूमिल होना था, हो चुका है। ऐसी पत्रिकाओं से उभरकर आये लोग उसके बारे में क्या सोचते हैं, उससे भी अब कोई फर्क नहीं पड़ता है।

फर्क पड़ता है तो इस बात से कि अब आज का युवा लेखक निर्भय होकर कहता है कि मैं अमुक पत्रिका को नहीं पढ़ता हूँ। जब युवा लेखक ऐसा कह रहा होता है तो एक प्रकार से वह साहित्य की एक सत्ता को चुनौती दे रहा होता है। इस चुनौती से चाहे साहित्य का व्यभिचार तुरन्त बन्द न हो जाता हो, लेकिन सत्ता केन्द्रों से निडरता का एक नया युग तो शुरू होता है। बुद्ध ने कभी कहा था कि किसी भी ग्रन्थ को स्वतः प्रमाण मत मानो, अन्यथा बुद्धि की प्रमाणिकता जाती रहेगी। कोई सम्पादक, कोई पत्रिका, कोई आलोचक प्रमाण नहीं है, प्रमाण तो अन्ततः रचना ही है। जो फर्क का अगला कदम आज दिख रहा है वह सिर्फ हंस सम्पादक तक ही नहीं है, वर्धा को लेकर भी है। जब युवा कण्ठ से विभूतियों का विरोध होने लगे तो समझो कि युवा लेखक बड़े हुए। इस निडरता का स्वागत है।

बस जरूरी है कि कथा के केन्द्रों के साथ कविता के भ्रष्ट केन्द्रों का भी विरोध हो। युवा कवियों में बेचैनी तो दिख रही है, बस अपनी कविता को लेकर यह भरोसा मजबूत हो जाये कि केन्द्रों जाओ नहीं चाहिए तुमसे कोई सनद-वनद, आओ और अपनी

कविता को इससे मिला कर देख लो। यहाँ कहना जरूरी है कि सबकी सभी कविताएँ अच्छी नहीं होती हैं, हमारे समय के कई महान् कवियों के पास भी अविस्मरणीय कविताओं का अकूत खजाना नहीं है। बहरहाल यह दूसरी बात है। खुशी तो सिर्फ यह कि युवा दोस्तों में चिंगारी है। आग है।

**मैं हमारे समय का महत्त्वपूर्ण कवि नहीं हूँ**

साहित्य का एक साधारण कार्यकर्त्ता हूँ। सौभाग्य या दुर्भाग्य से हिन्दी मेरा प्रेम ही नहीं, मेरी जीविका भी है। जीविका के अरण्य में कोई पच्चीस साल से भी ज्यादा वक्त से हिन्दी के राक्षसों से अनिवार्य रूप से टकराना पड़ा है। भला कौन चाहेगा कि उसे नित्य संघर्ष करना पड़े? कोई न चाहे तो भी हिन्दी के राक्षस साहित्य के कार्यकर्ता के सिर को एक भी क्षण के लिए बर्दाश्त न करते हुए क्षण-प्रतिक्षण किसी दीवार, किसी पेड़, किसी मेज, किसी ब्लैकबोर्ड से टकराने की कोशिश करते रहते हैं? इसलिए पहले तो वहाँ ऊर्जा की जरूरत पड़ती है। एक व्यक्ति में भला कितनी ऊर्जा हो सकती है? कोई सीमा तो होगी ही। एक समय में कई जगह संघर्ष करने में बहुत मुश्किल होती है। वे कवि सुखी और सन्तुष्ट होंगे, जिन्हें हिन्दी के राक्षसों से संघर्ष नहीं करना होता होगा। हिन्दी की दुनिया में राजराज्य नहीं है, इसलिए मानता हूँ कि दूसरे तरह के लोगों का राज है। कभी-कभी तो लगता है कि हिन्दी की दुनिया भी एक अरण्य है। जहाँ हिंस्र पशु हैं। राक्षस हैं। यों मैं हिन्दी के तमाम विभागों को हिन्दी की लंका कहता ही हूँ। कई लेखों में कहा है।

ऊपर जो कहा है, कहना वह नहीं है। कहना यह है कि हिन्दी के दुर्जन कविता और आलोचना की दुनिया में भी हैं। साहित्य के ये दुर्जन दरअसल साहित्य की सत्ता के दास हैं। इन्हें हिन्दी के देश और जीवन से कुछ नहीं लेना-देना। इन्हें तो चाहिए बस, हिन्दी के नाम पर नाम और इनाम। इसके लिए ये गजब-गजब के कारनामे करते हैं। ये कविता का कालाजादू करने लगते हैं। ये कहते हैं हिन्दी पर प्रेत का साया है। पुरखों का साया है। भक्तिकाल का साया है! छायावाद का साया है। प्रगतिशील कविता का साया है। ये मानते हैं कि हिन्दी कविता की परिभाषा और स्वभाव और पहचान और उसकी ताकत, सब बेकार है। बेकार इसलिए है कि देशी है। ये कहते हैं कि कोई विश्वकविता होती है, उसका सम्यक् ज्ञान और प्रभाव प्राप्त किये बिना हिन्दी कविता में अब कुछ खास नहीं हो सकता है। दरअसल ऐसे कवि या नौसिखुआ कवि मानते हैं कि पचास अरब वर्ष से भी ज्यादा समय तक हिन्दी कविता कभी इस योग्य होगी ही नहीं कि विश्व कविता उससे कुछ ले। ये सिर्फ ये मानते हैं कि हिन्दी को विश्व कविता से ही क्षण-प्रतिक्षण आजीवन कुछ न कुछ लेते रहना चाहिए। उसका हैट, उसका कोट, उसकी पतलून, उसकी स्कर्ट, उसका स्कार्फ वगैरह।

ये छोटे सुकुल की बदमाशी है कि जिद करते हैं कि भाई विश्व कविता भी तो हिन्दी कविता से उसका लंगोट ले, उसकी धोती ले, कुर्ता ले। दरअसल कहना तो यह भी नहीं है। आप का वक्त बर्बाद किया है। माफ करें। देखिये मै आपसे खराब गद्य लिखकर माफी माँग रहा हूँ, लेकिन वे कवि जो ठसगद्य में खराब या कम अच्छी कतिताएँ लिख रहे हैं,

अपने पाठक से माफी तो दूर ऊपर से रौब उन पर झाड़ते हैं। हेमीमेली या नाते-रिश्तेदार तारीफ के पुल बाँधते रहते हैं। कहना यह है कि बात ठस गद्य की कर रहा हूँ। गद्य भी बहुत अच्छा होता है। रामचन्द्र शुक्ल, हजारी प्रसाद द्विवेदी, फणीश्वरनाथ या निर्मल या विनोद कुमार ही नहीं, बहुत से दिग्गज हैं जिन्होंने बहुत अच्छा गद्य लिखा है। गद्य में जब वे कविता लिख सकते हैं तो आज के गद्यवादी कवि अपनी कविता में खराब गद्य अर्थात् ठस गद्य क्यों लिख रहे हैं? 'कविता का चाँद और आलोचना का मंगल' में उदाहरण से अपनी बात कह चुका हूँ। नोट में इतना ही कि आपको कविता में गद्य की बेहद जरूरत है या उसके बिना आपकी कविता अधूरी है तो जरूर आप गद्य की संरचना अपनाएँ, लेकिन आपकी पूरी कविता में ऐसे 'मार्मिक स्थल' जरूर हों जो पाठक के हृदय को स्पर्श करें। पाठक उस मार्मिक स्थल की उँगली पकड़कर कविता में विचरण करे। रमें। कविता में गद्य का अर्थ लेख का टुकड़ा नहीं, सर्जनात्मक गद्य का उदाहरण हो।

कहना यह है कि अपने मित्र की कविता हो तो कम अच्छी हो तो भी आप अच्छी कह सकते हैं, चलिये बहुत अच्छी कह लीजिये, यहाँ तक गुनाह गैरजमानती नहीं है, लेकिन जैसे ही आप उसे असाधारण या बहुत महत्त्वपूर्ण या अद्वितीय कहेंगे, आपका साहित्यिक गुनाह गैरजमानती हो जायेगा। मित्रो कविता के साथ आशाराम न बनें। अपने हिस्से का सच कहें। कोई कवि नहीं है तो भी उसे कविता के बारे में बोलने का पूरा हक है, यह कहने का हक क्यों नहीं है कि उसे कविता अच्छी नहीं लगती है? या यह अच्छा नहीं लगता है? कहना यह कि भले ही साहित्य की सत्ता से टकराने का साहस अभी न हो फिर भी अपने मित्रों से यह कहने का साहस एक कवि में जरूर होना चाहिए कि यह कविता और अच्छी हो सकती थी। अन्त में सबसे जरूरी बात यह कि मैं यह धोषणा करने की अनुमति चाहता हूँ मैं हमारे समय का महत्त्वपूर्ण कवि नहीं हूँ। मैं यह जानता हूँ कि मैं सिर्फ और सिर्फ कविता का साधारण कार्यकर्त्ता हूँ। अपने मित्रों को यह कहता रहूँ कि आप को अभी और अच्छी कविता लिखने का बड़ा काम करना है। इसे ही बड़ा समझ लेंगे तो आगे कैसे बढ़ेंगे। आप आगे बढ़ें, मुझसे बड़े तो अभी ही हैं, और बड़े हों और बड़े। ऐसी कविता दें, जिससे विश्वकविता कुछ ले। तमाम माफी और शुभकामनाओं के साथ बहुत-बहुत प्यार।

**सदियों से पीछा करती आवाज**

बचपन में माँ और बुआ के मुख से एकाधिक बार सुना यह लोकगीत आज अचानक देखकर अपने उन मित्रों से साझा करने का मन है, जो मेरी तरह कविता के साधारण कार्यकर्त्ता हैं, असाधारण लेखक नहीं। उम्मीद है, यह लोकगीत अपनी ताकत से फिर-फिर चकित और द्रवित करेगा, एक-दो बार नहीं, हजार बार। कोई कविता यदि पाठक के मन में भावों का उद्रेक नहीं करती या विचारों के अग्निकण को तीव्र नहीं करती है तो यकीन मानिये कि वह और कुछ भी हो जाये, कविता हरगिज-हरगिज नहीं हो सकती। जो लोकगीत आपके सामने है कितना असाधारण है, आप स्वयं अनुभव करेंगे। मेरा सारा लिखा इसके सामने कुछ भी नहीं है। ऐसा इसलिए कह रहा हूँ कि इस गीत

में मेरी, आपकी और उसकी माँ और बुआ की ही नहीं, बल्कि हमारी दादी-परदादी और उनकी भी परदादी के विदीर्ण हृदय की कातर पुकार है जो सदियों से हमारा पीछा कर रही है। कितनी पुरानी है प्रतिरोध की यह आवाज? यह लोकगीत अवधी और भोजपुरी, दोनों क्षेत्रों में समान महत्त्व का है। पहली नजर में आपको लगेगा कि यह सामन्तवाद के विरुद्ध लोकमन का बहुत मद्धिम प्रतिरोध है। कुछ पाठकं पहली नजर में यह भी अनुभव करेंगे कि हरिनी का यह सारा उपक्रम अपने प्रेम और प्रेम की स्मृति को बचाने के लिए है। यह भी अनुभव करेंगे कि वह कहीं अपने असीम प्रेम की महाशक्ति से फिर से खलरी में प्राणप्रतिष्ठा तो नहीं करना चाहती है। जैसे हो-न-हो उसके पास कोई जादू है, लेकिन ऐसा नहीं है मित्र, जादू से कुछ सम्भव होता तो वह सबसे पहले सामन्तवाद को ही गायब कर देती। जैसे ही हम तनिक कविता के अन्तस्तल में झाँकते हैं, लगता है कि अरे यह हरिनी तो एक माँ है, जो दूसरी माँ कौशल्या रानी से संवाद करती है। एक अपने बेटे के मनोरंजन के लिए हरिना की खलरी और प्रीतिभोज में अपने पूरे परिवार और वर्ग के लिए उसका मांस चाहती है, जीवन चाहती है, सब-कुछ चाहती है। हरिनी का मद्धिम प्रतिरोध दरअसल तीव्र प्रतिरोध की बड़ी महीन बुनावट है। यह लोककविता की शक्ति है, कला है। हरिनी भी इस पूरी कविता में सिर्फ माँ और प्रेयसि ही नहीं, बल्कि उससे कहीं अधिक लोक अर्थात् जन की प्रतीक है। पाठक गौर से देखेंगे तो देखेंगे कि इस गीत की आत्मा का सहचर बनते ही विचार किस तरह आते हैं। जैसे ही पाठक इस कोण से देखना शुरू करेंगे कि आज कौशल्या रानी अयोध्या में हैं या दिल्ली में या जगह-जगह हर जगह, अर्थ की अनेक छवियाँ दिखती जायेंगी। हम आज की तारीख में इस कविता में सामन्तवाद ही नहीं, पूँजीवादी सत्ता के विरुद्ध प्रतिकार की गूँज से भर उठेंगे। काश, हम यह जनविरोधी राजपाट पलट सकते। सच तो यह कि इस कविता में विमर्श के कई कोण सुलभ हैं। स्त्रीविषयक भी। अब अनुभव करता हूँ कि मेरी माँ और बुआ जैसी असंख्य स्त्रियों को यह गीत क्यों इतना प्रिय रहा है। मेरी तो आँख काफी देर से नम है।

*छापक पेड़ छिउलिया तपत वन गहबर हो*
*रामा, तेहि तर ठाढ़ि हरिनियां मन अति अनमनि।*
*चरतइ चरत हरिनवा त हरिना से पूछइ हो*
*हरिनी कि तोर चरहा झुरान न पानी बिन मुरझिउ।*
*नाही मोर चरहा झुरान न पानी बिन मुरझिउँ हो*
*हरिना, आजु राजा जी के छट्ठी त तोहइ मारि डरिहइँ।*
*मचियै बैठा कौशल्या रानी हरिनि अरज करइ हो*
*रानी मसुया त सीझहिं करध्यि। खलरिया हम्मै देतिउ।*
*पेड़वा से टँगबेउ खलरिया त हेरि फेरि देखतेउँ हो*
*रानी, देखि-देखि मन समुझउतिउँ जनुक हरिना जियतइ।*
*जाहु हरिन घर अपने खलरिया नाहि देबइ हो*

*हरिनी खलरी कइ खझडी मिढ़उबइ त राम मोर खेलिहइँ।*
*जब-जब बाजइ खझड़िया सबद सुनि अनकइ हो*
*हरिनी ठाढ़ि ढकुलिया के पेड़ हरिन के बिसूरइ।*

**साहित्य का जीहुजूरिया, लण्ठ, लठैत :**

विडम्बना यह कि समाज का ही नहीं, साहित्य का भी अपना एक मध्यवर्ग है। साहित्य का यह मध्यवर्ग भी समाज के मध्यवर्ग की तरह अपने उच्च वर्ग की खुरचन, कृपा और जूठन से खुद को परमतृप्त अनुभव करता है। छोटे-बड़े पुरस्कारों और थोड़ी-बहुत चर्चाओं से खुद को अघाया हुआ जीव समझता है। उसकी शक्ति और प्रतिभा से कहीं अधिक (झूठ-मूठ का) मान-सम्मान पा जाने की यह प्रवृत्ति, उसे साहित्य का जीहुजूरिया और लण्ठ और एक अर्थ में लठैत भी बनाती है। लठैत कहने से यह भ्रम न हो जाये कि यह वीरता के अर्थ में प्रयुक्त है, इसलिए यह बात साफ कर दूँ कि लठैत का जीवन और कार्यव्यापार मूल्यकेन्द्रित नहीं होता है बल्कि वह तो अपने आकाओं का गुलाम होता हैं। वहीं एक वीर का जीवन और कार्य मूल्यकेन्द्रित और स्वाधीन होता है। दुर्भाग्यवश जैसे समाज और राजनीति में एक निम्नवर्ग होता है, उसी तरह साहित्य में भी एक निम्नवर्ग होता है। जाहिर है कि निम्नवर्ग के लोग हाशिए का जीवन जीते है। कहना न होगा कि यह हाशिये का जीवन उन्हें बहुत-सी जीवनोपयोगी चीजों से वंचित तो करता है पर उनके जीवन को मूल्य और विचार से सम्पृक्त करता है और अपने हक के लिए संघर्ष की ताकत भी देता है। साहित्य में भी कुछ लोग हाशिये का जीवन जी रहे हैं। पर अपनी इच्छा से। वे भी चाहते तो कूद कर साहित्य के मध्यवर्ग के डिब्बे में बैठ सकते थे। बस एक अदद या एकाधिक गॉडफादर बनाने की देर थी। गॉडफादर आज सबसे अधिक हिन्दी साहित्य में सुलभ हैं। वे तो इसीलिए पैदा ही हुए हैं, अच्छा और अविस्मरणीय लिखने के लिए नहीं। हर शहर के उच्चवर्ग में ये मिल जायेंगे। पर ज्यादातर लेखक राजधानी में गॉडफादर चुनते हैं। क्योंकि वहाँ उनका एक नेटवर्क होता है। गुट होता है। गिरोह होता है। जिसमें कई तरह के प्रभावशाली लोग, सम्पादक-पत्रकार, संस्थाएँ, अखबार, पत्रिकाएँ और बड़े प्रकाशन केन्द्र होते हैं। इस मध्यवर्ग के उड़नखटोले में बैठे हुए वे तमाम लोग हाशिये का जीवन जीनेवाले और प्रतिरोध की आवाज पैदा करनेवाले लेखकों को बर्दाश्त नहीं कर पाते हैं। विडम्बना यह कि उनसे टकरा भी नहीं पाते हैं। वे जो साहित्य में हाशिए का जीवन आज जी रहे हैं, रचना और आलोचना में बेहतर कर रहे हैं। अपने हिस्से का पूरा सच कह रहे हैं। अपने जीवन के ताप से जो रच रहे हैं, वह उन मध्यवर्गीय लेखकों से अच्छा ही नहीं बल्कि नया भी है। इसीलिए ये हाशिए का जीवन जीनेवाले, जिन्हें हाशिये का जीवन जीनेवाले उपेक्षित और वंचित जन की तरह किसी पुरस्कार और यश की इच्छा नहीं है, वे तो बस साहित्य की धरती के लिए लड़ रहे है। साहित्य के अरण्य के लिए रण कर रहे हैं। आने वाली पीढ़ी के लिए लड़ रहे हैं।

जैसा कि पहले कहा गया कि अपने-अपने गॉडफादरों और उप गॉडफादरों के 'जीहुजूरिया और लठैत' टाइप के छोटे-बड़े लेखक साहित्य में हाशिए का जीवन जीने वाले लेखकों को अभी साहित्य का नक्सली नहीं कह रहे हैं। ये कुछ भी कहें क्या फर्क पड़ता है...पता नहीं साहित्य के सांगठनिक क्रान्तिकारी साथियों को कोई फर्क पड़ता है या नहीं!

**मैं कहता हूँ, खोट आदमी नाम के कीड़े में है**

मनुष्य जीवन कोई सरल सीधी इकहरी रेखा नहीं है। विचार का संघर्ष और जीवन का संघर्ष एक-दूसरे से जितनी नाभिनालबद्ध है, उतना ही एक-दूसरे से पृथक्। कहीं का व्यक्ति, समूह, समाज पूरा का पूरा स्वार्थ केंद्रित दिख सकता है। अपने स्वार्थ के लिए विरोध करनेवाले को अपमानित कर सकता है, उसके संग कई तरह की क्रूरता कर सकता है। व्यक्तिगत जीवन में अन्याय के विरुद्ध संघर्ष करने के लिए कई बार महान् विचारधारा भी मदद नहीं करती। महान् विचारधारा के ध्वजावाहक प्रतिरोध में खड़े व्यक्ति के साथ दगा कर सकते हैं, उसे अकेला छोड़ सकते हैं निरंकुश सत्ता के सामने। व्यक्तिगत जीवन में संघर्ष और विचार को पीठ दिखानेवाले जन विचारधारा के शामियाने के नीचे क्यों जगह पाते हैं?

जंगल में या पिछड़े इलाकों में रहनेवाले नागरिकों के लिए की जा रही न्याय और समानता की जो लड़ाई ईमान के साथ दिखती है, वैसी लड़ाई समाज और संस्थाओं में क्यों नहीं होनी चाहिए? न्याय और समानता जैसे मूल्य सुविधासापेक्ष हैं? क्यों व्यक्तिगत जीवन में संघर्ष से बचना प्रगतिशीलता है? क्यों संस्थाओं में चुप रहना या बगलें झाँकना बुद्धिवादी होना है? विचारशील होना है? जब सत्ता के अन्याय में महान् विचारधाराओंवाले बुद्धिजीवी सहायक हों तो विरोधी विचारधारा के लोगों का सहयोग लेना क्यों बुरा है? यदि उदाहरण देकर कहूँ तो यदि किसी फासिस्ट कहे जानेवाले संगठन के लोग किसी स्थानीय सत्ता के केन्द्र हों या उससे प्रमुख रूप से जुड़े हों और महान् क्रान्तिकारी विचारधारा के लोग भी उनके साथ हों तो प्रतिरोध में अकेले खड़े व्यक्ति को क्या करना चाहिए?

1. प्रतिरोध की बात भूल जाना चाहिए?
2. सत्ता और उसकी चौकड़ी के समक्ष समर्पण कर देना चाहिए?
3. न्याय के लिए किसी भी विचारधारा चाहे फासिस्ट ही क्यों न हो, उससे जुड़े व्यक्ति या सत्ता केन्द्र की मदद लेनी चाहिए?
4. किसी शहर या संस्था में बस्तर के लिए सात आँसू रोनेवाले विचारधारा से जुड़े कथित लेखक या पत्रकार, सामाजिक कार्यकर्त्ता लोग स्थानीय संघर्ष से आँख मूँद लें तो क्या करना चाहिए?
5. अपने अंचल के बच्चों और युवाओं के भविष्य से खिलवाड़ करने वाली संस्थाओं और सत्ता केन्द्रों से टकराना चाहिए या नहीं?
6. सब भूल-भाल कर सत्ता की खुशामद में लग जाना चाहिए और अपने जीवन को 'सुखमय' बनाने का उपाय करना चाहिए?
7. जरूरी सवाल यह कि कोई विचारधारा महान् और बहुत अच्छी है तो सबसे पहले अपने

अनुयायिओं को अच्छा क्यों नहीं बनाती है? विचार अच्छे हों और जीवन बुरा, यह तो ठीक नहीं?

यह सब कहने का आशय यह कि मित्रो, संकट बड़ा और पेचीदा है। राजनीति में सभी दल दूसरे को बुरे से बुरा बताने में अपनी ऊर्जा राष्ट्र की महान् सेवा के नाम पर खर्च करते हैं। एकबार जो आ गया, उसे हटाओ मत, वही अच्छा है या दूसरे को लाओ, वह अच्छा है, नहीं वह भी खराब है, तीसरे को लाओ... लाख टके का सवाल यह कि विकल्प जब सब खराब हों तो हम करें क्या? कहाँ जाये? अँधेरा बहुत है। हम अभी उतने अँधेरे में ही हैं। यह उजाला जो दिख रहा है, साँप की काली त्वचा की तरह चमकीला है और हम इस उजाले को सचमुच का उजाला समझ बैठे हैं। मैं कहता हूँ, खोट आदमी नाम के कीड़े में है, पहले उसे बदलो... पिछले दिनों अखबार में जहाँ महात्मा गाँधी की फोटो छपी थी उस जगह समाज, समता, न्याय, प्रतिपक्ष, मूल्य इत्यादि से दगा करनेवाले ऐसे गन्दों की फोटो मत छापो, न मंच पर ऐसे गन्दे लोगो को माला पहनाओ... संसद ही नहीं, साहित्य की संसद में भी दागी हैं, ऐसे गन्दों को सम्मान मत दो... विचारधारा को पहले ईमान से जोड़ो, नहीं तो आदमी तो बाद में मरेगा, विचारधारा पहले मर जायेगी।

## कृपया सुन्दर चापलूसी करें

पृथ्वी पर फूल भी हैं और काँटे भी। नासमझ भी हैं, समझदार भी। साहित्य में सच कहनेवाले भी हैं और झूठ बोलनेवाले भी। कहते हैं कि स्वार्थ अन्धा बना देता है। जिसके भीतर यह स्वार्थ होगा कि अमुक अकादमी में प्रवेश का एक अवसर मिल जाय या नित्य मिलता रहे, तो वह चापलूसी कुछ इस तरह करेगा— छोटे लाल जी अज्ञेय से हजार गुना बड़े कवि हैं। फिर कहेगा बाजपेयी से बड़े कवि हैं। अरे भाई, जब चापलूसी करते हुए यह कह चुके कि अज्ञेय से हजार गुना बड़े कवि हैं, फिर तो वाजपेयी से बड़े कवि हैं, यह कहने की जरूरत नहीं थी।

1. चापलूसी करना आपके लिए जरूरी है तो कान में करो या ड्राइंगरूम में, सार्वजनिक स्थान पर नहीं।
2. सार्वजनिक स्थान पर करना जरूरी है तो पहले पाँच श्रेष्ठ कविताएँ अमुक जी की चुन लो और जिससे तुलना करना है, उसकी भी चुन लो— आमने-सामने रखकर बताओ कि कौन कितना बड़ा है।
3. सबसे जरूरी बात यह कि शाम को रसरंजनमय होकर किसी की अतिशय प्रशंसा या निन्दा से बचना चाहिए।
4. जैसे एक अनपढ़ भी कद में छोटे-बड़े को देखकर जान जाता है कि कौन छोटाा या बड़ा है, साहित्य में कविताएँ भेद खोल देती हैं और चापलूसी करनेवाले बेपर्दा हो जाते हैं।
5. इसलिए हे स्वार्थी बन्धुओ, चापलूसी करना आपके लिए बहुत जरूरी है तो फूहड़ तरीके से न करें, जरा सुन्दर ढंग से करें, जैसे अमुक श्री छोटे लाल जी अच्छी

कविताएँ लिखते हैं या यह भी कह सकते हैं कि बहुत अच्छी कविताएँ लिखते हैं, तब भी वे आपको फायदा पहुँचायेंगे।

**अच्छे दिन नहीं, अच्छा गणतन्त्र चाहिए**

कई करोड़ प्रतिवर्ष कमाने वाले आम आदमी हैं? क्या इनकी संख्या देश में सर्वाधिक हैं? कई लाख सलाना कमानेवाले लोग आम आदमी हैं? क्या इनकी संख्या देश में सर्वाधिक है? एक लाख सलाना कमानेवाले लोग आम आदमी हैं? क्या इनकी संख्या सर्वाधिक हैं? क्या कुछ न कमाने वाले या न के बराबर कमाने वाले आम आदमी है? क्या इनकी संख्या सर्वाधिक है? ये राजनीतिक पार्टियाँ और पढ़े-लिखे लोग जब आदमी की बात करते हैं तो वे किसकी चिन्ता सबसे पहले करते हैं? क्या विचार के स्तर पर सब गड्डमड्ड है?

बहुत पैसेवालों की गाड़ी भला बिना पैसेवाले लोगों को सैर के लिए मिल सकती है? गरीब अपने बच्चों को उस पर सैर करा सकता है? क्या सिर्फ ड्राइवर बदलने से बात बन सकती है? क्या गाड़ी का मालिकाना हक बदलने की जरूरत नहीं है? ये चैनलवाले दिल्ली के लिए भाषण का लाइव प्रसारण देश को क्यों दिखाते हैं? क्या राजनीति, पत्रकारिता, साहित्य इत्यादि सब धन्धा नहीं है? एक राजा आयेगा, एक जायेगा, सब वैसे का वैसे रहेगा। मेरा मतलब कि मकान अमीर का रहेगा और गरीब किरायेदार होगा? पैसेवालों के मालिकाना हकवाली पार्टियों के उम्मीदवार अरबपति या करोड़पति तो होंगे ही, आम लोगों की पार्टी भी खास लोगों को उम्मीदवार बनायेगी तो कितना आम आदमी की पार्टी होगी?

जन गण मन को इस देश की राजनीति और समाज में बड़े बदलाव के लिए तब तक तैयार नहीं किया जा सकता, जब तक लेखक अपनी गवेषणा को तज नहीं देते। जिन लेखकों के लिए यह माध्यम भी हँसी-मजाक का अड्डा है, उनसे तो कुछ नहीं कहा जा सकता है। सच्चा बदलाव एक सदी या दो सदी बाद जब भी आयेगा, भीतर से मजबूत लेखकों की भूमिका उसमें जरूर होगी, वे साहित्य की दुनिया को भी बदलकर रख देंगे। हम लोग देखने के लिए नहीं होंगे, लेकिन ऐसा गणतन्त्र एक दिन जरूर बनेगा, जिसमें मत ही नहीं, पैसे में भी समानता होगी। जन सुविधाओं में भारी अन्तर नहीं होगा। चाहे हजार साल लग जायें, ढंग का बदलाव जरूर होगा। नाम और इनाम को साहित्य का प्रयोजन माननेवाले लेखक तो थोड़े समय में ही लज्जा का अनुभव करने लगेंगे। उनकी नासमझी जगह-जगह दिखती है।

एक आलोचक की पोस्ट एकदिन देखा। एक बड़े राजनेता पर उसे हँसते हुए। उसके सूट पर हँसते हुए। आत्ममुग्धता इनाम का तमगा लगाकर घूमनेवाले लेखकों में हो तो ठीक और एक राजनेता के सूट से आत्ममुग्धता झलके तो गलत। धन्य हैं हिन्दी के ऐसे लेखक। एक व्यवसायी में यह इच्छा हो कि दुनिया का सारा पैसा उसका हो जाये तो गलत और हिन्दी के लेखक में दुनियाभर का यश हड़पने की दुर्बलता हो तो ठीक।

मुश्किल यह कि जिन्हें देश और समाज के सामने एक आदर्श और एक प्रेरणा बनना है, वे तो खुद उन्हीं बुराइयों के साथ हैं जिससे उन्हें लड़ना है। पहले खुद उन कमजोरियों से मुक्त होना जरूरी है, फिर प्रतिरोध का कोई अर्थ होगा। यह सच है कि विचार कभी नहीं मरते, अलबत्ता उन्हें धारण करनेवाले कमजोर लोग रास्ते में ही मर जाते हैं। आज नहीं तो कल जरूर यह बात लोगों के मन में जगह बनाएँगी कि अच्छे दिन नहीं, अच्छा गणतन्त्र चाहिए।

मुश्किल यह है कि जनता किसी पार्टी की जमीनी हकीकत पर कम ध्यान देती है। वह सोचती है कि यह गाड़ी बदल दो यह गाड़ी जल्दी पहुँचा देगी, इस रास्ते की मुश्किलें क्या हैं, इस पर कम सोचती है। पार्टियाँ की अदल-बदल एक सीमा में अच्छी बात है। किसी पार्टी का तीव्र विरोध बहुत अच्छी बात है, लेकिन किसी पार्टी से आसमान से तारे तोड़कर लाने की बहुत ज्यादा उम्मीद अच्छी बात नहीं है। इसलिए पार्टियों की हार-जीत पर कम खुश होकर आनेवाली मुश्किलों के बारे में ज्यादा सोचना चाहिए। हालात कैसे बदलेंगे, कौन बदलेंगे, क्या यह नहीं सोचना चाहिए कि इस रास्ते की सभी गाड़ियाँ अपनी राजधानियों में पहुँचकर बिगड़ क्यों जाती हैं? मुश्किल इनके इंजन में हैं कि ड्राइवर में कि दूसरे किसी में, पटरियों की टूट फूट मुसाफिर क्यों नहीं देख पाये हैं? हमारा काम सिर्फ और खुश होना क्यों है? आखिर इस गाड़ी से बहुत ज्यादा और बहुत कम फायदा किसे हैं?

खुशी के मौके पर ऐसे कुविचार क्यों परेशान कर रहे हैं?

ईमान विचार के बिना अधूरा है और विचार ईमान के बिना मृत। ईमान सिर्फ अपने कुनबे का पेट भरने के लिए है तो कम है, ईमान नीचे के लोगों की ज्यादा भलाई के लिए है और नाटक नहीं है तो बहुत अच्छा।

यह बहुत अच्छा होने की और नाटक न होने की ही तो मुश्किल है। आखिर राजनीति क्यों पृथ्वी का सबसे बड़ा रंगमंच है?

## मार्क्सवाद कमजोर लेखकों के लिए सुरक्षा कवच है

एक लेखक ने किसी को लक्ष्य करके कहा कि ऐसे लोग मुक्तिबोध को सुरक्षा कवच के रूप में लेते हैं। आशय यह था कि मुक्तिबोध का नाम लेनेवाले ऐसे लोग साहित्य के बुरे लोग हैं। मुझे लगा कि भाई, होता ही है कि बुरे लोग तो मन्दिर में भी जाते हैं एवं खूब पूजा करते हैं। फिर लगा कि भाई क्या वाकई कमजोर लेखक मार्क्सवाद का और लेखक संगठन का इस्तेमाल सुरक्षा कवच के रूप में नहीं करते हैं? लिखते हैं खराब और लूटना चाहते हैं, सारे जहाँ का यश और इनाम? जाहिर है कि सब ऐसा नहीं करते है, कुछ ही सही अच्छे लोग भी होते हैं।

सवाल यह है कि खुद मार्क्सवाद और अपने लेखक संगठन का इस्तेमाल सुरक्षा कवच के रूप में करनेवाले लोग मुक्तिबोध का नाम लेनेवाले लोगों पर इतना भड़क क्यों रहे हैं? कैसे-कैसे लोग हैं आज, आलोचक, कवि वगैरह की कुर्सी पर बैठ कर मुक्तिबोध और मार्क्सवाद से दगा करते हैं? आज किस शहर में नहीं हैं ऐसे लेखक, लेकिन इस

माध्यम पर ऐसे बिना ईमानवाले लेखक कम हैं और पहचान में आ जाते हैं। तुरन्त। पुरस्कार इत्यादि के पीछे भागनेवाले भी कम हैं। ज्यादातर लेखक सीधे-सादे और साहित्य में व्याप्त बुराई का विरोध करनेवाले हैं। यह अलग बात है कि साहित्य की बुराई का विरोध करनेवाले को आज की तारीख में, इस माध्यम पर मौजूद मुकुटधारी लेखक, नासमझ, कुण्ठित और पिछड़ा इत्यादि कहते हैं। असल में ऐसा वही लोग कहते हैं जिनके सिर पर छोटा-मोटा, असली-नकली कोई भी मुकुट होता है। देश में जमींदारी उन्मूलन तो बाकायदा ऐक्ट बनाकर हुआ, लेकिन इन लोगों साहित्यिक की जमींदारी का उन्मूलन दूसरी तरह से हो। साहित्य में अपने समय का जमींदार बाद में बहुत आसानी से ध ूल-धूसरित होता रहा है। आज नहीं तो कल, साहित्य में भी न्याय तो होता ही है।

सुरक्षा कवच के रूप में न जाने किन-किन चीजों का इस्तेमाल करनेवाले साहित्य के ये जमींदार साहब लोग क्षमा करें तो एक छोटा-सा प्रश्न करना चाहूँगा कि क्या पुरस्कारखोर लेखक सचमुच इस देश से फासिज़्म हटा पायेंगे या उसे जरा-सा टस-से-मस कर पायेंगे?

हिन्दी का लेखक समाज बहुत डरा हुआ है। यह कहना जरूरी नहीं है कि वह साहित्य की छोटी-से-छोटी सत्ता से बहुत डरता है, उसे पीठवाले पुरस्कार से लेकर नाखून तक के पुरस्कार से वंचित होने या उसे खो देने का डर बना रहता है, उसे मुहल्ला स्तर के आयोजन से लेकर अकादमी तक के आयोजन के न्योते से वंचित होने का डर रहता है, उसे अपने शहर के चिरकुट अखबार से लेकर कथित राष्ट्रीय अखबार या पत्रिका के गुसलखाने से बाहर कर दिये जाने का डर होता है, उसे डर होता है कि उसके नाम के एक-एक हिज्जे अलग-अलग करके उड़ा दिये जायेंगे, चाहे खुद उसके पूरे वजूद को रूई की तरह धुनकर उड़ा दिया जायेगा, यदि हिन्दी के स्थानीय छुटभैयों से लेकर राष्ट्रीय स्तर तक के सफेद हाथी के सामने सिर उठाने की कोशिश करेंगे। उफ, ये डरे हुए लेखक, इन्हें देखकर उबकाई और दया एक साथ आती है। साहित्य से जुड़ने का अर्थ साहित्य में केंचुए का जीवन जीना होता है? हद तो यह कि ये कबीर का नाम लेंगे, निराला का नाम लेंगे, मुक्तिबोध का नाम लेंगे और सभा-गोष्ठियों में दाँत चियारेंगे, आस्तीन मोड़ेंगे, फासिज़्म को ललकारेंगे और नाम-इनाम का एक टुकड़ा गोश्त दिखते ही दुम हिलाने लगेंगे। गनीमत यह कि सब लेखक ऐसे नहीं है बहुत से लेखक हैं जो सीधे-सादे भले लोग हैं, लेकिन वे भी। हिन्दी के इन अपराधियों से भयभीत हैं, पर उम्मीद भले लेखकों से ही है कि साहित्य की इस गुलामी के खिलाफ आज नहीं तो कल या कभी किसी युग में मुक्ति का आन्दोलन तेज करेंगे। शायद ऐसा तब होगा जब हर लेखक के पास दस पेज की ही सही अपनी पत्रिका होगी, दो-चार भले और तनिक साहसी लेखकों का साथ होगा और लेखक जातियाद से ऊपर उठेगा। मैंने अपने एक चर्चित लेख आलोचक का भीतर-बाहर में कभी साहित्य में कायस्थवाद समेत जातिवाद पर काफी कुछ कहा था। आशय यह कि साहित्यिक मुक्ति की चुनौती बड़ी है। शायद राजनीतिक मुक्ति से भी कठिन है, और वक्त लगेगा, कई वर्ष या शताब्दी ही नहीं कई जन्म लगेगा, तब कहीं

जाकर हिन्दी के लेखकों की गुलामी की जड़ता टूटेगी। हमारा जो काम है, हम करते रहेंगे, मुक्ति देखें या न देखें, मुक्ति का स्वप्न देखते रहेंगे। मुक्ति का स्वप्न, हम जिन्दा रखेंगे साथी। यह ठीक है कि हम थोड़े से लोग हैं, पर किसी सपने को थोड़े से लोग ही आगे ले जाते हैं।

**लेखक को साधारण रहने दो**

कह देने से कुछ नहीं होता है, लेकिन कहे बिना रहा नहीं जाता है। क्या यह बेचैनी ही लेखक होने की पहली शर्त नहीं है? यह शर्त अकेले साहित्य की नहीं है, कला, विचार और विभिन्न रचनात्मक विधाओं के साथ भी है। साहित्य के परिसर में इस बेचैनी को पुष्ट करनेवाला तत्त्व विवेकयुक्त साहस है, लेकिन अधिकांश लेखक दुर्बल बेचैनी के शिकार होते हैं अर्थात् कहते वह हैं, जिसे कहना नहीं चाहिए और वह कभी नहीं कह पाते हैं, जिसे कहना चाहिए। कहना नहीं चाहिए कि अमुक लेखक के नाम पर अमुक शहर के अमुक मार्ग या अमुक पार्क का नाम रखा जाये। कहना यह चाहिए कि किसी लेखक को महापुरुष, महात्मा, सन्त या कोई खिलाड़ी न बनायें। कोई जरूरी नहीं कि फिराक गोरखपुरी की मूर्ति कही लग गयी है तो नये लेखक अपने आराध्य लेखकों की मूर्ति लगाने की माँग करने लगें। लेखक की मूर्ति या सड़क का नाम! ऐसा हरगिज न करें। इस मामले में रेल के अधिकारी ज्यादा समझदार हैं जो लेखक की जगह कृतियों के नाम पर गाड़ी चलाते हैं, जैसे गोदान एक्सप्रेस, कर्मभूमि एक्सप्रेस, पद्मावत एक्सप्रेस, कामायनी एक्सप्रेस आदि। कहना यह है कि कहना यह चाहिए कि लेखक की जगह समाज में कृतियों की प्रतिष्ठा होने से ही किसी साहित्य या भाषा का जीवन सुरक्षित रहेगा।

लेखक के नाम पर मार्ग का नामकरण होगा तो यह प्रश्न भी खड़ा होगा कि अमुक लेखक के नाम पर क्यों, अमुक लेखक के नाम पर क्यों नहीं? उदाहरण कई हैं, पर नाम लेकर किसी को दुःखी नहीं करना चाहता। अलबत्ता उदाहरण के रूप में यह कि गोरखपुर में देवेन्द्र कुमार के नाम पर कोई सड़क नहीं होगी तो आज फलाना जी और कल फलाना जी के नाम पर क्यों? क्या इसलिए कि देवेन्द्र कुमार दलित समाज में पैदा हुए तो उनका नाम कोई नहीं लेगा? अमुक मेरी जाति के हैं या अमुक की जाति के हैं तो उनके नाम पर पार्क का नाम रख दिया जाये? यह सब किसी को निरुत्तर या लज्जित करने के लिए नहीं कह रहा हूँ। किसी को मेरी बात से ठेस पहुँचे तो माफ करेंगे।

किसी लेखक को याद करने और याद रखने का सबसे अच्छा जरिया उसकी कृतियाँ हैं। अच्छा हो कि उसकी कृतियों पर चर्चा करें, उसके लेखन में जो महत्त्वपूर्ण है, वह बतायें। क्या ऐसा लिख गया है अमुक लेखक कि वह पैदा नहीं हुआ होता तो लिखा नहीं जाता? एक लेखक जीवन-भर तिकड़म करता है, भूसा-छाप गद्य या कविता लिखता है तो क्या सिर्फ लिखने की वजह से वह समाज में विशिष्ट हो जाता है? महापुरुष हो जाता है? यह सब इसलिए कह रहा हूँ कि एक लेखक अपने से पहले के लेखक को लेखन के महत्त्व की वजह से नहीं बल्कि इतर कारणों से याद करेगा, उसे प्रतिष्ठित करेगा

तो साहित्य को तो छोटा करेगा ही खुद को भी बहुत छोटा बनायेगा। हाँ, कोई लेखक लम्बे समय तक अपनी दुर्बलताओं के बावजूद काम करता है और उसका कोई भक्त उसे याद करता है तो करे, इसमें कोई हर्ज नहीं है, लेकिन जैसे ही वह उसे समाज के हीरो के रूप में प्रतिष्ठित करना चाहेगा, बेईमानी करेगा।

इधर लेखकों को अभिजन बनाने की होड़ है। यहाँ तक कि जो लेखक जीवनभर अति साधारण जीवन जीता है, उसे भी अभिजन बनाने या देवता के रूप में प्रतिष्ठित करने की होड़ है। अखबार भी साधारण जन की मृत्यु को मृत्यु नहीं समझता है, साधारण की मृत्यु देश और समाज की क्षति नहीं है और एक लेखक की मृत्यु क्षति? यह सब बहुत खराब है। एक लेखक को भी इस पृथ्वी से उसी तरह जाने दो जैसे उसका पाठक जाता है, उसका समाज जाता है। लेखक को श्रद्धांजलि, पाठक को ठेंगा! अखबार धन्धा करता है। अखबार टोटका करता है। इसलिए कहना यह है कि मित्रो एक लेखक का काम साहित्य और भाषा की प्रतिष्ठा करना है। आलोचकों और सम्पादकों और वरिष्ठ लेखकों की विदाई के बाद बहुत सहज रहना चाहिए, ठीक उसी तरह जैसे अपने पड़ोसी की विदाई के बाद करते हैं। उस लेखक के घर जाइये, अन्त्येष्टि में जाइये और उसके परिवार से मिलिये। लेखक को जन का प्रतिनिधि समझिए जनप्रतिनिधि नहीं। लेखक को साधारण रहने दो। साहित्य को असाधारण बनाओ।

**एकल कवितापाठ नहीं कर पाऊँगा**

अपने समय के वरिष्ठ लेखकों की साहित्यिक क्षुद्रताओं का जो वर्णन मलयालम के प्रसिद्ध कवि अय्यप्पा पणिक्कर ने किया है, उसे हिन्दी की दुनिया में भी जगह-जगह देखा जा सकता है। रति जी, अय्यप्पा पणिक्कर जी का यह कहना एक स्वाभिमानी लेखक के लिए बहुत मायने रखता है, लेकिन दिल्ली के मठाधीशों या उपमठाधीशों या सेवादारों के चरणराज लेनेवाले लेखक इस जीवन में इसे समझ नहीं पायेंगे।

—"जब मैं युवा था तो अपनी कविता लेकर घण्टों इन्तजार करता रहता था, बड़े नामवाले कविगण अपनी कविता सुनाते और खिसक लेते, कभी सोचते भी नहीं कि देखें युवक लोग क्या कहते हैं, जब हमारी बारी आती तो हमें मंच पर कोई नामी कवि दिखायी तक नहीं देता, तब मैंने निश्चय किया था कि पचास की आयु के बाद मंच से कविता नहीं पढ़ूँगा, खासतौर से जहाँ मेरी भाषा के युवा कवि भी पढ़ रहे हों, और आखिरी कवि को सुनें बिना मंच से नहीं हटूँगा।"

एक उपकथा मेरे पास भी है। मैंने भी अब तक कहीं एकल कविता पाठ नहीं किया है। मेरे शहर गोरखपुर में भी परमानन्द जी, विश्वनाथ जी प्रायः एकल कवितापाठ करते रहते थे, कभी यह नहीं सोचते कि बाद की पीढ़ी का भी नम्बर आये। मैंने निर्णय किया कि एकल कवितापाठ नहीं करूँगा, अपना काम करूँगा और अपना काम दोनों हाथों से किया। बस वह काम नहीं किया जो दिल्ली में जाकर मेरे समय के वरिष्ठ लोग और उनके पीछे के लोग करते थे या आज दूसरे तमाम लोग करते हैं। सच तो यह कि अब कविता पढ़ने की इच्छा ही मर गयी है। हाँ, कभी कहीं कम उम्र कवियों के बीच उन्हें सुनने के

लिए बैठा तो उनके साथ अपनी भी कोई एक कविता पढ़ लिया, इसलिए कि वे यह न समझें कि मैं अपने को बहुत वरिष्ठ समझता हूँ।

आभारी हूँ रति जी, आपने मेरा एकल कवितापाठ कराने के लिए कुछ करने को कहा। बहुत विनम्रता से शीश झुकाता हूँ, लेकिन माफी चाहते हुए कहना चाहता हूँ कि मैं कुछ साथियों के साथ तो कभी भी और कहीं भी एक कविता पढ़ सकता हूँ, पर एकल कवितापाठ कहीं नहीं कर पाऊँगा। अय्यप्पा पण्णिक्कर जी के मन में अपने वरिष्ठ जनों के प्रति जो भाव था, वही मेरे मन में भी है, इसीलिए अब तक कभी एकल कवितापाठ नहीं किया है। परमानन्द जी नहीं हैं, लेकिन विश्वनाथ जी हैं, पृथ्वी पर जितना एकल कवितापाठ सम्भव हो पाये सब वही करे। उन्हें खुश करने के लिए दुनिया का सबसे बड़ा कवि होने की नासमझी भरी कामना तो नहीं कर सकता, हाँ, मेरे शहर में अबतक के सबसे बड़े कवि गोरख हैं, ईश्वर करें कि वह गोरख से भी बड़े कवि के रूप में प्रतिष्ठित हों।

*विरोध में कहने के लिए*
*हमेशा नया हो जरूरी नहीं।*
*एक शब्द को ही किसी वक्त में*
*असंख्य बार कहने की जरूरत होती है,*
*जैसे "मुर्दाबाद" जैसे "नहीं" वगैरह।*
*बशर्ते विरोध सच्चा हो।*

*संघ*
*और वामपन्थी संगठनों से जुड़े लोगों के लिए*
*एक दूसरे का तीव्र विरोध करना बहुत सरल है,*
*एक सीधी रेखा खींचने जैसा।*
*मुश्किल तो उनके लिए होती है,*
*जो दोनों की आलोचना करते हैं।*

खराब गुस्सा नुकसान करता है, अच्छा गुस्सा मजबूत बनाता है। हमेशा साहित्य की भ्रष्ट सत्ता से टकराना चाहिए, अपनी पीढ़ी के कमजोर लोगा से नहीं। कोई बहुत खराब बात करे तो अपना पक्ष एक बार रखकर उसे ब्लाक करो और मुक्त हो जाओ। सबसे जरूरी यह है कि लेखिकाएँ अपना संगठन बनायें, अपनी पत्रिका निकालें, खुद आलोचक बनें, अपनी किताबों के ब्लर्ब खुद लिखें। जब महिला प्रधानमन्त्री, मुख्यमन्त्री हो सकती हैं तो हिन्दी में लेखिकाएँ शक्ति का केन्द्र खुद क्यों नहीं बन सकती हैं? क्यों अपने समय के किसी बड़े-छोटे कवि, आलोचक, सम्पादक का आशीर्वाद चाहिए? दिल्ली की लेखिकाओं को इस जिम्मेदारी को स्वीकार करना चाहिए। जरूरी यह होगा कि इस संघर्ष को वही लेखिकाएँ आगे बढ़ायें, जिन्हें किसी पुरुष मठाधीश या उप मठाधीश ने प्रमोट न किया हो।

### लेखकों में अगड़ा और पिछड़ा समाज

लेखकों में भी अगड़ा और पिछड़ा समाज है। जो लेखक, किसी लेखक संगठन में नहीं हैं या जिनकी लेखक संगठनों से दूर की भी रिश्तेदारी नहीं है, सब लेखकों के पिछड़े समाज के लेखक हैं। उन्हें कोई प्रमोट नहीं करता, उनका कोई नाम नहीं लेता, उन्हें कोई मंच नहीं मिलता है और सबसे बड़ी बात यह कि किसी सूची में उनका नाम नहीं होता है। वे पिछड़े जरूर होते हैं, लेकिन उनका काम पिछड़ा हुआ नहीं होता हैं।

नोट : साहित्य में जाति के आधार पर अगड़ा-पिछड़ा चलानेवालों का इससे सम्बन्ध नहीं है।

### श्रेष्ठ कवियों की कलमें

कुछ युवा कवि अपनी कविताओं में जितनी करुणा करते रहते हैं, श्रेष्ठ कवियों की मुद्राओं और काव्यभाषा का जितना अनुकरण करते रहते हैं, अपनी उम्र और अपने रक्त का तापमान विस्मृत कर चालीस से थोड़ा पहले या बाद बूढ़े और बहुपुरस्कृत कवियों की तरह कविता में चाँद के लिए सलमा-सितारोंवाली ओढ़नी तैयार करते हैं, उसे देखकर लगता ही नहीं है कि ये अपने जीवन में कोई खुरदुरापन, कोई तीव्र संघर्ष, कोई हाहाकार, कोई गुस्सा लेकर भी पैदा हुए हैं। शायद ये युवा कवि खुद कवि के रूप में पैदा ही नहीं हुए हैं, सिर्फ पहले के और यहाँ-वहाँ के श्रेष्ठ कवियों की कलमें हैं।

### उदास करनेवाली बात :

देश की राजधानी में सिर्फ सत्ता की संस्कृति ही नहीं, विपक्ष की संस्कृति की झलक देखते रहना आम बात है। जबकि साहित्य की राजधानी में विपक्ष की संस्कृति तो दूर की बात है, सत्ता संस्कृति के विरोध में एक उँगली तक उठाने का साहस कोई नहीं करता है। बहुत उदास करनेवाली बात है।

मैं किसी भी प्रमोटी कवि या प्रमोटी कवयित्री या प्रमोटी आलोचक का नाम लेकर भले उसे सार्वजनिक रूप से अपमानित न करूँ, लेकिन हृदय से उसका रत्ती-भर भी सम्मान नहीं करता, चाहे उसे नामवर जी ने प्रमोट किया हो या केदार जी ने या अशोक जी ने!

जिन लेखकों को लगता है कि पुरस्कारों का अन्ध विरोध किया जा रहा है, उन्हें यह जरूर बताना चाहिए कि पुरस्कार क्यों जरूरी हैं और अब तक इनसे हिन्दी साहित्य का कितना भला हुआ है? सौ नहीं तो दो-चार फायदे तो जरूर ही बतायें। हाँ, यह भी बताना चाहिए कि इससे सिर्फ फायदा ही फायदा है, नुकसान कोई नहीं। क्या आज पुरस्कारों की लालसा ने लेखकों को बहुत नीचे नहीं गिरा दिया है? इससे हिन्दी में कितने मठ बन गये हैं और उनकी दिनरात कितनी पूजा हो रही है? लेखकों का शोषण किस-किस स्तर पर किया जा रहा है, सबसे बड़ी बात यही कि आखिर लेखक को पुरस्कार क्यों? फायदे और नुकसान पर बात करें, यह कहकर कुतर्क न करें कि पुरस्कारों का अन्ध विरोध किया जा रहा है। पहले आप अपने भीतर झाँक कर देखें कि आप पुरस्कार चाहनेवालों की पक्ति में हैं या नहीं? यदि हैं तो आप उसकी बुराई के बारे में ईमानदारी से बात कर सकते हैं?

## पुरस्कारखोर इसे न पढ़े

आज के साहित्यिक आकाश में ऐसे लेखकों की ही जरूरत है जो अपने समय का नन्हा ही सही सूर्य और चन्द्रमा बन सकें। अपने समय के साहित्य का सच निर्भय होकर कह सकें। अपनी ऊष्मा और अपने आलोक से अँधेरे की जंजीर को काट सकें। साहित्यिक दासता से अपने समय के विपन्न और भयभीत लेखकों को मुक्त करा सकें। सन्त कवियों ने जैसे साधारण जन को माया की ठगी से बचाने की कोशिश की वैसे ही हमारे समय के अति विरल इक्का-दुक्का 'सन्त साहित्यिक' पुरस्कार जैसी माया से खुद को और दूसरे लेखकों को बचाने की कोशिश कर सकें। उन्हें खबरदार कर सकें। सड़क पर लगे बोर्ड की तरह—आगे खड्डा है! नहीं तो लेखक या साहित्यकार नाम की संस्था तो मरेगी ही, हिन्दी साहित्य भी मर जायेगा।

लेखक का सबसे बड़ा पतन पुरस्कार लेना-देना है, गाली देना तो बहुत छोटी चीज है। पुरस्कार की पक्ति में रहनेवाले कवि या कवयित्रियाँ ही कह सकती हैं कि पुरस्कार लेना-देना लेखक का सबसे बड़ा पतन नहीं है। मुझे एक लाख गालियाँ देकर पुरस्कारों को खत्म कर दिया जाये तो अच्छा लगेगा। हिन्दी साहित्य में आज पुरस्कार से बड़ी गाली नहीं है।

## लेखक की आत्मा

हिन्दी में जो लेखक एक बार साहित्य के राजाओं की पालकी ढोने का काम कर लेता है, उसकी आत्मा मर जाती है। राजाओं की पालकी ढोनेवालों की भी पालकी ढोनेवाले हिन्दी में हैं, उनकी आत्मा ही नहीं उनकी आँख का पानी भी मर जाता है। चाहे इस शहर के लेखक हों या दूसरे शहरों के ऐसे लोग, साहित्य की अपसंस्कृति का विरोध कर ही नहीं पाते। राजाओं और छोटे राजाओं के सामने सिर उठाने की कल्पना ही नहीं कर सकते हैं, पुरस्कार एक सामन्ती प्रवृत्ति है, यह कहने का साहस भी उनके पास नहीं बचा है।

यह कहना भी, आज जोखिम मोल लेना है। लेखिकाएँ बहनें चाहती हैं कि हम राजनीति के भ्रष्टाचार में शामिल बहनों की आलोचना तो करें, साहित्य में नाम-इनाम के भ्रष्टाचार में शामिल बहनों की कोई आलोचना न करें। पुरस्कार के पक्ष में चुप रहना या चीख-चीख कर पुरस्कार लेने-देनेवालों की वकालत करना, पुरस्कार के कारोबार में शामिल रहना, यह सब साहित्य का भ्रष्टाचार है। नौकरियों में समयबद्ध प्रोन्नति की व्यवस्था होती है। साहित्य में पैदा होते ही कुछ लोगों को डबल प्रमोशन दे दिया जाता है। प्रमोटी अफसरों की तरह प्रमोटी कवियों और कवयित्रियों की फौज खड़ी करना साहित्य का फाँसीवाद है, जिसमें सभी कवियों को न्यायपूर्वक जीवन की आजादी नहीं है। साहित्य में लोकतन्त्र कहाँ है? राजा और छोटे दरबारी इनाम बाँटते हैं, प्रजा हाथ जोड़कर सिर झुकाये खड़ी रहती है।

## आलोचना के निस्तेज होने का समय है

पुरस्कारों से कुछ होना होता तो आज सबसे बड़ा पुरस्कार जिस कवि के पास है, आधुनिक हिन्दी कविता के सिर पर बैठे होते।

(कई बार यह तय करना मुश्किल हो जाता है कि पुरस्कारों के पक्ष में सिर झुकाकर खड़ा रहनेवाला हिन्दी का लेखक बेईमान है या अपनी बारी का इंतजार करता एक नम्बर का लालची या वज्र मूर्ख या डरपोक?

अपने शहर के लेखकों के बारे में सोचता हूँ तो पाता हूँ कि इस शहर की साहित्यिक दुनिया को तजकर कहीं और चले जाना चाहिए। इतनी जड़ता, इतना भय कहीं और नहीं। हालाँकि यहाँ रहकर भी उससे बाहर हूँ। यहाँ के आलोचक हों या बाहर के, उन्हें यह नहीं पता है कि कृति का मूल्य तय करना आलोचना का काम है, पुरस्कारों का नहीं। गिरोहबाजों ने पुरस्कारों के जरिये आलोचना को उसकी जगह से अपदस्थ करने की कोशिश की है। इस शहर के ही नहीं बाहर के आलोचक भी समझ नहीं पा रहे हैं कि यह पुरस्कार युग एक अर्थ में आलोचना के निस्तेज होने का भी समय है।)

नोट : उठो ईमानवालो, अब नहीं खोलोगो तो कब खोलोगे अपनी आँख, जब एकदम से मुँद जायेंगी?

जैसे टाफी चाहे मीठी चीजें देखते ही बच्चों के मुँह में पानी आ जाता है, भाभूअ पुरस्कार की इच्छा मात्र से तमाम नये बच्चों के मुँह में पानी आ जाता है। यह बहुत स्वाभाविक है। इस पुरस्कार का विरोध इसे पानेवाले बच्चों का विरोध नहीं है। इसे बनाए रखनेवालों और खासतौर से निर्णायकों का विरोध है कि वे इस तरह के काम बन्द क्यों नहीं करते हैं! इससे हिन्दी कविता का नुकसान हो रहा है। सच तो यह है कि हमारे समय के बुजुर्गों ने कविता को पुरस्कार की दासी बना दिया है। बूढ़ों ने जो किया, किया ही, बाद की पीढ़ी भी आज वही कर रही है।

**कविता का वायरस**

यह विषाणु हिन्दी की दुनिया से कब नष्ट होगा? किसी युवा कवि को कविता का चन्द टके का पुरस्कार मिलते ही सक्रिय हो जाता है और लोग पुरस्कृत कवि की कविताओं की चर्चा करने लगते हैं। काश, यह वायरस खत्म हो जाता और पुरस्कार मिलने से बहुत पहले हम उस कवि को पढ़ते, उसकी कविताओं की चर्चा करते। क्या हम मूलरूप से साहित्य के वज्र मूर्ख हैं और पुरस्कार देखने के बाद हमारी बुद्धि का कपाट खुलता है? हमें विचार नहीं करना चाहिए कि हम कविता को महत्त्व दे रहे हैं कि पुरस्कार को? हम इस खतरनाक वायरस के आदी हो चुके हैं, अफीम की तरह!

(निर्णायकों की अक्ल पर पत्थर पड़ा हुआ है, क्यों निर्णायक बनते हैं? किसी कवि को पैदा करने या रोशनी में लाने की ताकत होती तो क्यों नहीं खुद बड़े कवि बन जाते? औसत लेखकों द्वारा औसत लेखकों के लिए यह खेल कब तक चलेगा? शर्म नहीं आती, चयन समितियों के सदस्यों को! ये साहित्य के अपराधी हैं, वर्ष में एक कवि को निजी पसन्द के आध ार पर चुनकर शेष कवियों को अपमानित करने के दोषी हैं। एक कवि को चुनते ही क्यों हैं? एक साल में एक ही कविता सबसे अच्छी होगी वही होगी? पागल हो गये हैं क्या सब? कवि कोई चाँद-सूरज है कि एक ही होगा? किसी काल में सिर्फ एक ही कवि बहुत अच्छा होता है क्या? एक को नहीं चुनेंगे तो हिन्दी साहित्य हिन्द महासागर में डूब जायेगा क्या?)

नोट : जाहिर है कुछ दिन बाद उस पुरस्कार का नशा उतर जाता है और वह कवि हमारे लिये पहले की तरह अदेख स्थिति में पहुँच जाता है।

**शास्त्रार्थ या बदलाव**

लिखने की वजह जरूरी है। हम क्या और क्यों लिखें। किस कृति पर लिखें और उस पर क्यों लिखें, दूसरे पर क्यों नहीं? जरूरी यह भी है कि हम अपने समय में जिन लेखकों के साथ रहते हैं, यह स्पष्ट होना चाहिए कि उनके साथ क्यों होते हैं? हमारा उद्देश्य छिपा हुआ नहीं होना चाहिए। शास्त्रियों के मन बहलाव के लिए शास्त्रार्थ तक होना चाहिए? नाम-इनाम तक सीमित होना चाहिए? या किसी तरह के बदलाव के लिए?

नोट : कई बार हम औसत रचनाओं पर भी बहुत असाधारण ढंग से किसी बिना ईमानवाले साहित्यिक से लम्बी बहस में उलझ जाते हैं। बेमतलब। जो जिद पर अड़ा हो, किसी के तर्क कैसे समझेगा? शायद युवाओं में बहुत ऊर्जा होती है!

**जैसे हिन्दी में बमपुलिस मुक्तिबोध ने बनाया है :**

सोचता हूँ कि अब यहाँ कुछ नहीं कहूँगा, लेकिन सहसा कुछ दुःखी कर जाता है। मैं देख रहा हूँ कि कुछ मित्र नहीं रहे मुक्तिबोध को आज हिन्दी के सबसे भ्रष्ट लेखक के रूप में अहर्निश देख रहे हैं। जैसे मुक्तिबोध ने पाँच सौ के पुरस्कार से लेकर लाखों तक के रोजगार के लिए एक लाख पचहत्तर बार नाक रगड़ा। जैसे मुक्तिबोध ने अपने जीवनकाल में पचास हजार किताबों का लोकार्पण किया और एक लाख चार सौ बीस कवि नहीं, भत्ता, झण्डा लेकर चलनेवाले, परिक्रमा करनेवाले पैदा किया। जैसे हिन्दी में सबसे अनैतिक मुक्तिबोध ही थे। जैसे आज के मठाधीश और उपमठाधीश दूध के धुले हैं, देवता हैं, इनके पूजा और इनका धन्धा सब ऐसे ही चलते रहना चाहिए। जैसे इनके खिलाफ जोरदार लड़ाई की जरूरत नहीं है, बस मुक्तिबोध के पुतले में मिनट-मिनट पर आग लगाते रहना जरूरी है। जैसे हिन्दी में बमपुलिस मुक्तिबोध ने बनाया है। यही आज हिन्दी की सच्ची बहादुरी है।

जिन मित्रों को यह पता है कि बड़ी कविता में क्या-क्या होना चाहिए, जो मुक्तिबोध में नहीं हैं, उन्हें खुद एक अविस्मरणीय कविता लिखकर दिखाना चाहिए। जैसे अचार को लम्बे समय तक रखने के लिए मर्तबान में बहुत कुछ डालना पड़ता है, उसी तरह कविता में सबल कथ्य के अलावा कुछ चीजों की जरूरत होती हैं, जो उसे लम्बा जीवन देती हैं। हर कवि के अँगूठे का निशान अलग होता है, यह नहीं भूलना चाहिए। हद है कि कुछ मित्र मुक्तिबोध की कविताओं में अस्सी के बाद पैदा हुए विमर्श ढूँढ़ रहे हैं। मुक्तिबोध जिस बड़े बदलाव का स्वप्न देखते हैं, वह है क्या?

नोट : 1. कृपया इतनी बुद्धिमानी न करेंगे कि कविता को अभिधा में अचार समझ लें। 2. हर कवि की अपनी छाप है। किसी कवि की कविता किसी अन्य कवि के लिए चुनौती बन सकती है। त्रिलोचन की "चम्पा काले-काले अच्छर नहीं चीन्हती" कभी मेरे सामने चुनौती बन गयी थी, जवाब में "इतनी अच्छी क्यों हो चन्दा" कविता लिखी। इसका मतलब यह नहीं कि मेरे लिये मुक्तिबोध, त्रिलोचन से बड़े कवि नहीं हैं।

**अकादमी पानेवाले भी नासमझी करते हैं**

जब कोई बना-बनाया फार्मूला हो तो कविता लिखना बहुत आसान है। जैसे मार्क्सवाद का फार्मूला। हजारों कवि इस तरह की कविताएँ धुँआधार लिख रहे हैं। कथा-फार्मूला या काव्य-फार्मूले के आधार पर लिखी गयी बहुत कम रचनाएँ हमारी याद में रह जाती है। हद तो यह है कि अकादमी पानेवाले भी ऐसी नासमझी करते पाये जाते हैं। खुशामदी और संगठन से जुड़े लोग अलबत्ता आँख मूँद कर तारीफ करते हैं। असल में ऐसे कवि कथित अपने लोगों से डरे हुए कवि हैं और कविता के सगे-सम्बन्धियों के साथ रह नहीं सकते हैं। ऐसा नहीं कि वे अच्छी और यादगार कविताएँ लिख नहीं सकते। बस, उस डर का कुछ नहीं कर सकते हैं।

साहित्य में सकारात्मक करने का मतलब साहित्य की गन्दगी या साहित्य की सत्ता का भ्रष्टाचार दिखे तो आँख मूँद लेना है? फिर आप ऐसी ही सकारात्मक दृष्टि से राजनीति और धर्म वगैरह के परिसर को क्यों नहीं देखते? साहित्य में भी अपना पक्ष चुनना और बताना पड़ेगा। वैसे यह छिपी रहने वाली चीज नहीं है। सब जान जाते हैं।

कवि-आलोचक और पूर्णकालिक आलोचक में एक फर्क यह है कि पूर्णकालिक आलोचक के पास आयी हुई किताबों को पढ़ने के लिए ज्यादा वक्त मिलता है, जबकि कवि-आलोचक को एक समय में आलोचना में काम करना होता है तो दूसरे समय में रचना में केन्द्रित होना पड़ता है। इसलिए मित्रो को इस मुश्किल को समझते हुए माफ करते रहना चाहिए। कुछ आलोचक इतने योग्य होते हैं कि सिर्फ ब्लर्ब ऊपर-ऊपर से देखकर छोटी-सी टिप्पणी लिख देते हैं। इस चतुराई की कोई दुकान होती तो एक छटाँक मैं भी ले आता।

मेरा यह मानना गलत भी हो सकता है कि वंचितों की पीड़ा का भी बाजार है। भारतीय भाषाओं में कम लेकिन अन्तरराष्ट्रीय भाषा अंग्रेजी में लिखकर बहुत ज्यादा कमाया और यश बढ़ाया जा सकता है। इतना ही नहीं, वंचितों का मसीहा के रूप में आदर अलग से पाया जा सकता है। हिन्दी की टूटी-फूटी नौका का खेवनहार होने की बड़ाई अलग से मिलेगी।

नोट : क्या यह भारतीय भाषाओं के निस्तेज होने का समय है?

युवराज, किसी को खारिज करने
या उसके अधिकार से वंचित करने के दर्द को तुम क्या जानोगे?
छोटे बड़ों को खारिज नहीं करते हैं, बड़ों से विद्रोह करते हैं।
वे विद्रोह क्यों करते हैं,
विद्रोह के लिए अहंकार की जरूरत होती है या साहस की
तुम नहीं समझोगे युवराज, तुम्हें तो सत्ता का सुख राजा ने
योग्यता पर नहीं, पितृभक्ति पर दिया है।
राजा जब अपने पुत्र या प्रिय को साहित्य के राज्य का सिंहासन सौंपता है

तो राज्य के बाकी युवाओं की प्रतिभा और ताकत को खारिज करता है।

हद है!

भारत की समस्याओं के बारे में लेखन के लिए प्रेमचन्द उर्दू से हिन्दी में आ सकते हैं और आप अंग्रेजी से भारतीय भाषाओं में नहीं आ सकती हैं? हद है! अन्तरराष्ट्रीय ख्याति भी चाहिए और भारत की चिन्ता का ठेका भी!

नोट : हिन्दी में कई लेखक हैं, जिन्होंने अंग्रेजी की जगह हिन्दी में काम किया है। भारत की दूसरी भाषाओं में भी उदाहरण होंगे।

आलोचना में अपनी कमजोरियों को छिपाने के लिए बौद्धिकता का प्रदर्शन के नाम पर बाहर की कबूतरबाजी और कतरनबाजी हद दर्जे की बेवकूफी है। असल चीज है, अपने समय और परिवेश की रचना की समझ। आलोचक के अध्ययन का मतलब अपने अंगरखे पर उल्टी नहीं, बल्कि तीक्ष्ण अन्वीक्षण बुद्धि और मर्मग्राहिणी प्रज्ञा को अधिक उन्नत करना है।

(आलोचना के नाम पर एक मार्क्सवादी का सर्कस देखकर दुःख हुआ। बौद्धिक बनने का बहुत ही शौक है तो नकलची क्यों बनते हो? साहित्य में खुद कुछ ऐसा सोचो कि बाहरवाले तुम्हारी एक पक्ति ही सही, उद्धृत करें।)

आजादी की लड़ाई में योगदान करनेवाले लेखक नाम-इनाम चाहनेवाले थे? आज बड़े बदलाव की लड़ाई नाम-इनाम के लिए नाक रगड़नेवाले लेखक लड़ेंगे? ये बुकर लेनेवाले ज्ञानपीठ लेनेवाले, व्यास लेनेवाले, अकादमी लेनेवाले और दूसरे तमाम छोटे-मोटे इनाम लेनेवाले देश में बड़ा बदलाव लायेंगे?

**प्रसंगवश**

सभी गुरुओं का सम्मान करता हूँ। उन गुरुओं का भी गुरु के रूप में हृदय से सम्मान करता हूँ, जिन्होंने मुझे मरने के लिए हिन्दी के कूड़ेदान में फेंक दिया था। मैं अकिंचन, इस जीवन में कभी ऋषिऋण से मुक्त नहीं हो पाऊँगा।

*कुछ लोग*
*स्वाभाविक रूप से प्रगतिशील होते हैं,*
*कुछ लोग प्रयत्नपूर्वक प्रगतिशील दिखते हैं।*
*आजकल दूसरेवाले बहुत ज्यादा हैं।*
*बुरा समय है,*
*अचार का ही नहीं, विचार का भी धन्धा है।*

जनसंघर्षों में शामिल लोग बहुत बड़े होते हैं, लाभ-लोभ और नाम-इनाम से मुक्त। आजकल ऐसे लोग बहुत कम मिलते हैं, जिनके साथ जुड़कर अच्छा लगे। हिन्दी में यहाँ काम करनेवाला कोई भी साथी नाम-इनाम से मुक्त नहीं दिखता है। जिसे देखिये मंच

माइक माला, अखबार में नाम और फोटो देखने के लिए विकल है। ऐसे में कई बार कुछ लोग बिल्कुल अकेले भी हो जाते हैं। चरम पर पहुँचकर विक्षिप्त भी हो सकते हैं। कुछ लोग तो चरम पर पहुँचकर विक्षिप्त होने का इन्तजार भी करते हैं।

नोट : यश और पुरस्कार के रास्ते पर चलते हुए जनसंघर्षों की बात करना या उसमें शामिल होना बताना सिर्फ एक दिखावा है, छल है।

*आलोचना की बड़ी समस्या*
*लेख लिखने के लिए लेख लिखना है।*
*लिखने की वजह जरूरी है।*
*यह कोई बेईमान आलोचक ही कह सकता है*
*कि आलोचना की आलोचना बुरा काम है।*

## खुशी की सीढ़ी

साहित्य में भी बड़े लेखकों को खुश करने की सीढ़ी है। पहले स्थानीय एजेण्ट को पकड़िये, उसे पूरी तरह कई बार खुश कीजिये। फिर वह किसी दिन अपने से बड़े से कहेगा कि अमुक अच्छा लिखता है। फिर उसको भी खुश कीजिये। उसकी मित्र मण्डली को खुश कीजिये। उसके बाद कहीं बड़े लेखक मतलब बड़े कवि या आलोचक के कान में धीरे से रसरंजन की तरंग में बताया जायेगा कि अमुक अच्छा लिखता है। भले ही आपका अच्छा लिखा हुआ, उस तक कभी न पहुँचा हो। आपको लोकार्पण की तारीख मिल जाएगी। टीवी के कार्यक्रम में चर्चा हो जायेगी। बड़ी पत्रिका का सम्पादक आँख मारेगा, रचना छप जायेगी। कुछ बेचारे इतने अभागे होते हैं कि खुश करने की पहली सीढ़ी ही कभी चढ़ नहीं पाते। साहित्य में लिखकर बड़े लेखकों को खुश करने की कोई सीढ़ी नहीं होती है। उतना ही सच यह भी है कि कुछ लेखक खुशी की सीढ़ी से दूर रहकर अपना काम ठीक से कर रहे हैं।

## जुनूनी आलोचक चाहिए

जैसे अलग-अलग जगहों पर लावारिस लाशों का अन्तिम संस्कार करनेवाले कुछ जुनूनी लोग होते हैं, आज की हिन्दी आलोचना में भी ऐसे जुनूनी युवा आलोचकों की जरूरत महसूस करता हूँ, जो कम-से-कम एक लाख अदेख किताबों की पुस्तक-समीक्षा लिखें। लम्बी नहीं, छोटी लिखें। पत्रिकाएँ छापें तो ठीक, नहीं तो उनसे बड़ा मंच यहाँ है। ब्लाग बनायें, दूसरे ब्लागों में दे, पोस्ट करें। तय कर लें कि यह काम करना है। निश्चय ही यह काम बड़ा होगा। पहले मैं भी पुस्तक-समीक्षा की धन्धई की वजह से खराब काम समझता था, अब उस धन्धई के खिलाफ विकल्प चाहता हूँ। किसी की एक किताब की बीस रिव्यू और किसी की एक भी नहीं, इसके खिलाफ गुस्सा जरूरी है। आओ, जुनूनी आलोचको!

नोट : ऐसे भी लेखक हैं, जिनकी कई किताबों की समीक्षा इसलिए नहीं छपी कि उन्होंने अपनी किताबें आलोचकों को भेजकर रिव्यू के लिए कहा ही नहीं। यह है, हमारे समय की पुस्तक-समीक्षा का सच।

*न तो सभी कविताएँ एक जैसी होती हैं, न सभी कवि।*
*दूसरे कवि में कोई चीज कम या ज्यादा या नयी हो सकती है,*
*पर हम कवि को मजबूर नहीं कर सकते कि वह*
*अपने समय के प्रचलित मुहावरे में ही कविता करे।*

दिल्ली का और दिल्लीमुखी लेखक सोचता है कि उसने कागज पर लिख दिया और संगोष्ठी में बोल दिया तो उसका काम खत्म। अरे भाई, जिन्दगी में कौन लिखेगा और बोलेगा? उदाहरण पढ़ने और सुननेवाला क्यों बनेगा, आप क्यों नहीं? बन्द कीजिये, दूसरों से कहने का नाटक।

हमारे समय के हिन्दी के एक कवि के लिए किस तरह की कविता लिखने में ज्यादा जोखिम रहा है और कवियों को नुकसान क्या हुआ? कोई मुश्किल आयी भी या नहीं?

1. राजनीतिक सत्ता के विरोध में,
2. सामाजिक और धार्मिक सत्ता के विरोध में,
3-. साहित्यिक सत्ता के विरोध में.

*अच्छा किया कि इस शहर में*
*कभी एकल कविता पाठ नहीं किया।*
*अब तो कोई सवाल ही नहीं पैदा होता है।*
*डरे हुए लेखकों को कविता नहीं,*
*हनुमान चालीसा सुनाने की जरूरत होती है।*

साहित्य में
कलावाद का विरोध
सौ फीसद समझदारी का काम है,
लेकिन कला का सिरे से विरोध हद दर्जे की बेवकूफी है।

जब आप जली हुई रोटी खाना पसन्द नहीं करते हैं, फटा हुआ अँगरखा पहनना पसन्द नहीं करते हैं, नकली दवाई खाना पसन्द नहीं करते हैं, जब आप पानी मिला दूध पीना पसन्द नहीं करते हैं, जब आप अपने बालों में कंघा कई बार घुमाने के बाद आईने के सामने से हटते हैं, तो पान की तरह एक बार मुँह में घुमाकर थूक देने को कविता क्यों कहते हैं? कलावाद के विरोध का मतलब कलाहीन कविता है? आपकी कविता में दाल में चुटकी-भर नमक जितनी कला नहीं तो फिर वह कविता कैसे हुई? फबिता क्यों नहीं? सच तो यह कि जिन्हें कविता लिखना आता है, वह कोई छूट नहीं चाहता है। जिसे लिखना नहीं आता है, वह कविता ही क्यों लिखें, लेख क्यों नहीं? वैसे कविता लिखना बहुत मुश्किल नहीं है।

नहीं-नहीं, नाम-इनाम के लिए जहाँ-तहाँ नाक रगड़ने और हजार तिकड़म करनेवाले भ्रष्ट लेखकों-कलाकारों की नैतिक ताकत इन टुटपुंजिया राजनीतिकों से ज्यादा नहीं होती है। आज के टुटपुंजिये लेखक प्रेमचन्द हैं कि इनामचन्द? उनके राजनीतिकों का विरोध करने में कोई जोखिम नहीं है, मामूली बात है, साहित्य अकादमियों और लेखक संघों के पदाधिकारियों, आलोचकों और सम्पादकों वगैरह के सामने इन लेखकों की घिग्घी बँध जाती है। आजादी की लड़ाई के दिनों में लेखकों के पास जो नैतिकबल और चरित्र था, आज उसका हजारवाँ हिस्सा भी है? आज राजनीति से ज्यादा गन्दगी साहित्य में है।

कुछ दिनों पहले संघ से जुड़े एक सज्जन ने पूछा था कि संघ के स्वयं सेवक पुरस्कार के लिए कोई काम नहीं करते हैं, आपके लेखक संघों से जुड़े लोग पुरस्कार के लिए क्यों काम करते हैं? उस वक्त मैंने सिर्फ इतना कहा था कि अभी जल्दी है, बाद में बात करेंगे। इस मुद्दे पर भला कभी कोई बात की जा सकती है? हरगिज नहीं

जिन चे ग्वेरा की फोटो क्रान्तिकारी विचारों से जुड़े हिन्दी के लेखक अपने कमरे में लगाते हैं, उन्हें कुल कितने पुरस्कार मिले होंगे? एक-दो, दस-बीस?

(मेरी समझ से दोनों काम एक साथ नहीं किया जा सकता है। पुरस्कार के लिए नाक भी रगड़ें और बड़े बदलाव के लिए ऊँची-ऊँची बात भी करें!)

नोट : क्या हिन्दी के लेखकों ने अपनी विश्वसनीयता खो नहीं दी है?

हताशा के आकाश में
फिर से आशा का पूरा चाँद खिलता है।

## कार्लमार्क्स को कुल कितने पुरस्कार मिले

हिन्दी के भ्रष्ट मार्क्सवादी लेखकों को ध्यान में रखकर जानकारी के लिए जब एक वरिष्ठ आलोचक मित्र से यह सवाल किया कि कार्लमार्क्स को कुल कितने पुरस्कार मिले? तो उन्होंने जवाब में कहा– "बन्धुवर, जानकारी तो मिल जाएगी लेकिन हिन्दी की जिस जमात के सन्दर्भ में यह जानकारी आप चाह रहे हैं वे मार्क्सवाद का केवल इस्तेमाल करते हैं, उन्हें मार्क्सवाद या क्रान्ति से कुछ लेना-देना नहीं है। उनके जैसों के लिए अंग्रेजी शब्द "लुम्पन" अधिक सटीक है जिसका हिन्दी समानार्थी लम्पट होता है जो कोई सार्वजनिक प्रयोग के लिए उचित शब्द नहीं। मैं फिलहाल बाहर हूँ इसलिए जीवनियों से नहीं खोज सकता। लेकिन जिस तरह मार्क्स की जीवन पर्यन्त चिन्ता सर्वहारा के लिए रही इसलिए सत्ताओं और संस्थानों से पुरस्कार पाने का सवाल ही क्यों। फिर भी तथ्यपरक जानकारी खोजने की कोशिश करता हूँ।"

लेखको
देश को बचाना है
तो पुरस्कारों की होली
खेलिये नहीं, जलाइए!

## ध्यान से देखिये इस कवि को

पाँच दिनों के बाद आज लौटा हूँ लिखने की मेज से नील कमल का संग्रह उठाकर अभी छुआभर है और चकित हूँ। शुरू की दो कविताएँ और बीच में जरा-सा ऊपर-ऊपर देखा है। कविता पर कहूँगा इत्मीनान से, पर इतना तो फौरन कहता हूँ कि जितनी उम्मीद करता रहा हूँ, उससे अधिक हैं इस संग्रह की कविताएँ। अपने भरोसे को सराहूँ कि इस नील को, जिसने मेरे भरोसे को और पुष्ट किया है। प्राणिविज्ञान के परिसर से हिन्दी की दुनिया में आये इस युवा कवि—जिसकी कविताएँ सामान्य युवा कवियों जैसी नहीं हैं—की कविता की भाषा आज के बहुत से एम.ए. पीएच.डी. (हिन्दी) कवियों से अधिक अच्छी हैं। भाषा ही नहीं, पूराविन्यास, कहें कि कविता का आन्तरिक अनुशासन पाठक को अपनी शक्ति से वश में कर लेता है। संग्रह पढ़ूँगा, पूरा और पूरे इत्मीनान के साथ ...कविताओं के बारे में तनिक रुक कर...अभी "यह पेड़ों के कपड़े बदलने का समय है।" इस संग्रह के बहाने कह सकते हैं दरअसल "यह हमारे समय की युवाकविता के कपड़े बदलने का समय है"। फिलहाल इस संग्रह की एक छोटी कविता— "माचिस"

मेरे पास एक
माचिस की डिबिया है
माचिस की डिबिया में कविता नहीं है
माचिस की डिबिया में तीलियाँ हैं
माचिस की तीलियों में कविता नहीं है
तीलियों की नोंक पर है रत्ती-भर बारूद
रत्ती-भर बारूद में भी कहीं नहीं है कविता
आप तो जानते ही हैं कि बारूद की जुड़वाँ पट्टियाँ
माचिस की डिबिया के दाहिने—बायें सोयी हुई हैं गहरी नींद में
ध्यान से देखिये इस माचिस की डिबिया को
एक बारूद जगाता है दूसरे बारूद को कितने प्यार से
इस प्यारवाली रगड़ में हैं कविता।

## नाचने-गाने का प्रोग्राम क्यों नहीं करते

लिखते रहो ऐसे ही धुआँधार! साहित्य के परिसर में कोई दुःख नहीं, कोई चिन्ता नहीं, किसी की हत्या हुई ही नहीं, कोई लूट कोई दुष्कर्म नहीं, कोई जुर्म नहीं। रामराज्य कहीं है, तो बस साहित्य के इसी दौर में। देखिये न ये कितनी सुन्दर, कितनी गम्भीर, कविताएँ, कहानियाँ, आलोचना लिख रहे हैं, कितना ज्ञान रोज उँड़ेल रहे हैं। कैसे इनकी जुबान से मार्क्सवाद और साहित्यशास्त्र झर-झर-झर झरने की तरह फूट रहा है! उफ! साहित्य की सत्ता से बुरी तरह भयभीत ये लेखक, साहित्य की सत्ताओं का तीव्र विरोध करनेवाले लेखक से पचास से भी ज्यादा कोस की दूरी पर खड़े होते हैं। हे भयभीत लेखक, जब आप इतना डरते हैं, तो नाचने—गाने का प्रोग्राम क्यों नहीं करते? उसमें कोई डर नहीं, शोहरत और पैसा, दोनों खूब है।

नोट : हिन्दी के तमाम लेखक नाम तो प्रेमचन्द का लेते हैं, लेकिन जिन्दगी इनामचन्द की जीते हैं!

कुछ ही लेखक होते हैं,
जो मंच माइक माला से दूर
अपने वक्त की गुमनामी में जीना ज्यादा पसन्द करते हैं।

जाहिर है, हम जिन्हें पसन्द नहीं करते, उनके साथ मंच साझा करना एक सजा है।

एक लेखक ने कहा है –"हिन्दुओं से ज़रा भी नफरत नहीं, मैं उनसे प्यार करता हूँ, सिर्फ संघी हिन्दुओं से नफरत करता हूँ, वे हिन्दू धर्म के माथे पर कलंक का टीका हैं।"

यह ठीक वैसे ही है, जैसे मैं कहूँ कि हिन्दी के लेखकों से जरा भी नफरत नहीं करता हूँ, मैं उनसे प्यार करता हूँ। सिर्फ साहित्य अकादमी समेत सभी बड़ी संस्थाओं का संडास साफ करनेवाले लेखकों से नफरत करता हूँ, वे हिन्दी साहित्य के माथे पर कलंक का टीका हैं।

नोट : आशय यह कि हमें आलोचना या विरोध करने का हक है, नफरत करने का नहीं। बताइये भला, एक लेखक नाम-इनाम के लिए पाखाना भी खा ले तो ठीक है और एक साधारण आदमी संघ से जुड़ जाये तो आप उसे धरती पर देखना नहीं पसन्द करेंगे! आज लेखक साहित्य से न खुद कुछ सीखता है, न किसी को सिखाने के लिए कोई आदर्श उपस्थित करता है।

अब जरूरी है कि हम पाठ्यक्रम में भी और पाठ्यक्रम से बाहर भी ऐसी कविताओं को महत्त्व दें, जिन्हें पढ़ने के लिए शब्दकोश और साहित्यकोश का सहारा न लेना पड़े। नये और बड़े पाठकवर्ग के निर्माण के लिए यह करना ही होगा।

**हिन्दी के लेखक एक नम्बर के बेईमान हैं**

हिन्दी के लेखक एक नम्बर के बेईमान हैं। हैं कि नहीं हैं? प्रधानमन्त्री या मुख्यमन्त्री के पद पर कौन है, कौन हो और कौन-कौन न हो, इसकी चिन्ता में दिनरात दुबले होते हैं। दुबले होने का क्रम ऐसे ही रहा तो एक दिन अदृश्य हो जायेंगे। आखिर ये साहित्य अकादमी के अध्यक्ष, ज्ञानपीठ, भारतीय भाषा परिषद् आदि के निदेशक या अध्यक्ष के पद पर कौन है, कौन हो और कौन-कौन न हो की चिन्ता क्यों नहीं करते हैं? बेईमान हैं कि नहीं हैं? मैं तो जानता ही हूँ कि ये बेईमान हैं, तभी कह रहा हूँ। बेईमान ही नहीं, डरपोक भी हैं। प्रधानमन्त्री और मुख्यमन्त्री के विरोध में कोई नुकसान नहीं है, साहित्य अकादमी के अध्यक्ष का विरोध इस डर से नहीं करते हैं कि आयोजनों में बुलाये नहीं जायेंगे, मोनोग्राफ लिखने को नहीं मिलेगा और अकादमी पुरस्कार से वंचित हो जायेंगे।

*कितनी खराब है जनता,*
*लेखकों की बात मानती ही नहीं;*

*इसे बदल दो! जल्दी करो लेखको।*

नोट : क्या पता, जनता लेखकों को ही बदल दे!

## लोकसाहित्य की मुश्किल

हिन्दी साहित्य और लोक साहित्य, दोनों के लिए बुरा समय है। जाहिर है कि अच्छाई के लिए बुराई से बात शुरू कर रहा हूँ। यह समय साहित्य में सबसे ज्यादा किताबें छपने का समय है, लेकिन सबसे ज्यादा पढ़ा जानेवाला समय नहीं है। आज लेखक बहुत हैं, लेकिन एक भी लेखक नहीं हैं जो समाज के सामने आदर्श उपस्थित करता हो। जैसा आदर्श भक्तिकाल के और स्वाधीनता-संग्राम के दौरान लेखकों ने उपस्थित किया। दरअसल आज लेखक की प्राथमिकताएँ दूसरी हैं, उद्देश्य दूसरा है। आध्यात्मिक, सामाजिक, राजनीतिक मुक्ति की जगह लेखक के लिए नाम-इनाम की गुलामी मंजूर है। इसलिए आज का लेखक पाठक से कटा हुआ है। शुद्ध पाठक का टोटा है। लोक साहित्य, हमारे समय के साहित्य की बुराई से तो बचा हुआ है, लेकिन उसके सामने संकट दूसरा है। लोक साहित्य लोक के विशाल मन और चरित्र की थाती है। लोक साहित्य, लोक के सौन्दर्यबोध और जीवनीशक्ति का अक्षयकोष है। लोक साहित्य के रचयिताओं ने उसे नाम-इनाम के लिए नहीं रचा है, उसे रोशनाई से नहीं, पसीने और आँसुओं से रचा है, उसे कलम से नहीं, दिल की धड़कन से रचा है। लिखा नहीं है, आत्मा के कण्ठ से गाया है। वह श्रेष्ठगान आज मुश्किल में है। बाजारू गवैये द्विअर्थी लोकगीतों से लोक साहित्य को नुकसान पहुँचा रहे हैं तो संचारमाध्यम लोक को एक ऐसी चकाचौंध भरी रंगीन दुनिया का गुलाम बना दे रहे हैं कि वह अपनी पहचान, अपनी ताकत, अपनी प्रेरणा की जमीन लोक साहित्य को भूलता जा रहा है। संस्कारों से जुड़े पारम्परिक लोकगीतों की जगह फिल्मों की धुनों पर आधारित हल्के-फुल्के गीतनुमा लोकगीत ले रहे हैं। मुश्किल यह कि उच्चशिक्षा संस्थान जब साहित्य की विरासत को सँभाल नहीं पा रहे हैं, तो लोक साहित्य की विरासत क्या सँभालेंगे? देशभर के उच्चशिक्षा संस्थान प्रतिभाओं के लिए कब्रगाह बन चुके हैं। किसी भी आयोजन को देख लीजिये, कूड़ा-करकट दृश्य पर मौजूद मिलेंगे। आज कौन-सा ऐसा मंच नहीं है, जहाँ अपात्रों का जमावड़ा नहीं है। हमारे आसपास, कहाँ नहीं हैं ऐसे लोग। क्या लोक साहित्य और क्या साहित्य, आज सब एक धन्धे में बदल जाने के लिए अभिशप्त हैं। आज कोई कबीर के नाम पर धन्धा कर रहा है तो कोई निराला और मुक्तिबोध के नाम पर तो कोई प्रेमचन्द के नाम पर। कहीं भी देख लीजिये। ऐसे ही धन्धेबाजों का समय है। हिन्दी ही नहीं, उसकी बोलियों में आज जो लिखा जा रहा है, उसे देख लीजिए। भोजपुरी के लोक साहित्य को देखिये और आज के भोजपुरी लेखन को देखिये। भोजपुरी लोक साहित्य में जो बात है, रचयिता की आत्मा का जो संगीत, उसके जीवन और उसकी मिट्टी की जो खुशबू है, उसके सरोकार और संघर्ष की जो बेचैनी है, आज के भोजपुरी लेखकों में क्यों नहीं हैं? आज के भोजपुरी लेखकों की स्थिति तो और भी दयनीय है, ये खुदमुख्तार नहीं हैं, हिन्दी के आचार्यों और लेखकों के पीछे-पीछे भागते हैं। दूसरे दर्जे का नागरिक खुशी-खुशी बनते हैं। कड़वी बात कह रहा हूँ तो भोजपुरी

की भलाई के लिए। लोक साहित्य की भलाई भी इसी बात में है कि वह विश्वविद्यालयों की जेल में तनहाई की कारा से निकलकर फिर से लोक में प्रतिष्ठित हो। लोक के कण्ठ का हार बने, लोक में बाँसुरी और नक्कारे की तरह बजे। फिर से सावन में जगह-जगह तलवार की झंकार के साथ आल्हा के बोल गूँजें। संगोष्ठियों में आनेवाले विद्वान भले भी हो सकते हैं, भ्रष्ट भी हो सकते हैं। जरूरी है कि भले लोग आगे आयें, उन्हें आगे लायें, उनकी बातों को महत्त्व मिले, उन्हें सुनें। कोई अच्छी बात पैदा हो, साहित्य और लोक साहित्य के लिए।

किसी पत्रिका का
आजीवन सम्पादक होना भी नहीं चाहिए।
कोई भी पत्रिका हो। एक सम्पादक को
कुछ कर गुजरने के लिए दस-पाँच साल काफी हैं।
खराब सम्पादक सौ साल में भी कुछ खास नहीं कर पायेगा।

आरएसएस के विचारकों को

विचार करना चाहिए कि हिन्दी के लेखक उनके साथ क्यों नहीं हैं?

लेखक नहीं! क्या संघ को पता है कि जो उनके साथ हैं, वे हिन्दी के कबाड़ मास्टर हैं,

हिन्दी के भ्रष्ट लेखकों का स्पष्ट मत होता है– फाँसीवाद खराब है, पुरस्कारवाद अच्छा। वे अपनी हजार दुर्बलताओं को छिपाने के लिए बात-बात पर फासीवाद का विरोध करते हैं। जाहिर है, इनमें ज्यादातर पुरस्कृत या पुरस्कारोन्मुख होते हैं। मेरी दृष्टि में फासीवाद देश के लिए जितना नुकसानदेह है, पुरस्कारवाद उससे ज्यादा साहित्य के लिए नुकसानदेह है। एक लेखक के रूप में विरोध कीजिए तो दोनों का कीजिए।

नोट : यह समझाने की जरूरत नहीं है कि फासीवाद में क्रूरता हैं, पुरस्कारवाद में नहीं। दोनों में हैं।

**चालीस किताबों वाले आलोचक**

आज के शीर्ष आलोचक की बात छोड़िये, खुद रामचन्द्र शुक्ल ने भी चालीस किताबें नहीं लिखी हैं। एक आलोचक की प्रोफाइल पर अचानक नजर पड़ गयी, उन्होंने परिचय में अपनी चालीस किताबों का जिक्र किया है। एक और आलोचक ने ऐसा ही जिक्र कभी किया था, जिसका जिक्र "आलोचना का सच" किताब में है।

हद है भाई चालीस किताबोंवाले आलोचक, आपका लिखा दो पेज भी पठनीय क्यों नहीं होता है? ऐसे आलोचकों को यह पता क्यों नहीं है कि आलोचना को रचना की तरह होना चाहिए। बुजुर्गों से कुछ सीखना चाहिए था। अपने समकालीनों को देखना चाहिए था कि आलोचना का आशय सिर्फ ठस विमर्श केन्द्रित शोध-सन्दर्भ या पाठ्य पुस्तक या प्रकाशक की माँग पर केन्द्रित लेखन नहीं है। मेरी बात छोड़िये, गोपेश्वर जी हरियाणा के नजदीक हैं, उन्हीं से क्यों नहीं पूछ लेते अच्छी आलोचना की शर्तें। वे यह भी बता

देंगे कि मेघ जी के रास्ते से बेहतर शिवकुमार जी का रास्ता है। विमर्श पर किताब पर किताब लिखने से जरूरी है रचना पर कहिये कम कहिये और साफ-साफ कहिये और कहे के नीचे अँगूठे का निशान लगायें। सब जान तो जायें कि सब आपका अपना है।

नोट : छोटे सुकुल कल से, खुद सूरजकुण्ड के एक रिसोर्ट में हैं। उनका कहना है कि बड़े सुकुल जी ने उन्हें कान में फोन से बताया है कि चालीस किताबोंवाले आलोचक उनसे भी ज्यादा अमर होंगे और उनसे भी ऊपर वाले स्वर्ग में जाएँगे। कृपया इस व्यंग्य में आलोचना की दुर्दशा से उपजी पीड़ा पर गौर करेंगे।

पुरुष का स्वभाव है कि वह जिस स्त्री को पसन्द करता है, उसे खुश करने के लिए तरह–तरह के उपक्रम करता है। किसी महिला मित्र के नाम से कविता लिखना भी ऐसा ही एक उपक्रम है। कई प्रतिभाशाली पुरुषों ने स्त्रियों के नाम से कविताएँ लिखी हैं। कई सुकवियों ने कम प्रतिभाशाली कवयित्रियों की कविताओं को दुरुस्त किया है, करीब-करीब पूरा फिर से लिखा है। अलबत्ता यह सुनने में या देखने में कभी नहीं आया कि कवयित्रियों ने पुरुषों के नाम से कविताएँ लिखी हों। इसे बेशक साहित्यिक अपराध के रूप में ले, लेकिन इसमें शुद्ध रूप से मानवीय स्वभाव की कमजोरियाँ हैं। कोई यह कहता है कि ऐसा कुछ होता ही नहीं, तो शायदा उसे पता नहीं है या जान-बूझकर आँख मूँद रहा है। कई बार उस्तादों ने अपने शागिर्द की रचना ठीक करते वक्त पूरा बदल दिया है। किस उद्देश्य से यह सब किया गया, यह जानना भी जरूरी है। सिखाने के लिए या अनुचित साधन प्रयोग करके बहुत सारी कविताएँ लिखकर किसी महिला रचनाकार को प्रतिष्ठित करने के लिए। यहीं आलोचक की भूमिका शुरू हो जाती है। एक आलोचक की ड्यूटी है कि ऐसे मामलों में निर्मम होकर सच कहें।

**हिन्दी के आलोचक है**

1. बड़े सुकुल जी से लेकर छोटे-मोटे सुकुल तक, हिन्दी के किस-किस आलोचक को अंग्रेजी आलोचना में कब-कब कितना-कितना उद्धृत किया जाता है?
2. हिन्दी आलोचना अंग्रेजी का उपनिवेश है? बहुत बड़े शहरों में रहने और हिन्दी के हमारे समय के बड़े-छोटे आलोचक आयातित उद्धरणों और बाहरी आलोचकों-विचारकों के नाम के बिना अपनी बात क्यों नहीं कह पाते हैं? ऐसा न करने से हिन्दी आलोचना मर जायेगी? दरिद्र हो जायेगी? उसे जापानी बुखार हो जायेगा?
3. क्या हमें आलोचना में अपनी बात कहने के लिए गैरजरूरी आयातित उद्धरणों का कम-से-कम इस्तेमाल नहीं करना चाहिए?
4. बाहर की आलोचना हिन्दी के बिना मर नहीं रही है तो हिन्दी की आलोचना ही क्यों मर जायेगी? ऐसा है तो फिर काहे के हिन्दी आलोचक?
5- ये कौन लोग हैं, हिन्दी के आलोचक हैं, क्यों हैं? हिन्दी आलोचना में ऊपर के दूध की तिजारत क्यों कर रहे हैं?

नोट : कृपया मार्क्सवाद और मनोविश्लेषणवाद को बीच में न घसीटें। अपने समय की आलोचना को देखें।

प्रेमचन्द के उपन्यास गबन में नयी स्त्री जालपा आभूषण-प्रेम से मुक्त हो जाती है। लेखक, जिसकी ड्यूटी है, समाज में चरित्र और मूल्य की प्रतिष्ठा के लिए आदर्श उपस्थित करना, पुरस्कार-प्रेम से मुक्त नहीं हो पा रहा है। दोनों तरफ के लेखक इसकी गिरफ्त में हैं। प्रदर्शनप्रियता चरम पर है। प्रेमचन्द के समय में लेखक के जो सरोकार थे, आज नहीं हैं। जान की माफी हो तो कहना चाहूँगा कि इनाम लेता हुआ लेखक जालपा से बहुत छोटा लगता है।

कानून है। फौज और पुलिस है। ज्ञान की असंख्य पोथियाँ हैं। विचारधारा का पहाड़ है। कोई अकादमी बाँट रहा है, कोई ज्ञानपीठ, कोई कुछ। फिर भी लड़कियों के साथ हिंसा रुक नहीं रही है, क्यों? क्या कम है?

**पुनश्च**

मेरे कहने का आशय था कि समाज में चरित्र और मूल्य की प्रतिष्ठा का काम जिस लेखक के जिम्मे है, वह आदर्श बनने की जगह नाम-इनाम के चक्कर में कहाँ फँस गया है।

**सुन्दर बनाम टूटा-फूटा**

कोई बहुत सुन्दर आलोचना लिखता हो और बड़ा विद्वान् हो, लेकिन उसके पास रत्ती-भर ईमान और साहस न हो तो मेरी दृष्टि में उसका कोई मूल्य नहीं है और एक टूटा-फूटा लिखनेवाला ईमानदार और साहसी आलोचक मूल्यवान् है।

नोट : ऐसे समय में जब हिन्दी के अधिकांश लेखक सिर्फ राजनीति में गन्दगी देखते हैं, साहित्य में नहीं, जरूरी नहीं कि सब ऊपर कही गयी मेरी बात से सहमत हों।

साहित्य में काम करनेवालों की अपनी निजी दिक्कतें होती हैं। कोई आन्तरिक विवशता सम्बन्धों को तोड़ देती है। जो लोग साहित्य में बदलाव के लिए काम करते हैं, उनकी दोस्ती दूसरे तरह की होती है और जो लोग दिलबहलाव के लिए या छपने-छपाने और मशहूर होने के लिए दोस्ती करते हैं, उनकी दोस्ती बहुत कम समय के लिए होती है। अपने समय के महाजनों के पथ पर चलनेवाले लेखक मेरी दृष्टि में अविश्वसनीय होते हैं। जहाँ तक विरोध की बात है तो विरोध की चिन्ता नहीं करनी चाहिए। मेरा तो जबर्दस्त विरोध मेरे गुरुओं और गुरु भाइयों ने ही किया, लेकिन समय की आग से साबुत बचकर बाहर आया। अभी भी हजार विरोधी हैं, निन्दा करते हैं, अफवाह फैलाते हैं। मेरे बड़े विरोधियों को खुश करके उनसे अपना काम निकालने के लिए तमाम छोटे विरोधी भी बने। जिसे नामवर जी, अशोक जी, मैंनेजर जी, विश्वनाथ जी (दिल्ली और गोरखपुर) की कभी चिन्ता नहीं हुई, नाम-इनाम के लिए जिनके पीछे-पीछे नहीं भागा, उसे छोटे-छोटे बच्चों के बचकाने विरोध की क्या चिन्ता? जहाँ हजार विरोधी हुए, वहाँ दस-बीस और सही! आप भी इसी तरह ताकत के साथ अपना काम कीजिये। साहित्य में बदलाव के लिए। दिलबहलाव और नाम-इनाम के लिए काम करनेवाले मित्र सूची से बाहर हों तो बेहतर। आशीष 32–33 साल छोटा है, इसीलिए अभी उसे बाहर नहीं किया है। अशोक को, चन्द्रेश्वर जी को, नागर को ब्लाक कर चुका हूँ। मुझे अपना काम करना है, दूसरों

की तरह दिल्ली में सचमुच के अपने पिता के अतिरिक्त अब बासठ की उम्र में एक या एकाधिक पिता या परमपिता बनाकर नहीं। जिन्हें दिल्ली में अपने सचमुच के पिता के अतिरिक्त एकाधिक पिता या परमपिता या चाचा-ताऊ बनाकर साहित्य में कुछ पाना है, भाड़ में जायें। दिल्ली के दरबारों में नाचनेवाले दोस्तों की आलोचना कई लेखों में कर चुका हूँ।

**चलता-पुर्जा बनाम मजबूत पुर्जा**

मेरी दृष्टि में यह कहना सही नहीं है कि लेखक का जीवन अलग होता है और उसकी कविता अलग। नाभिनालबद्ध होते हैं, दोनों। निराला सरोज-स्मृति जैसी कविता में अपने संघर्ष की बात करते हुए लेखकों को चुनौती देने लगते हैं, मेरे पद्य और गद्य को मेरे समय के लोगों से मिलकर देख लें। गौर करें, बेटी के असमय निधन के बाद उसे याद करते हुए क्या-क्या कहते हैं। कविता का शास्त्र पिलपिले चापलूस और दिनरात दिल्ली के मठाधीशों की परिक्रमा करनेवाले कवियों की कविताओं से नहीं बनता है। सच तो यह कि आलोचक बनने के लिए चलता-पुर्जा नहीं, मजबूत पुर्जा बनना जरूरी होता है।

नोट : अलग से कहना यह है कि कई बार कवि का जीवन कविता में छिपकर आता है अर्थात् कविता की नसों में प्रवाहित होता है। पीछे की गूँज में होता है। जगह-जगह खिड़की से झाँकता है। कई बार लफ्फाज कवि की कविता का भांडा फोड़ने का काम चुपचाप करता है।

अधिकांश लेखक अपने समय की साहित्य की सत्ताओं द्वारा संचालित और संवर्द्धित मुख्यधारा से जुड़कर ही अपना साहित्यिक जीवन, जो भी और जैसा भी हो, जी पाते हैं। मुख्यधारा से बाहर उनके पल-भर भी जिन्दा रहने की कल्पना नहीं की जा सकती है। हर दौर में कुछ ही लेखक होते हैं, जो बिना डरे मुख्यधारा से बाहर रहकर अपना साहित्यिक जीवन जीते हैं।

**हिन्दी की दरिद्रता**

जब हिन्दी के आलोचकों के पास मौलिक चिन्तन और लेखन की कमी हो जाती है तो बाहर का अच्छा ही नहीं कम अच्छा अनुवाद भी बड़े गर्व के साथ सिर पर रखकर घूमते हैं। इतना ही नहीं, बाकायदा बाहर के चिन्तकों पर केन्द्रित लेख लिखते हैं, उनके विचारों की व्याख्या करते हैं। ऐसे ही आलोचकों को ध्यान में रखकर कभी एक बड़े आलोचक ने अपने भाई को लिखे पत्र में जानना चाहा था कि जबलपुर की एक पत्रिका ने अब तक कौन-से तीन अच्छे मौलिक लेख छापे हैं? हाल में एक प्रकाशन से जुड़ी पत्रिका के विश्वज्ञान खण्ड के लेखों की वजह से उसे संग्रहणीय अंक कहने पर सहसा ये प्रश्न कौंधा कि क्या संग्रहणीय अंक पठनीय भी होते हैं या बस सजावटी सामान होते हैं और क्या इन लेखों से या उधार के विचारों से हिन्दी की दरिद्रता दूर हो सकती है?

नोट : विश्वस्तरीय विस्तृत अध्ययन हिन्दी में मौलिक लेखन के रास्ते की बाधा है या सचमुच मददगार? हिन्दी के ये नामी-इनामी आलोचक, नामी-गिरामी भी बने रहेंगे और सिर्फ उधार से काम चलायेंगे?

## युवा कवि की प्रशंसा ऐसे न करें

कोई वरिष्ठ कवि किसी युवाकवि को जब यह कहता है कि तुम्हारी अमुक कविता को पढ़कर तारसप्तक या दूसरा या तीसरा सप्तक के अमुक कवि याद आ रहे है, तो अनजाने में युवा कवि की प्रशंसा की जगह तौहीन कर देता है। किसी युवाकवि की कविता को किसी वरिष्ठ कवि की कविता की तरह नहीं दिखना चाहिए, उसकी कविता को अपनी तरह का दिखना चाहिए।

## लेखक में अहंकार

आपका अनुभव क्या कहता है, हिन्दी के किस तरह के लेखक में अहंकार होता है?

1. जो लेखक कम अच्छा या औसत लिखकर ज्यादा यश और पुरस्कार प्राप्त कर लेता है, दिनरात इनाम और चर्चा में लगा रहता है, देखने में अतिविनम्र होने का अभिनय करता है, बहुत मीठा बोलता है और हमेशा बड़े-से-बड़ा मंच और केन्द्रीय भूमिका चाहता है? जो महाजनों के पीछे-पीछे कुछ गिर जाने और पा जाने की उम्मीद में लगा रहता है, जो मठाधीशों ही नहीं, उपमठाधीशों के दरबार में भी नृत्य करता है, जो दिल्ली न आनेवाले लेखकों के मुंह पर थूकता है, जो साहित्य की दुनिया में एक दिन भी अकेले जीवित नहीं रह सकता है, जो गैंग और संगठन के बिना लेखक होने की कल्पना नहीं कर सकता, जिसमें इस तरह का और भी बहुत कुछ हो?

2. जो लेखक अपने साथ या तमाम लेखकों के साथ साहित्य में होनेवाले अन्याय के खिलाफ लड़ता है, हिन्दी की दुनिया को बमपुलिस और नृत्यशाला बनानेवाले मठाधीशों पर खूब गुस्सा होता है, उनकी धोती और पाजामा चर्च-चर्र फाड़ता है, साहित्य में बेईमानी से चर्चित लेखकों को आईना दिखाता है, उनकी औकात बताता है, जो विद्रोह करता है?

## लेखक का काम दो कदम आगे सोचना है

लेखक का काम सिर्फ एक कदम आगे सोचना नहीं है कि कोई जनविरोधी सत्ता हट जाए, बल्कि एक कदम और आगे सोचना है कि उसकी जगह दूसरी जनविरोधी सत्ता न आ जाए। क्या प्रगतिशील लेखक दूसरे कदम के बारे में सोचते हैं?

## उपन्यास और जीवन

मेरे उपन्यास "अथ ऊदल कथा" में एक कामरेड हैं। कामरेड विप्लव दास। उनके मुँह में नट-बोल्टवाली दो जुबान है। एक जलेबी खानेवाली है। दूसरी, जहाँ बोलना चाहिए, अक्सर चुप रहनेवाली। उस उपन्यास को फिर से लिखना होता तो कामरेड विप्लव दास के मुंह में कई जुबान दिखाता। जिसमें एक जुबान असमय ज्ञान बघारनेवाली, एक एकान्त में कुछ देखकर लार टपकानेवाली, एक ऐसी, एक वैसी, कई। उस उपन्यास में कामरेड से पूछा जाता है कि आपके घर में घुसकर कोई कुछ भी करे, अर्थात् हिंसा या अभद्रता करे, तब भी आप चुप रहेंगे? लेकिन कामरेड तो वाकई एक चुप, हजार चुप होते हैं।

नोटः उपन्यासों के कुछ चरित्र जीवन में होते हैं। विप्लव दास भी हैं। अलबत्ता, जीवन में उनका नाम कुछ और हो सकता है। उपन्यास के अन्त में उन्हें भला बना दिया है, लेकिन जीवन में ऐसा नहीं है। वे अलग-अलग नाम से, अलग-अलग जगह पर भी हो सकते हैं, अलबत्ता

यह प्रवृत्ति सिर्फ कामरेड विप्लव दास में ही नहीं, जो कामरेड नहीं हैं, उनमें भी बड़े पैमाने पर देखी जा सकती है। हाँ, एक योद्धा और एक चापलूस के बेईमान होने और उससे पैदा होनेवाले दर्द में फर्क होता है। ऐसे कई कामरेड यहाँ लेखक संगठनों में मौजूद हैं।

## साहित्यिक पत्रिकाओं की व्यावसायिकता

इधर कुछ साहित्यिक पत्रिकाएँ भी व्यावसायिक होती जा रही हैं। कई पत्रिकाएँ आलोचना की जगह विशिष्ट सामग्री या विशेष अंक के रूप में अकादमिक गद्य परोस रही हैं। प्राध्यापकों, शोधार्थियों और स्नातकोत्तर छात्रों के लिए उपयोगी सामग्री। कुछ लेखक टाइप लोग भी इन्हें लेकर वक्त जरूरत पर काम आने के लिए अपनी गोदामनुमा आलमारी में रख लेते हैं। लम्बे समय तक जरूरत नहीं पड़ती है तो कहीं और रख देते हैं। एक अर्थ में यह अकादमिक गद्य ठस प्राध्यापकीय आलोचना ही है, जिसमें पठनीयता सिरे से गायब होती है। कोई हस्तक्षेप नहीं। इस तरह के ठस अकादमिक गद्य और आलोचना में फर्क है। आलोचना का काम नया करना है, हजार बार कूटे हुए को बार-बार पीसना नहीं है। पठनीयता अच्छी आलोचना की पहली शर्त है।

## लेखक की जरूरी अकड़ का क्या करेंगे

एक लेखक मित्र मानते हैं कि ज्ञानात्मक रूप से दरिद्र लेखक में ही अकड़ होती है अर्थात् ऐसा लेखक जड़, मूर्ख वगैरह होता है। क्या जिन लेखकों के पास ज्ञान का पहाड़ होता है, वे बेईमान, नकलची, प्रभाव में लिखने वाले, आलोचकों और मठाधीशों को पटानेवाले नहीं होते हैं? क्या गारण्टी है कि ज्ञानवाले लेखक में अकड़ नहीं होगी और बहुत विनम्र होगी? क्या गारण्टी है कि बहुत ज्ञानी लेखक बहुत साहसी होंगे? सच तो यह कि ज्ञान सच्चा है तो वह साहित्य में प्रतिपक्ष के लिए काम करेगा। साहित्य की क्रूर सत्ताओं की परिक्रमा करने से रोकेगा। वैसे ज्ञान की अकड़ कम खतरनाक नहीं होती है। जिसके पास ऐसी अकड़ होती है, जमीन से उठ जाता है और जमीन फिर मिलती नहीं है। द्विवेदी जी कह गये हैं कि पण्डिताई एक बोझ है। जाहिर है कि यह पण्डिताई किसी भी तरह की हो सकती है। सो, हे लेखक मित्र अकड़ का विरोध करना ही है तो किसी भी तरह की बेजा अकड़ का विरोध करो। ज्ञानी में हो या अज्ञानी में हो। याद रहे कि लेखक के पास स्वाभिमान की एक जरूरी अकड़ भी होती है। जिसका होना, लेखक के जिन्दा होने का प्रमाण है।

नोटः कोई नासमझी की बात दिखे तो ज्ञानी लेखक मित्र जरूर से जरूर माफ करेंगे।

## आलोचक बनने की वजह

आलोचक बनने की कई वजहें होती हैं। कोई शोकिया बनता है, कोई धन्धा करने के लिए। कोई शुरू में शौकिया बनता है, बाद में धन्धा करने लगता हैं। ऐसे भी लोग होते हैं। जो किसी मजबूरी में नही, बल्कि साहित्य की मजबूती के लिए आलोचक बनते हैं। विश्वविद्यालयों के उन प्राध्यापकों और शोधछात्रों के बारे में कुछ नहीं कहना है जो आलोचक बनना अपना जन्मसिद्ध अधिकार समझते हैं। इसका मतलब यह नहीं कि विश्वविद्यालय या अकादमिक दुनिया आलोचना के लिए सबसे बुरी जगह है। बड़े सुकुल जी से लेकर छोटे सुकुल तक ने अकादमिक

दुनिया में रहकर ही साहित्य को मजबूती देने का काम किया। यहां कोई बहस खड़ा करने का इरादा नहीं है। मैं तो खुद के आलोचक बनने की वजह बताने जा रहा हूँ। सबसे पहले कवि हूँ, फिर कथाकार और उसके बाद आलोचक, जबकि सच्चाई यह है कि इधर काफी समय से कविता का काम बहुत कम किया है और आलोचना का काम ज्यादा। इसकी भी वजह है। अपने समय में हिन्दी आलोचना के मठाधीशों और उनके दरबार के जीहुजूरियों को कवियों को प्रमोट करने का गन्दा धन्धा करते नहीं देखता तो जाहिर है कि मैं आलोचना में नहीं आता। साहित्य की भ्रष्ट सत्ता का विरोध करने के लिए गद्य का खड्ग हाथ में लिया। इसका मतलब यह नहीं कि सिर्फ आलोचक बुरे होते हैं, कवियों ने तरह-तरह की खुशामद से आलोचकों को पथभ्रष्ट किया है। आलोचक अच्छे भी होते हैं और बुरे भी। हाँ, आज अच्छे आलोचक नहीं हैं।

## युवा आलोचक की मुश्किल

युवा आलोचकों की कई मुश्किलें होती है।

1. युवा आलोचक बेरोजगार होता है तो लिखने की मेज पर नौकरी की फिक्र और तमाम दिग्गजों की नाराजगी की तलवार लटकी होती है।
2. जब वह असिस्टेण्ट प्रोफेसर होता है तो लिखने की मेज पर एसोसिएट प्रोफेसर होने और सिर पर दिग्गजों का हाथ बनाये रहने की फिक्र होती है। जब वह एसोसिएट प्रोफेसर हो जाता है तो उसकी हालत और खराब हो जाती है।
3. जब वह प्रोफेसर हो जाता है तो उस वक्त उसके भीतर का भय उसे इतना खोखला कर चुका होता है कि उसकी सारी सम्भावनाएँ मर चुकी होती हैं, वह लिखने की मेज पर एक डरे हुए मुंशी जी की मुद्रा में ही बैठता है। वह लिखता नही हमेशा दिग्गजों की चीजों को दोहराने लगता है। आलोचना का अपना रास्ता बना ही नहीं पाता है।

नोट :

1. एकाध अपवाद होते हैं, जानता हूं जैसे ही मैं उदाहरण के रूप मे अपना नाम लूंगा, दिल्ली दरबार समूह के चाकर मुझे अहंकारी कहने लगेंगे।
2. यह मुश्किल उन युवा आलोचकों पर भी लागू है, जो विश्वविद्यालय और महाविद्यालयों की नौकरी में नहीं हैं या जो दिल्ली में स्वतन्त्र रूप से अखबारों प्रकाशन संस्थाओं आदि से जुड़कर जीविका चलाते हैं।
3. ऐसी मुश्किलें मेरे समय में भी थीं, आज भी हैं, कल भी रहेंगी। मेरे एक आलोचक मित्र तो एक अच्छी नौकरी में होने और साठ के पास पहुंचकर भी, विश्वविद्यालय की सेवा में आने की लालसा से मुक्त नहीं हो सके। जाहिर है अपना लेखन हमेशा इस डर के बीच किया कि दिग्गज नाराज न होने पायें। कहना इस है कि यह डर के बीच किया गया लेखन ही आलोचना में मुशीगिरी है।

साहित्य में जिनका जीवन छोटा होता है, हमेशा उन्हें एक गैंग की जरूरत होती है। एक म रहते-रहते ऊब जाते हैं या स्वार्थ कम सधता है तो दूसरे में चले जाते हैं या बहुत हुआ तो दो दिन के लिए अपना एक छोटा-मोटा गैंग बना लेते हैं। ये ऐसे ही लोग हैं। याद रखने की बात यह है कि साहित्य में भी चूहों और बाघों की जीवन शैली हमेशा अलग होती है।

## फर्जी कवियों को सब-कुछ बहुत जल्द क्यों चाहिए

फर्जी कवियों में जल्द-से-जल्द सब-कुछ पा लेने की तीव्र इच्छा होती हे। ये जिसके-जिसके पीछे चलते हैं, जल्दी से वही हो जाना चाहते हें। वैसे-वैसे वहीं-वहीं से जल्द-से-जल्द ज्यादा-से-ज्यादा किताबें छप जायें। रिव्यू भी। वही-वही इनाम मिल जाये। साहित्य में उतनी ही, बल्कि उससे भी ज्यादा जगह मिल जाये। जैसे उनके गॉडफादर ने अपने समय के साहित्य मे निराला-मुक्तिबोध-रामचन्द्र शुक्ल से बहुत ज्यादा जगह और बहुत बड़े-बड़े पावरहाउस पर अवैध कब्जा कर रखा है, उन्हें भी किसी भी तरह वही सब मिल जाये। देखने में कितने चिकने और मीठे होते हैं ये फर्जी कवि। इतनी हड़बड़ी में क्यों होते हैं ये फर्जी कवि? जाली नोट या चोर-उचक्कों की तरह पकड़ लिए जाने का डर है? या जल्द मरने वाले हैं या हिन्दी का सबसे बड़ा कवि जल्द या फौरन से पेश्तर बन जाना चाहते है? हद तो यह कि भाई लोग इनके कारनामों को पसन्द करते हैं और बाकायदा बधाई भी देते हैं!

## डरे हुए लेखकों को देखकर घिन आती है :

आज हिन्दी के ज्यादातर लेखक साहित्य की छोटी-छोटी सत्ताओं से डरते हैं। खासकर दिल्ली की सत्ताओं से, क्योंकि किसी के हाथ में पत्रिका है तो किसी के हाथ में छोटे-बड़े पुरस्कार तो किसी के पास लेखक संगठन तो किसी के हाथ में लोकार्पण का ठेका तो किसी के पास प्रकाशन तो किसी के पास नाम उछालने का धन्धा हैं। इनसे डरे हुए सारे चेहरे साफ-साफ दिखते हैं, चाहे मुझसे दूर हों या मेरे पास। ये डरपोक अपने डर को छिपाने के लिए खूब कुतर्क करते है, इन्हें तनिक भी शर्म नहीं आती। ये नवाचार का मतलब धरती पर फसल उगाने की जगह आसमान मे फसल उगाने लगना मान लेते हैं। नवाचार का मतलब कविता को निबन्ध या अखबारों की असम्बद्ध कतरनों का संग्रह या हिन्दी को हिंग्लिस बना देना नहीं है। निराला ने कविता को नया किया तो कविता के परिसर और परम्परा के भीतर ही। काव्यभाषा अर्थपूर्ण शब्द की शक्तियों से च्युत कैसे होगी? नाम और इनाम की सम्भावनाएँ खत्म न हो जाये, मठाधीशों के दरबार से पत्ता न साफ हो जाय, इस डर से ये डरपोक लेखक देश और दुनिया के आतंकवाद का विरोध उछल-उछल कर करेंगे, लेकिन साहित्य के "इनामी आतंकवाद" के सामने बिल में छिप जाते हैं या इनामी डाकुओं की जयकार करने लगते हैं। हां, एक अच्छी बात यह कि आज कुछ ही सही, दमदार और ईमानदार लोग साहित्य के परिदृश्य को भयमुक्त करने के लिए जरूरी काम कर रहे हैं। हिन्दी के इन इनामी डाकुओं को दौड़ा रहे हैं, ललकार रहे हैं। शायद इनकी चुनौतियों से हिन्दी के भयभीत और लालची लेखकों की आत्मा भी किसी दिन जाग जाये।